国家级示范性高等院校精品规划教材

信息检索

主　编：程　娟
副主编：李　著　黄　强

内容提要

检索技能是现代社会必备的基础技能，信息素质亦是大学生能力素质之一，故而掌握信息检索技能尤为重要。作为信息检索的基本教程，本书融合了理论和实践，系统介绍了信息检索的基本方法和常用数据库。

本书由导论和九章组成，九章内容分别为：从信息素质到信息职业、信息检索概述、走进图书馆、数据和事实的检索与利用、专利文献信息检索、最新知识资源的检索与利用、走进数据库园地、网络免费信息的获取、看不见的网络及其检索利用。

图书在版编目（CIP）数据

信息检索／程娟主编. —天津：天津大学出版社，2010.9（2012.1重印）

国家级示范性高等院校精品规划教材

ISBN 978-7-5618-3470-1

Ⅰ.①信…　Ⅱ.①程…　Ⅲ.①情报检索

Ⅳ. ①G252.7

中国版本图书馆 CIP 数据核字（2010）第 103958 号

出版发行　天津大学出版社

出 版 人　杨欢

地　　址　天津市卫津路 92 号天津大学内（邮编：300072）

电　　话　发行部：022-27403647　邮购部：022-27402742

网　　址　www.tjup.com

印　　刷　昌黎太阳红彩色印刷有限责任公司

经　　销　全国各地新华书店

开　　本　185mm×260mm

印　　张　17.25

字　　数　430 千字

版　　次　2010 年 9 月第 1 版

印　　次　2012 年 1 月第 4 次

定　　价　30.00 元

Preface

前言

这是一本编制体例不同于已往的信息检索教材，它从社会需求出发，介绍了大学生应具备的信息素质与信息检索技能，具有实用性、新颖性与通用性。

本教材的编者是一个团队，这个团队里的成员既有在校的信息管理专业的博士研究生，他们在学习最前沿与最新信息检索技术的同时，也在给本校其他专业的学生讲授信息检索课程；也有应用型大学讲授信息检索课程的教师团队；更有多年从事应用型大学文献检索教学实践、研究和应用的情报工作者及教学专家。他们将所学的知识、教学的体验融合在一起，不断变换教师与学生的角色，探讨传授知识的最佳方式。

本教材包括导论与九章内容，具体分工为：导论和第四、五章由程娟编写，第一、二、八章由李著编写，第三章由沈红兵编写，第六章由杨妙君编写，第七章由卢炎香编写，第九章由黄强编写。张娟与谭辉军参与了教材的文字编辑工作。全书的筹划、内容大纲的编写组织和统稿、审稿由程娟等负责。

本教材的出版得到了武汉大学信息管理学院马费成教授的大力帮助，在此表示真诚的谢意。由于时间仓促以及编者水平有限，书中难免存有疏漏和不妥之处，敬请广大读者批评指正。

编者

2010年7月

Contents

目录

导论 …… 1

第一章 从信息素质到信息职业 …… 11
第一节 信息社会的崛起 …… 11
第二节 从信息服务到信息职业的认识 …… 13
第三节 大学生信息素质教育 …… 17
第四节 大学生信息技能应用与展望 …… 22

第二章 信息检索概述 …… 25
第一节 信息检索的概念和类型 …… 25
第二节 信息检索的产生和发展 …… 26
第三节 信息检索的对象——信息源 …… 31
第四节 文献信息检索语言和工具 …… 35
第五节 信息检索的方法和途径 …… 39
第六节 信息检索流程 …… 44
第七节 信息检索效果的评价 …… 51

第三章 走进图书馆 …… 56
第一节 今天的图书馆 …… 57
第二节 图书馆类型 …… 58
第三节 图书的整序及其查检方法 …… 61
第四节 图书馆的服务 …… 66
第五节 数字图书馆 …… 72

第四章 数据和事实的检索与利用 …… 78
第一节 理解数据 …… 78
第二节 数据和事实的资源分布 …… 82

第五章 专利文献信息检索 …… 112
第一节 专利制度 …… 113

Contents

目 录

第二节 专利文献…………………………………………………… 115
第三节 专利文献信息的利用…………………………………………… 121
第四节 专利文献信息检索……………………………………………… 129

第六章 最新知识资源的检索与利用 ……………………………… 139
第一节 从综述的参考文献看最新知识资源的利用……………………… 139
第二节 利用知识资源写研究论文……………………………………… 143
第三节 利用知识资源，为相关部门提供文献信息服务………………… 150
第四节 科技查新充分体现知识资源的利用…………………………… 152

第七章 走进数据库园地 ………………………………………… 162
第一节 基本检索技术………………………………………………… 162
第二节 国内主要中文数据库…………………………………………… 164
第三节 国外主要英文数据库…………………………………………… 183

第八章 网络免费信息的获取 ……………………………………… 202
第一节 网络信息资源………………………………………………… 202
第二节 网络信息组织与检索工具……………………………………… 205
第三节 网络信息资源检索方法………………………………………… 210
第四节 网络搜索引擎的应用…………………………………………… 216
第五节 免费学术信息资源的分布与获取……………………………… 238

第九章 看不见的网络及其检索利用 ……………………………… 255
第一节 定义——何谓“看不见的网络” …………………………… 255
第二节 原因——网络为何“看不见” ……………………………… 256
第三节 类型——哪些网络“看不见” ……………………………… 258
第四节 特点——为何要利用“看不见的网络” ……………………… 259
第五节 检索——如何利用“看不见的网络” ………………………… 260

参考文献 …………………………………………………………… 269

导论

工欲善其事，必先利其器。

——《论语·魏灵公》

检索技能在我们的生活中几乎无处不在。当你在学习的时候，你需要查找自己感兴趣的相关知识和信息；当你在工作的时候，你需要查找与你的工作技能、竞争对手以及工作对象相关的专业知识；即使在你的生活休闲中，你也会关注与旅游、法规、市场价格等与生活密切相关的信息和知识……总而言之，当你面临创新和决策的所有过程时，你都需要获取信息，而这一信息获取过程除了少量自己原有的知识积累和经验总结外，大量的信息需要从你所处的知识环境中获取。这种从知识环境中获取自己所需知识和信息的过程就是信息检索过程，而准确表达信息需求、获取相关信息的能力就是信息检索技能。

在实际的检索操作过程中，运用不同的表述视角，会对信息检索技能有不同的描述，目前国内外的专家有这样几种代表性的观点。

(1) 以美国数学家 Calvin N. Moors 为代表人物的"时间通信论"。该观点认为信息检索是一种通信方式，与传统通信把信息从一个地点传递到另一个地点不同，检索能把信息（文献、图片、数据等）从一个时间点传递到另一个时间点。

(2)"信息检索科学论"。该观点认为信息检索是包括系统设计、概率论、算法优化、智能识别、统筹科学和分析科学的复杂理论，同时也包括检索策略与服务应用研究的研究体系。

(3)"情报服务论"。该观点认为信息检索就是从大量信息中查询与用户需求相适应的文献和知识的服务过程。

(4)"全息检索论"。我国学者王永成教授认为，不论你是不是专业信息检索者，也不论你采用何种途径，"可以从任意角度，从存储的多种形式的信息中高速准确地查找，并能以任意信息形式和组织方式输出，也可仅输出人们所需要的一切相关信息的电脑活动"。这一观点认为，用户从已有的信息需求出发到满足信息需求的过程称为信息检索。

此外，还有学者对信息检索是专业技术还是基本技能抱有争议。

专业技术论者认为，信息检索广泛借助检索工具来实现，因而信息检索技能应该是对信息检索工具的全面掌握，掌握了计算机检索工具，就具备了良好的信息检索能力。但是，信息检索工具种类繁多、设计多样。计算机出现以前，检索工具主要包括书目卡片、索引、题录等，如古代的地方志中必定有一卷是索引卷，章回、人名、地名和事件等一一在列，而《四库全书》也有相当篇幅的索引卷，当前国外也有《化学文摘》等类似工具书；计算机出现以后，数据库、搜索引擎、光盘系统、主题网站等各种形式相继出现。作为非信息专业的学生，要全面掌握这些工具的应用谈何容易？因此，信息检索是一门专业技术。

而基本技能论者则认为，一方面，人们在生活中不可避免地存在信息需求，必须独自解决一些信息的搜索和获取问题，因此自身必须具备一定的检索能力；另一方面，信息检索工具，尤其是面向网络的信息检索工具越来越大众化，使普通用户掌握一些实用的信息检索工具成为可能。因此，信息检索是一项基本技能，或者称为信息素质、信息素养。

我们认为，信息检索技能不可孤立，它与你所处的信息环境和信息需求相关：如果你是专业科研工作者或企业工程师，对课题或技术的相关信息必须精确获取，你可能必须接触专业的检索工具，而且你对检索结果需求严格，这时信息检索的技术成分高于素质成分；如果你是一个市场人员，需要了解你所推销区域的人口、政策、消费能力、购买欲望等，而有些信息可能没有专门的信息资源，同时你可能必须在短时间内作出决策，这样你就需要大致搜集相关信息并得出结论，此时信息检索的技巧成分就高于技术成分了。可以简单地认为：以决策为目标的工作以信息检索技巧、技能为主，以创新为目标的工作以信息检索技术为主，同样也需要相应的检索技巧和策略。

大学阶段是人生中创新能力最丰富的阶段，本阶段的信息检索学习应该既学习一定的检索技术，也学习相应的检索技巧。本书主要借助不同信息检索工具的特征以及不同类型的信息分布，介绍文献信息资源、数据和事实信息资源、专利信息资源、计算机信息资源、网络信息资源等常用信息资源类型的检索工具和技巧。虽然信息资源多种多样，但是在信息的获取和利用过程中，有些思想可以作为共同的参考、标准、准则、原理和常识。美国经济学家格里高利·曼昆认为，很多领域的专业知识都可以用一些中心思想统一起来，构成简单的公理系统。而在信息检索领域，也有这样一些中心思想存在，即“信息检索十大原理”。

可能刚开始的时候，你完全不理解，或者不认同这样的原理，你也不必担心这本书与你的期望相去甚远。在以后的各章中，我们将充分地展示这些原理的内涵，介绍这些原理只是希望你快速地了解信息检索技能的概况，寻找你知识的启发点。总之，如果你关注创新和效率，本书就值得你关注。正如莫尔斯在描述信息检索工具时，提出了著名的“莫尔斯定律”：如果一个系统或工具的使用使得信息检索的效果不如不使用这一系统和工具的话，这一系统或工具就不会被使用。同样，“如果你阅读和学习这本书，对你的检索能力没有任何帮助的话，请告诉其他检索者不要学习这本书了。”你可能对此不屑一顾，这确实是一句科学经典，是所有严肃科学研究的基本准则，因为有很多“科学”把简单的问题弄得非常复杂，而对效果却没有改进。同样，编者也是很严肃地承诺：希望通过信息检索技能的讲解能够对大家的检索过程和结果有所帮助，不会把大家认为的“自然存在”的检索技能复杂化而没有改进效果。

一、检索技能是现代社会必备的基础技能

有很多人认为，信息检索技能应该是图书情报或者信息科学专业的专业技能知识，作为一般专业的大学生，知道信息检索的基本工具和使用方法即可。

确实，“术业有专攻”，我们不可能把大家都培养成为“间谍”级别的信息获取高手，

但是在当前的学习以及将来的工作中，大家也要意识到检索技能的重要性。目前，大家应该意识到检索技能已经成为“信息素质”的重要组成部分，而信息素质则是大学生活中不可或缺的一个部分。美国教育技术 CEO 论坛 2001 年第 4 季度报告提出，21 世纪的能力素质包括五个方面：基本学习技能（读、写、算）、信息素质、创新思维能力、人际交往与合作精神、实践能力，可见信息素质的重要性。

那么，什么是信息素质呢？1974 年，美国信息产业协会主席 Paul Zurkowski 给美国图书馆与信息科学委员会的报告中指出，“信息素质是利用大量的信息工具及主要信息资源使问题得到解答的技能，在未来十年中信息素质将是国家发展的主要目标”。

所以，检索技能作为信息素质的一个组成部分，犹如学习能力一样，将与大家今后的学习生活朝夕相伴。一旦忽视这一技能的存在，相对于竞争对手而言，你在知识的获取环节就会落后，随之学习进度落后，进而竞争链条就会处处落后。所谓个人综合素质的竞争其实不仅是空间上多种素质的综合能力竞争，也包括时间上的竞争链条，如果起步阶段出错，就会产生连锁反应。

在所有的社会行业中，寻求的都是“发现和解决问题的能力”，我们现在所储备的专业技能、学习技能都是为将来发现和解决问题而打的基础。而这些问题的解决一方面靠我们现在所学的知识，但更多的需要借助我们所处的知识环境。向我们所处的知识环境表达信息需求并获得结果，就是所谓的检索技能，比如向周围的专家询问、查找专业文献、通过搜索引擎查找、通过网络上的公共论坛（BBS）发布信息请求热心的“网络知识志愿者”帮忙……总之，现在的信息资源分布相当广泛，如何获取和利用这些知识往往成为解决问题的关键。

不同的问题所需要的支撑信息类型是不同的，而不同类型的信息的分布和获取存在较大差异，并不是像大家最初所认为的那样，“所有的信息检索都差不多”。因此，不管是对信息检索技能不屑一顾的“傲慢者”，还是认为信息检索都差不多的“偏见者”，希望大家都带着“检索技能是现代社会必备的基础技能”的“信息检索有用论”开始本书的学习。

二、检索技能可以创造财富

在众多的“数字英雄”中，杨致远和李彦宏的名字广为人知。分别作为 Google 和 Baidu 的创始人，他们创造了令人惊讶的财富规模，也创造了令人惊讶的创富速度！

那我们学习了检索技能就能遍身罗绮、家财万贯么？当然不是，检索技能创造的“财富”并不是这样的财富，它能够帮助你提高决策的速度和精度，速度意味着节约时间，精度意味着减少失败概率，这两者都是人生的“绝对财富”。以就业问题为例，你面对众多的企业，哪个企业最适合你的发展？企业面临众多的求职者，哪个才是企业最需要的人才？这里面就涉及与你相关的两个“检索问题”了。第一，你要明确自己的信息需求，如行业、企业前景、职位、薪金范围、个人发展空间、地域限制等，然后考虑怎样获取这些信息；第二，你要明确企业的信息需求，他们对求职者的能力、知识结构、健康、道德素质及职业素养如何定位，然后你在简历、面试环节给予企业明确的反馈。一份简历不能包打天下，正如一个 Baidu 不能解决你所有的信息需求，我们应该适当掌握一些检索工具和技巧，学会对专利、标准、法律法规、事实、科技文献等的检索和利用。

三、检索工具不是万能的

在信息检索领域，有两个如影相随的概念：查全率和查准率。查全率用来描述检索工具或检索人员所检索到的相关信息与存在的全部相关信息的比值；查准率用来描述检索工具或检索人员所检索到的相关信息与检索到的全部信息的比值。所以，在检索过程中，往往顾此失彼，查得全往往意味着不准，查得准却容易遗漏不全。信息检索过程就好比“挖花生”，挖出花生不可避免带出泥巴，你拔出来可能全部是花生，泥巴很少，但肯定有花生遗留在泥巴里面，比较浪费；如果你把从地表到地下 50 cm 的泥巴全部铲起来，花生肯定都在了，可是泥巴太多，也不经济。可见信息检索很难准全两者兼顾。检索实验一般认为，查全率超过 80% 时，查准率不到 10%；查全率在 50% 时，查准率大约 25%；查准率 50% 时，查全率也只有 25% 左右。

所以说检索工具不是万能的，这是原因之一。现代检索理论认为，如果你不停地改变检索策略，改变检索入口词，改变检索系统，反复覆盖，是能够达到一定的检索效果的。当然，还有检索系统自身的问题，如果检索系统自身信息组织比较好，也能提高检索效果。

给大家介绍的这个两难问题，即检索相关性问题，还只是众多检索问题中的一个。信息检索还存在其他问题，下面列示了两点。

1. 信息的生命周期问题

信息是有生命的！知识毕竟是人们在一定时期、一定环境下对事物的认识，而信息可以认为是传递或准备传递的知识，它也具有这样的局限性，即信息的认知局限性。既然是认知过程的产物，那么认知可能正确，也可能错误。当正确的知识覆盖错误的知识时，错误知识的生命就“结束”了。著名科学哲学家波普的“知识进化模型”讲的就是这个道理，知识总是有“发现，提出，证伪，更新，再证伪……”这样的循环上升过程。检索出错误的信息，怎么办？显然，检索工具还不具备区分信息真伪的功能，它们仅能告知你信息的存在性，信息的有用性必须由检索者自己来区分。还有些信息本身具有实时性，如控制指令、股票价格、新闻，虽然它们的有效时间不一样，但是都涉及过时就无用的问题，可是很多检索工具没有办法过滤这些，需要用户识别。还有，信息总是在使用过程中显示其价值，于是一些信息学者用使用频次来表述信息的价值。美国学者普赖斯就曾利用文献引用关系来考查信息的时效性，并提出了普赖斯指数，即某一学科领域内，对发表年限不超过 5 年的文献的引用次数与总的引用次数之比值。统计结果表明，世界上 93% ~98% 的科学杂志引用寿命为 20 年左右，也就是说 20 年前的文献在现在的被引用率就很低了。这说明什么问题呢？不是说这些信息资源不存在，而是没有人用了。大家想想，这部分信息是算在查全率里面的，但是对实际的应用并没有太大影响；反过来说，如果这部分信息纳入到查不全的那部分信息里面，如果适当改进（比如剔除这部分信息），是不是能够在保证查准率的同时，也提高查全率（分母变小了）呢？但是，信息生命周期不是固定的，随着环境、技术的变化，它也在发生变化。所以，现在很多检索专家想在这里“动刀子”却无从下手，只得“宁滥勿缺”。但是，检索工具无法处理的事情，用户可以轻易完成，比如检索工具设定一个时间范围，用户对所需信息资源的生命周期做到心中有数，大致的检索范围便一目了然。

2. 信息过载问题

信息过载就是信息量超过人脑或系统的处理能力而出现信息臃肿、信息迷失，甚至是信息湮灭的问题。信息臃肿容易理解，比如你想知道某位明星父母的相关情况，这条信息可能并不直接存在，需要以这位明星的名字作为检索入口，你会看到数以千万计的相关信息。哪一条才是你所需要的呢？这也是信息迷失，因为数量多而迷失。还有一类是因为速度快而信息过载，这其实也是单位时间内处理的信息量过大。比如一个简单的公钥密码大概有 2^{100} 位，一秒钟之内从电脑读取显示，其速度肯定大大超过人脑的处理能力。信息湮灭则是由于检索工具无法对信息来源的权威性进行考证，容易出现不一致的情况。比如，“珠穆朗玛峰究竟有多高”，有说 8848.13 m 的，有说 8844.43 m 的，这些都是检索工具无法解决的。

而且，目前新信息的增长是十分惊人的。加利福尼亚大学的一项研究成果反映，过去 20 年的信息总量已经大大超越了人类之前所有信息量的总和。检索工具总是难以覆盖最新、最全的信息，即使是公认最好的搜索引擎所涵盖的信息总量也仅占全球网络信息总量的 5%左右。所以，检索工具不是万能的。所谓工具，无论多么复杂，只是辅助人们实现某些过程、替代部分劳动的产物。它既不是完整的解决方案，也不是无所不能的万能钥匙，检索需要用户的技巧和常识。但是，没有检索工具，有些检索也无法完成，比如访问用户从一个网站数以万计的网页中找到感兴趣的网页，没有检索工具，恐怕没有用户会一页页去浏览，除非用户本身就知道这张网页在哪个目录下。

四、最佳的检索方式是记忆

所谓最佳的检索方式是记忆，可以从两个角度看：第一，需要借助所处的知识环境，利用大脑储备的知识就能解决问题，所需要的知识直接从大脑存取，这无疑是一种最佳检索；第二，当你知识透支，或者需要获取新知时，你要借助所处的知识环境。但是如果你知道这些网址、书名、书号、专利号、作者或者其他线索，就可直接进入，而不必在漫漫知识海洋中寻觅你所需的那一叶扁舟。

但是，“人生也有涯，而知也无涯，以有涯求无涯，岂不殆乎？”因此，很多检索工具投其所好，为用户设计了很好的辅助记忆模式。比如 IE 浏览器有收藏夹的功能，可帮用户把浏览过程中感兴趣的、有价值的网址保存下来，帮助记忆；另外它还设有一个缓冲文件，可以保留用户过去一段时间浏览或最近浏览的若干网页；其地址栏也具有 Cookies 功能，能够自动记录你最近浏览的网站 URL，只需下拉地址栏就能快速进入。现在 Web 2.0 环境下的辅助机制更多了，用户可以用关键词订阅、网络书签、博客超级链接等多种形式记录感兴趣的信息。

五、检索工具走向傻瓜式

信息检索是一门技术，包含众多的信息检索工具，所以很多人可能望而却步。虽然检索理论越来越复杂，检索的对象越来越多样，检索结果要求越来越精确，但是没有一个人认为检索技术是学不会的，因为检索操作越来越容易，那些检索复杂、过程烦琐的检索工具已逐渐被大众的、傻瓜式的检索工具所代替。

在20世纪60年代，要完成对数据库的检索不仅需要复杂的技术流程，而且还需要足够的耐心。首先，必须自己编写检索程序；其次，程序必须转换成ASCII码（全部是“0”和“1”组成的字符串）；再次，用纸带打孔录入；最后，等计算机经过一整夜“无差错”的运算后才能得到检索结果。1969年，《化学文摘》电子版问世，出版商已能编好检索界面，通过目录浏览或者字符串匹配，完成基本的检索过程。1972年，DIALOG系统投入商业运营，这套联机信息检索系统已经具有完备的检索算法，运用字段控制，实现存取、剔除、转录、输出等功能，基本实现了追溯检索（RS）、定题检索（SDI）、查新服务、文件传递和联机定购等服务。随着20世纪80年代视窗系统的问世和90年代网络的民用化发展，网络浏览器和搜索引擎相继出现，极大地丰富了人们的信息获取方式。简便、迅速、实用是现代检索工具的典型特征，所见即所得。高级检索也不必编写复杂的检索式，利用窗口的提示即可完成大部分的检索需求，对专业检索者保留了索引号、书号、报告编号、专利号等唯一标志码。对于网上信息泛滥的情况，也出台了唯一数字标志符（DOI）以保证信息的真实性和权威性。例如，在科技信息文献领域，网上的每一篇文献都有一个数字标志符（DOI），不论这篇文章如何被引用、转贴，DOI都随文献一起，让用户知道这篇文献是权威的，数据和结论是正确的。目前，中国科学院数字图书馆项目正在致力于中国数字信息资源唯一标识符的制定。

总之，检索系统开发商本身也是以用户为中心，大部分检索工具都可用、实用、适用。可能有人会问，既然检索工具如此好用，又何必当做一门课程专门学习呢？那是因为下面要介绍的第六条：确定检索范围有时比检索过程本身要复杂得多。而且，如果你需要非常精确的检索结果，这样的傻瓜工具可能还难当重任，你需要通过高级检索，甚至是自己编写检索程序去筛选网上信息，也就是第七条将告诉大家的高级检索。

六、确定检索范围有时比检索过程本身要复杂得多

信息检索是发现并提取所需信息的过程，从原理上讲是经过信息加工人员按照一套规则加工，然后存储入库，最后由检索者发现并获取信息的过程。信息检索，简单地说就是信息的有序化识别和查找。广义的信息检索包括信息的汇集、存储与查找，而狭义的信息检索仅指有序化知识信息的检索查找。通常人们所说的信息检索是指狭义的信息检索。但是，不论是狭义的信息检索，还是广义的信息检索，作为用户，要从数据库、信息库中获得自己所需要的资源，首先必须完成两个工作：第一，你如何描述你所需要的信息资源；第二，如何让系统知道你所需的信息资源范围。即使再精妙的检索工具，如果检索范围，或者更确切地说是检索策略和检索入口选取不当，也难以获得理想的检索结果。

那么，究竟如何去确定合适的检索范围呢？可以用“知己知彼”来概括。所谓“知己”就是在检索实施之前，要分析自己的检索需求，它的概念范畴、类型、可能的形式、时间特征、作者/出版商信息、专门信息（版本号、ISBN号、分类号、标准号等）等，根据需求我

们把信息资源加工好的过程叫信息组织过程。所谓“知彼”则是要明确检索工具或咨询专家的领域范围或知识匹配格式。例如，如果要找“‘文化大革命’期间的中国经济学研究”，CNKI、维普的数据库里的信息含量都不是很大，至少第一手的资料会很少。因为这些工具收录的最早的文献也只到1979年。还有，利用Baidu找期刊论文或科技论文（也许很多人这样做过）就不是最好的方法，Baidu在社会信息方面具有优势，更新速度快，但在科技文献方面不如专业工具，如Google的学术搜索（http://scholar.google.com）。检索范围不是在一个检索工具前“冥思苦想”用什么词就可以事半功倍的，我们首先应考虑用什么检索工具。

当然，确定检索范围是经验性很强的工作，即经历越多，越熟练，掌握得就越好。如果把所有的检索范围经验都罗列出来，就可以编写一本《检索百科手册》了，而本书不能这样教大家，也不会这么做。我们要教给大家的是怎样去积累检索经验，怎样避免最基础的检索误区。很多人不知道如何获取检索需求，每次都采用句子检索，比如要找“亚洲金融危机对中国的影响”，就输入检索词“亚洲金融危机对中国的影响”，这样不仅会使检索范围大受局限，漏检很多重要信息，还会在网络检索中检索到很多相关性不强的信息。

七、高级检索往往事半功倍

美国学者Amanda Spink和Bernard J. Jansen在最近的专著《网络搜索：网络公共检索》一书中综合研究了网络行为方面的进展。通过Excite、AllTheWeb、AltaVista和Ask Jeeves 1997～2003年的查询数据，用户每一次检索会选用2～3个检索词；在开放查询服务中，用户对任务的描述主要通过关键词，而不是完整的句子描述；大约2/3的用户习惯一次检索到位，超过6/7的用户不会使用两次以上的查询检索，平均检索查询次数是1.6次；有大约8%的用户接受或者利用模糊检索来获取信息；虽然使用布尔算符和专业查询的用户呈现增加趋势（增加了28%），但仍然只占总用户数量的1/18，而且检索语言错误非常多；只有大约10%的搜索引擎提供布尔运算功能。对于检索结果而言，大多数用户只愿意阅读排名前几位的检索结果，平均浏览2.35页检索结果，超过70%的用户集中于检索结果的前10项。

那么，什么是高级检索？为什么高级检索的使用率不高，甚至连搜索引擎本身也不提供高级检索？所谓高级检索，主要是指检索人员在检索入口采用比较复杂的检索式，利用多条件限制的方式获取信息的检索模式。相对而言，大家用得最多的是主题检索，输入一个词，看检索结果中是否具有相匹配的内容。其实，我们也知道，揭示信息内涵的特征还是比较多的。传统的检索环境下，我们称描述信息的数据为标引词或叙词，用来标引和描述文献的词语；而在网络计算环境下，我们称之为“数据的数据”，即元数据。元数据有很多类型，不同的资源类型会有不同的元数据指标，也有网络通用的元数据体系，在后面搜索引擎介绍中会告诉大家这些元数据的作用，因为通过元数据的匹配比信息内容本身的匹配要相对容易，所以针对元数据的检索比针对内容本身的检索甚至更有效率。网络环境下的高级检索大部分都是针对元数据设计的。

既然高级检索有这么多优点，为什么利用率还那么低？理由很简单，主题检索几乎不需要学习成本，而高级检索必须要学习，学习元数据的构成、检索字段、算法以及检索式的编写。因为学会这些的用户不多，所以使用率也就不高了。没有需求，搜索引擎和网站也就不会刻意编制高级检索体系了。

其实，高级检索中有很多非常简单但检索效果非常有效的工具，它们对于提高检索速度、扩大检索范围、精炼检索结果相当有效，大家不妨学习一下。

八、检索知识专家比检索知识本身更有效率

检索过程是用户发现和获取所需信息的过程，目标是获得有用的信息，而过程是可以多样化的：可以亲自去浏览和发现，也可以借助相关的检索工具，还可以直接询问。询问也是检索方法的一种，而且是最高效的一种，即使对所需知识和信息一无所知，在合适的专家那里也能得到几乎完美的回答。但是，有效的询问除了沟通过程的高效，更重要的是你要询问正确的人。很多企业在解决其信息需求时，就借助这样的专家体系，尤其是医生、律师、经理和文学工作者，怎样快速而有效地找到解决方案往往决定其工作的成败，所以现在检索专家很关注专家系统在企业的应用。

当检索对象从知识本身跨越到知识的载体时，检索就已是一种社会化概念了，并且构成一种社会化的知识网络，专家像是知识网络中的一个知识节点。在这样的环境下，发现和获取信息和知识就是社会网络检索、专家检索。

作为检索技能的一种，希望大家对“专家集会”的若干场合有所了解，知道在什么样的社会环境中去获取所需信息。

九、找到信息并不是检索的结束

检索过程是信息获取、利用的一个环节，检索到的信息只有满足我们的需求时才能被利用，才能发挥其作用，所以找到信息并不是检索的结束，要根据利用效果随时调整自己的检索过程。信息检索和信息利用相辅相成，检索过程再好，利用不好也是枉然。因此，需要注意对信息的分析、评价和利用，争取用对信息、用好信息。

相关性分析是最常用的评价手段，但是相关性的概念本身带有一定的模糊性，没有定量的评定标准，不同用户对同一资源检索结果可能有不同的评价。因此，相关性评价方法一般限于一定范围之内，如手工检索的相关性判断依据是检索课题本身与检出信息在内容主题上相符合，其结论主要由用户完成；机检条件下相关性判断依据是检索提问标志与系统标志的相符性（检索策略），其结论由计算机完成；信息适用性的判断，即检出信息在相关前提之下的适用价值，其结论由用户确定。

另外，国外一些学者提出用“有效性”、“实用性”的概念取代“相关性”来评价检索效果，将检出信息的时效性、可获取性和信息吸收程度综合考虑，来评定检索结果的适用程度。但是，这些概念仍然围绕用户检索需求的相关性展开。

通过对检索结果的分析和评价，能够保障检索结果的利用率。同时，要利用好检索结果，还得学会精炼和组织。所谓信息精炼主要是对检索结果在时间、主题上作一定的归纳和整理，提炼核心观点，分析并总结新观点的过程，其实也是教育学里强调的基于资源的学习过程。一些教育专家认为：“基于资源的学习是根据一定的学习目标，以培养学

生综合素质为核心，让学生通过搜集相关资源，判断资源的真与假、是与非，并以此为基础进行演绎、推理、概括等思维过程后，用合理的形式呈现结论，使之越来越完善、合理的学习过程。”

这就意味着，信息检索应该有的放矢，有学习目标，并制定相关性的评价准则，然后才是对检索结果的精炼和利用。

十、尊重隐私、版权和伦理，会有更丰厚的检索回报

信息伦理是在虚拟环境下，大家应该遵循的公共秩序和道德体系。因为信息检索是信息发现和获取的过程，所以有些人就会利用信息检索的技术获取一些不该获取的信息，打破了正常的信息秩序，这种行为就是违反了信息伦理，而严重的可能是信息犯罪。因此要强调信息的公共获取，所获取信息一定要具有公共性或公开性。

如果大家对信息公共性不容易理解，那么我们可以简单举几个例子。第一，不应该挖掘、获取他人的个人隐私。很多国家都有人口数据库，都有人事记录档案，在没有合法的手续之前，这些信息都不应该被获取。第二，不要随意侵害他人版权。以音乐、电影和科技论文等为例，作者都具有相应的信息版权，除非用户获得合法的使用权，否则随意下载、转贴和利用都视为侵权。当然，网络版权是比较复杂的问题，因为一方面网络环境下公开信息意味着信息公共性，可被获取利用；另一方面版权所有者的作者权和相关延展权利依然有效，目前存在很多争论。但是，作为利用者，应该尽量回避类似纠纷，尤其在大量应用或正式利用过程中。第三，伦理问题。不要去恶意攻击、篡改和扭曲他人信息。例如，黑客行为、给他人的私人网络设置木马程序等行为，将给他人信息获取带来极大不便，有违道德。第四，泄漏机密信息。有些信息涉及国家利益或企业的经济利益，不宜公开传播，通过检索等相关信息获取手段获取、公开和传播这些信息是不道德的，甚至是违法的。

▶ 知识卡片

信息伦理

所谓信息伦理，是指涉及信息开发、信息传播、信息管理和信息利用等方面的伦理要求、伦理准则、伦理规约以及在此基础上形成的新型的伦理关系。信息伦理是信息技术的价值制导，它为信息技术的运用设定善的价值坐标。信息技术本身是价值中性的，而人的行为则具有明确的价值偏向性。在信息伦理的指引下，通过人们运用信息技术的行为，价值中性的信息技术，就可以导致善的价值的生成。

大家也许会认为，上面这些规定缩小了可利用的“信息范围”，损害了“信息检索权”。事实上，正是信息秩序的保障，才让更多的信息贡献者愿意共享自己的知识或信息，让更多企业和机构愿意开发信息资源，从而丰富了你所能获取的信息内容。两相比较，孰优孰劣，一目了然。

当然，信息检索涉及的方法和对象都是多样化的，要完成从熟悉到精通并非一日之功，在开始学习信息检索这门课程之前，须掌握以下几个基本原理。

（1）信息检索技能是重要的：检索技能是现代社会必备的基础技能；检索技能可以创造财富。

（2）信息检索如何实现：检索工具不是万能的；检索工具越来越傻瓜化；最佳的检索方式是记忆；确定检索范围有时比检索过程本身要复杂得多；学会高级检索往往事半功倍；检索知识专家比检索知识本身更有效率。

（3）如何利用检索结果：找到信息并不是检索的结束；尊重隐私、版权和伦理，会有更丰厚的检索回报。

第一章　从信息素质到信息职业 ◎

信息素质是利用大量的信息工具及主要信息资源使问题得到解答的技能，是终身学习的一种基本人权，在未来十年中信息素质将是国家发展的目标。

——美国信息产业协会主席 Paul Zurkowski

第一节　信息社会的崛起

早在20世纪60年代，法国社会学泰斗阿兰·图尔汗就提出“后工业社会”的概念。1973年，著名社会学家丹尼尔·贝尔在《后工业社会的来临——社会预测的探索》一书中提出，人类社会的发展模式可以概括为前工业社会、工业社会和后工业社会三个阶段。随着生产力的发展，技术革新的根源越来越依赖于研究开发，知识所占据的比重也在逐步增大，人类社会正在进入后工业社会，而划分的依据就是“在工业社会中，社会分层的标准是所有权；而后工业社会的分层标准则是知识和教育，它以科学技术和信息为基础，是知识架构起来的社会”。在该书中，贝尔提出，美国从20世纪50年代前后开始进入后工业社会，其他发达国家也将在20世纪80年代相继进入后工业社会。

信息社会是社会学者对社会阶段发展理论概念的延伸，但是对信息社会的具体形态，局限于当时的社会发展条件，仍然缺乏足够的认识，所以提出了“信息社会”、“高度信息社会”、“超工业社会”、“知识社会”等众多概念，并提出一些抽象的社会模型。例如，20世纪60年代末70年代初，日本学者梅倬忠夫在社会经济发展阶段理论的基础上提出，未来的社会将是以信息产业为中心的社会，即信息社会，这是人类第一次提出信息社会的概念和主张，但其认识是以信息产业为中心的狭义概念，不同于当前以信息应用为中心的信息社会理念。后来，随着梅倬忠夫《信息产业化》一文的发表，在当时的日本形成了“信息化”的概念，并引发了日本第一次信息化浪潮，日本于1969年成立信息化产业振兴议员联盟，发布“信息产业育成对策”。1980年，未来学家阿温·托夫勒出版《第三次浪潮》，提出了“超工业社会”的概念。该书认为人类社会已经经历了两次浪潮：第一次浪潮是农业革命，由原始狩猎社会变成了农业社会；第二次浪潮是工业革命，把农业社会变成了工业社会，它创造了现有的世界物质文明和精神文明的基础。而第三次浪潮是信息革命，它从20世纪50年代中开始，正使人类从工业社会步入信息社会，即超工业社会。

在20世纪80年代中期，社会预测家、未来学家约翰·奈斯比特将人类社会分为农业社会、工业社会和信息社会三个阶段。他认为，虽然目前人们还认为自己生活在工业社会，但事实上已经进入了一个以创造和分配信息为基础的社会，即信息社会。奈斯比特第一次完整而具体地描述了信息社会的内涵：在新的信息社会中最重要的战略资源是信息而不是资本，知识已成为生产力和经济成就的关键，知识产业为经济提供了必要的和重要的生产资源。“我们现在大量生产知识，而这种知识就是我们经济的推动力。”在高技术的信息社会中，人们以脑力劳动为主，而不像工业时代的工人那样以体力劳动为主。奈斯比特还认为，信息社会开始于1956年和1957年，其标志性事件有两件：1956年，担任技术、管理和事物工作的白领工人人数在美国历史上第一次超过了蓝领工人；1957年，该年标志着信息革命全球化的开始，前苏联发射了人造地球卫星——它引来了全球卫星通信的时代。电子计算机技术的发展使人类更快地进入了信息社会，目前电子计算机已渗入整个世界的工作，历史上没有一种技术在工作场所有过这样大的应用范围。

显然，奈斯比特夸大了知识生产的作用，也将信息社会的启动时间大大提前。进入20世纪90年代，随着互联网的迅速发展，关于信息社会的认识更加务实而全面，因而大部分学者认为全球大部分国家和地区引入信息基础设施建设后，开启了一个向信息社会迈进的转型社会。1996年，著名社会学家卡斯特尔出版了他最具影响力的著作《信息时代：经济、社会与文化》三部曲——《网络社会的兴起》(1996)、《认同的力量》(1997)、《千年的终结》(1998)，并提出了“网络社会”的理念。卡斯特尔认为，我们的社会正经历着一场革命，其变迁的核心是信息处理和沟通的技术。信息技术之于这场革命，就像新能源之于过去的工业革命，它重组着社会的方方面面。而根植于信息技术的网络，已成为现代社会的普遍范式，它使资本主义社会结构化，改变着整个社会的形态。信息时代的主要功能和方法均是围绕网络构成的，网络构成了新的社会形态，是支配和改变社会的源泉。可以这样认为，网络信息社会是一种新的社会形态。

在以信息技术为基础的网络社会里，经济形态与工业社会相比将发生转变，这时将会是一种以信息化、网络化、全球化为特征的新经济，其核心是以知识为基础的生产力及对获利能力的强调，脱离了工业经济单一的生产力增长方式。信息化是指生产和管理的社会和技术组织的特殊形式，它通过对新信息技术的运用而使以知识和信息为基础的生产效率得以实现。信息化因其以信息技术为基础而形成新的技术范式，这将使得成熟工业经济所蕴藏的生产力得以全面释放。网络化使信息技术产业逐步围绕着互联网组织起来，成为整个经济新技术与管理专业知识的来源，生产力增长主要依赖于以网络为基础。全球化则使得金融、贸易、生产、科技在全球范围内展开，对专有劳动的强调使得劳动也具有了全球性的意义。2000年以后，全球注意力开始重点关注信息基础设施质量的提升和信息资源的开发利用，提升国民信息素质，强调信息资源的开发、整合与再利用，关注信息实力和信息资源的利用水平。日本和韩国先后提出“无缝网络”计划，制定并出台的“IT389”、“U-Japan”等国家性战略就是代表。

总之，信息社会就是信息起主要作用的社会。在农业社会和工业社会中，物质和能源是主要资源，所从事的是大规模的物质生产，而在信息社会中，信息成为比物质和能源更为重要的资源，以开发和利用信息资源为目的的信息经济活动迅速扩大，逐渐取代工业生产活动而成为国民经济活动的主要内容，信息经济在国民经济中占据主导地位，并构成社会信息化的物质基础。而在信息社会的逐渐认识和发展过程中，社会信息化的发展在全球范围内被推广了。

可见，我们正处在一个社会转型期中的学习阶段，需要在复杂的知识环境和社会变迁中储备应对的知识体系，具有一定获取、吸收新的社会信息，理解社会变迁的基本能力，完成个人对快速变化环境的应对策略。有很多学者认为，这种对知识环境和社会信息快速获取和认知能力是信息素质的典型表现，因而在大学阶段，应该注意培养自己的信息素质，而信息检索和获取就是信息素质的重要表现之一。

第二节 从信息服务到信息职业的认识

早在1994年，《全球信息基础结构（GII）合作日程》就指出："在20世纪即将结束的时候，信息是形成世界经济体系的至关重要的力量。下一世纪，信息产生的速度、信息的获取和信息的无数用途，将会使各国经济发生更具有根本意义的变化。"确实，信息技术在社会的广泛应用，不仅直接孕育了基于信息技术和网络应用的现代信息产业，而且信息技术对其他产业的广泛渗透已经形成了规模宏大、影响深远的信息服务产业。仅以《北京市信息服务业发展报告（2006）》为例，2006年北京市的信息服务业产业规模达到1373亿元，比上年同期增长31%，信息服务业对北京市经济和社会的贡献率明显提高，可见信息服务业在我们国家的经济体系中的重要作用。

那么，什么是信息服务业？信息服务业的发展需要怎样的人才基础？信息服务业又为社会提出了哪些具体的职业要求？

一、信息服务业

信息服务是以信息为对象，以信息搜集、信息传递和信息加工为目标而开展的服务活动。广义的信息服务业是指以信息为对象的非制造产业，传统意义上包括系统集成、增值网络服务、数据库服务、咨询服务、维修培训、电子出版、展览等方面的业务，是信息产业体系中的一个重要的组成部分。狭义的信息服务业是指在信息流通领域，借助知识专家和特殊技能构成的专业资源而开展的咨询、协助或内容消费服务。因此，一些产业经济学家认为，广义信息服务业可以看做信息产业中的软产业部分，是从事信息资源开发和利用的重要产业部门，属于第三产业，并将信息服务业视为连接信息设备制造业和信息用户之间的中间产业。

但是，更多的信息管理学者和社会学者倾向于在信息服务业中注重信息咨询、数据服务等以人力资本增值为主要特征的服务体系，即信息服务产业的增值主要源自信息技术专家或信息内容专家的知识增值。基于这种认识，信息服务业强调的是专业知识的积累和开发，注重对咨询服务业、知识服务的深度开发和利用。《上海信息服务业发展行动计划》就将信息服务业立足于现代的信息技术利用，聚焦软件、电信、广播电视、互联网服务业和信息资源综合利用等重点领域，以点带面，实施政策聚焦，集中突破。尤其对于信息资源综合利用，主张政府各部门以外包、政府采购等形式引导信息消费，扶持文化、出版、广播影视等行业，加快发展数字化产品，发展信息咨询、市场调查、互联网服务以及信息加工等新兴行业。培育信息内容的市场要素，积极扩大信息资源与信息产品的供给，以促进信息资源市场繁荣。研究完善信息资源市场监管体系建设，加强对网络侵犯知识产权行为、电子非法出版物的打击力度。

可见，现代信息服务产业涉及高度专业化的技能，依托信息技术对社会各行业的渗透和发展，提供信息技术在传统产业中的应用指导，满足人们对新兴数字文化生活的需要。作为将来社会建设的主力军，当代大学生应该对社会运行规律有基本认识，对将来社会工作和生活的挑战有所准备。不论将来从事信息职业，或者非信息化的传统职业，你所拥有的专业知识极有可能使你成为信息服务产业链中的一个环节，培养信息服务的意识和能力将有利于提升自身价值，更好地规划职业发展。

更何况，当今社会从政治、经济和文化上看，都存在向信息产业和信息服务的一定程度的倾斜：更多的优惠政策和孵化政策孕育着新的信息产业的发展；经济中的信息产业和信息服务业仍然是投资回报率最高、增值潜力最大的产业之一；在文化体系中，正在新兴的数字文化生活逐渐纳入社会生活，包括信息服务在内的信息生活方式正在成为当今社会生活的一部分……因此，了解和熟悉信息社会以及信息服务的内涵和技能需求，犹如了解大学生对职业规划一样，应该成为职业素养乃至大学生素养的一个基本组成部分。

二、新兴信息职业

所谓信息职业是指主要依靠信息能力和信息服务的职业类型。信息劳动者（或信息职业）就是指主要从事信息产品和信息服务的生产、加工和分配的劳动者。信息劳动以信息为劳动对象，是复杂的脑力劳动。由于人们的一切活动都包含信息活动的成分，因此区分信息劳动者与非信息劳动者也是十分困难的。广义的信息职业包括信息技术、教育、法律、会计和医生等广泛的工作体系，包括从事“信息市场”工作的劳动者、提供“市场信息”的劳动者以及从事“信息基础设施”工作的劳动者。美国经济学家马克·尤里·波拉特提出根据职业的智能内容及主要任务来判断，或按定型的职务标准来进行职业分类的方法。他对美国的422种职业进行了劳动统计，并将它们划分为信息职业与非信息职业两大类。他根据美国现行的职业分类，从301种职业划分出139种属于信息劳动者的职业，并将其分为五大类：知识生产者、知识分配者、市场调查和管理人员、信息处理工作者、信息机械操作者(见表1-1)。

表1-1　美国信息劳动者分类及职业

信息劳动者	职业种类	主要职业
知识生产者	科学、技术工作者	物理学家、数学家、社会科学家、工程学家等
	私人信息服务提供者	律师、法官、医生（50%）、设计师、建筑家等
	电子计算机专家	程序师、系统分析师、其他计算机专家等
	金融专家	会计师、保险精算师、银行、金融管理者等
知识分配者	教育人员	各类教师、教练员、体育教师等
	公共信息提供者	图书馆员、档案管员、博物馆员、文化管理员等
	与大众传播相关的职业	作家、艺术家、编辑、读者、广告制作者、播音员等

（续表）

信息劳动者	职业种类	主要职业
市场调查和管理人员	信息搜集人员	统计调查员、走访员、检查员、测量员、统计员等
	市场调研人员	买卖方调研员、广告代理人、推销员、销售代理人等
	计划、管理工作者	行政官员及经营者（公务员、各级官员、车间主任）（50%）、高工资职员（50%）、作业管理工作者（事务管理人员、邮政车辆管理人员、航空管制员、生产管理人员）等
信息处理工作者	非电子信息处理劳动者	各类秘书、文书管理员、通信办事员、各类信息投递员、统计办事员、各类记录员、各类检察员、注册员、检验员、收发员（50%）、铁路乘务员等
	电子信息处理劳动者	银行窗口、核算办事员、账簿员、现金出纳员、打字员、销售（零售）（50%）、持政府执照人员（50%）、放射线技师等
信息机械操作者	非电子机械操作员	速记员、复印机操作员、装订排字员、制版工、印刷机操作员、照相制版工等
	电子机械操作员	账簿核算操作员、计算机操作员、账目机操作员、印刷机操作员、办公机器保管员等
	电气通信劳动者	电报操作员、电话操作员、电话装置修理员、电话架设员、广播操作员、广播电视修理员等

波拉特认为，劳动者的主要收入是否来源于从事服务或信息劳动，是甄别劳动者从事的职业是否属于信息职业的重要依据。波拉特将社会职业划分为两大类，即信息职业和非信息职业，进而将信息职业细分为约 30 小类，其中，28 种职业具有显著的复合特征，这 28 类职业又有两种类型（见表 1-2）：一种是信息部门与服务部门各占 50% 的复合职业；另一种是工业部门和信息部门各占 50% 的复合职业。

表 1-2　复合职业一览表

服务部门与信息部门各占 50% 的复合职业		
医生	设计人员	零售店主（薪给）
持有政府证书的护士	销售场所（除食品以外的）	零售店主（自营）
营养师	事务员	个人服务业主（薪给）
临床检查技师	零售事务员、零售人	个人服务业主（自营）
保健记录技师	船长、海员	事业服务业主（薪给）
放射诊断技师	协会、工作人员	事业服务业主（自营）
广告宣传人员	站长	收发员
工业部门与信息各占 50% 的职业		
其他分类的车间主任	线路测量员	
木材检查员、测量员、定级员	检查员、试察员（制造业）	
其他分类的检查员	定级员、分类员	

同时，在众多的信息职业中，出现了很多新兴的职业，比如像 CIO、CKO 一样的高级信息职业，一般的信息工程师，甚至一些新兴的网络信息编辑、商业间谍、信息经纪等职业，成为当前的职业热点。这类信息职业的兴起反映了社会对信息职业的关注，从社会需求的角度看，新兴信息职业的大量出现，带来了对信息技能的广泛重视和教育需求。

三、信息应用技能需求

在社会对信息职业需求的拉动下，信息技术、信息系统与设计、计算机技术和网络技术相继成为高等教育热门专业，但是基础信息操作实践教育和信息素质教育一直处于尴尬境地，在实施主体和实施体系上都不是很完善。可以说，在当前教育内容的供给和需求层面，信息应用技能是教育短板，也缺乏准确的界定，大学生在学业完成之后的信息应用技能仍然不能满足环境对职业变迁以及工作多样性的需求，甚至导致相当数量的学生在就业观念上仍然拘泥于所学专业，对人生长期规划或终生学习体系、社会学习体系不太适应。尤其对于信息检索和获取技能，当前一些大专院校的调研数据显示现状确实不容乐观。石家庄职业技术学院的李双平和刘凤娥通过对该校学生的调研，了解到在信息能力项目中只有大约30%的学生熟悉或了解图书检索技能；45.6%不了解电子图书的使用；超过60%的学生不知道学术期刊网；也有超过60%的学生的信息搜索范围仅仅限于 Baidu 和 Google 等几个大的搜索引擎。

南京农业大学对南京地区高校大学生信息检索行为的调查反映出不同年级的大学生在信息检索行为中存在较大差异。调查发现，上网搜索资料的频率逐渐提高，从偶尔上网查找资料这一项可以看出：偶尔上网的比例由 28.2% 下降为 13.7%，上网搜索资料频繁的人主要集中在大二和大三（见表 1-3），表明网络已经逐渐成为在校大学生查找信息资源的主要渠道。另外也由于网络信息资源的丰富和更新速度快以及使用方便等优点，网络已成为大学生查找资料的首选。这些是与计算机网络技术的发展与应用普及密不可分的。另外调查发现大学生使用网络查找资料的目的是多样的，主要体现在以下几方面：课程学习、写学术论文、开阔专业视野、做科研工作或其他（如考研）。从表 1-4 的数据可以看出，大一、大二由于专业需要，上网偏重于课程学习和开拓专业视野。而大三、大四由于经常需要撰写论文，所以上网偏重于学术论文写作，分别达到了 30.9% 和 27.8%。

表 1-3　上网搜索资料的频率　（%）

年级 频率	大一	大二	大三	大四
经常	23.4	30.8	35.9	34.0
一般	48.4	47.9	50.4	47.8
偶尔	28.2	21.3	13.7	18.2

表 1-4　查找网络资料的目的　（%）

年级 目的	大一	大二	大三	大四
课程学习	26.6	26.3	19.4	21.1
开阔专业视野	28.1	26.9	21.2	22.4

（续表）

目的 \ 年级	大一	大二	大三	大四
写学术论文	19.5	21.0	30.9	27.8
做科研工作	12.5	14.5	15.0	18.5
其他（考研）	13.3	11.3	13.5	10.2

为什么在当前教育体制中，大学生对信息意识、信息检索与获取、信息道德方面的知识了解甚少？信息应用技能教育又该如何规范和定义呢？

1. 信息应用技能应该具备基本的信息观念和信息社会意识

个人的发展往往与时代的发展有着密切关联，只有当个人的成长与社会发展规律相适应的时候，才能更好地促进个人发展和成长；如果不注意加强自身社会意识的培养，很容易在社会竞争中率先被时代精神所淘汰。而作为以知识和信息为中心、以创新和学习为特征的社会形态是当代不可回避的时代话题。

2. 信息应用技能应该具备信息发现和获取的基本技能

在信息社会，信息资源拥有量的多少越来越成为影响个人发展竞争力的一个重要因素，因此，发现并获取相当数量的信息资源，对于提升个人决策质量和学习效果而言都意义重大。而在信息发现和获取过程中，操作对象和应用技术的变化对这一技能的需求提出了越来越严峻的挑战。

3. 信息应用技能应该具备一定的信息处理技术

信息应用技能需要利用基本的信息技术工具处理日常信息需求，如编写文档、绘制表格、制作幻灯片、上网冲浪等。

4. 信息应用技能应该具备一定的信息安全意识，理解并遵循信息空间的公共秩序

信息应用技能应该懂得信息的自我保护，懂得一些基本的信息利用法律和公共守则，对黑客行为、盗版行为以及相关侵害他人隐私和知识产权的行为具有一定的警惕。

此外，信息应用技能还涉及在长期信息利用过程中积累的使用技巧和经验、信息服务与信息交流能力等。为此，国外对信息应用技能提出了一个专门的概念——信息素质，并在20世纪90年代中后期传入我国。

第三节 大学生信息素质教育

一、信息素质的概念和内涵

信息素质（Information Literacy）也称信息素养，还有部分学者称其为信息能力，其概

念的提出可以追溯到1974年美国信息产业协会主席Paul Zurkowski给美国图书馆与信息科学委员会的报告，他认为，信息素质是利用大量的信息工具及主要信息资源使问题得到解答的技能。

对于信息素质，比较简明的阐述来自美国图书馆学会ALA（American Library Association），其内容包括：能够判断什么时候需要信息，并懂得如何去获取信息，如何去评价和有效利用所需要的信息。我国从1997年起开始对信息素质方面的研究，对我国信息素质教育的目标、内容以及图书馆在其中的作用等都有涉猎，一些高校还开展了有关课题的研究，涉及信息素质教育学的理论体系的研究、学科建设的研究、企业信息化和商务人才信息素质的研究及发展战略等。

二、信息素质的主要内容

1. 信息素质是一种基本能力

当今，信息量的膨胀和信息质量的不确定性以及信息超载的局面对人们认识、使用和评价信息的能力提出了挑战。人们在社会生活的各个方面面临着不同种类的、数量巨大的信息选择，为保证其真实性、完整性和安全性，必须采用有效的手段进行信息的获取、利用和鉴别，这种能力的培养主要来自信息素质教育。

对大学生的信息素质的要求，比较典型的阐述来自美国高校和研究图书馆协会CRAL特别工作组，他们提出高等院校学生应具备的信息素质有六大指标，包括22个二级指标和86个可测评的细目。其中，六大指标是指：

（1）确定所需信息的范围；
（2）有效地获取所需信息；
（3）鉴别信息及其来源；
（4）将检出的信息融入自己的知识基础；
（5）有效地利用信息完成一个具体的任务；
（6）了解利用信息所涉及的经济、法律和社会问题，合理、合法地获取和利用信息。

2. 信息素质是一种综合能力

信息素质和许多学科相关，包含人文、技术、经济、法律等诸多学科的知识背景。信息素质是一种信息能力，包括信息智慧、信息道德、信息意识、信息觉悟、信息观念、信息潜能、信息心理等。它是一种了解、搜集、评价和利用信息的知识结构，需要借助信息技术，依靠完善的调查方法，通过鉴别和推理来完成。

三、信息素质在全球的推进

20世纪70年代以后，信息用户教育在西方迅速普及。尤其是20世纪90年代以来，信息素质逐渐成为世界教育界和图书馆界以及政府部门参与、支持、报道、研究和指导的一个热点问题。美国在1990年成立了信息素质国家论坛，这是一个广泛的联盟，其成员是来自美国图书情报界、教育界、企业、政府等各个方面的全国性组织、机构和大公司，也有其他国家和国际组织的加盟。纽约州立大学、普渡大学、华盛顿大学、加州州立大学等相继开展信息素质项目研究。

21世纪以来，美国图书馆学会为实施“21世纪能力素质”的使命，推进信息素质教育，实施了专项项目规划，把注意力集中投向信息素质教育模式和评估方面，如加州伯克利大学、肯特大学、加州州立大学、阿里桑那大学及谢菲尔德大学、利兹大学等。通过评估，了解学生的收获是否达到预期目标，评估方式是否恰当、有效，同时也让学校认识到图书馆在信息素质方面所发挥的作用。

此后，德国、新加坡、西班牙、瑞典、墨西哥等国也广泛参与，相继制定了信息素质能力体系标准。其中，具有代表性的标准体系包括以下三个。

（1）美国大学和研究图书馆协会（Association of College & Research Libraries，ACRL）标准。2004年1月已为全美大学图书馆协会正式通过，这个标准的推广力度最大，占有领先和主导地位。

（2）英国国家和大学图书馆协会（Society of College，National and University Libraries，SCONUL）标准。

（3）澳大利亚大学图书馆员协会（Council of Australian University Librarian，CAUL）标准。

总之，信息素质的相关工作已在全球展开。2003年9月，联合国信息素质专家会议发表了《布拉格宣言：走向信息素质社会》。该会议由美国图书情报学委员会（NCLIS）和国家信息论坛组织，来自世界23个国家代表了七大洲的40位代表讨论了信息素质。他们认为如何使人们从Internet时代的信息和通信资源及技术中受益是当今社会面临的重要挑战。并宣布信息素质是终身学习的一种基本人权。会议将信息素质定义为一种能力，它能够确定、查找、评估、组织和有效地生产、使用和交流信息，并能解决相关问题。会议指出，信息素质正在成为一个全社会的重要因素，是促进人类发展的全球性政策。信息素质是人们有力地投身信息社会的一个先决条件。信息社会的建立对于21世纪及其后时代的社会、文化和经济发展至关重要，在信息社会的进程中，信息自身将成为社会战略性转换资源。信息素质如此重要的原因是：如果没有它，信息社会将永远不能发挥它的全部潜能并永不衰退，只能是一个不现实的梦。

我国于2002年1月举办了哈尔滨全国高校信息素质教育学术研讨会，该会议由高校图书情报工作指导委员会主持，首次将“文献检索课的学术研讨会”更名为“信息素质教育学术研讨会”，会议邀请了美国信息素质教育特别工作组专家作了专题报告，散发了ACRL制定的《高等教育信息素质能力标准》的全文译稿。2002年8月，在教育部高校图书情报工作委员会第三次会议中，信息素质教育成为重要的讨论议题。2004年9月，在华北高校图协十八届学术年会中，信息素质教育和图书馆服务也成为主题之一。2004年10月，在上海第二届国际图书馆论坛中，城市发展与图书馆服务主题下也包括图书馆与终生教育的分主题。

四、信息素质与高校教育的关系

1. 信息素质培养是高校教育的重要目标

首先，信息素质是终身学习者必备的能力。信息素质是终身学习的一种基本人权，它是有力地投身信息社会的一个先决条件。人们应享有接受信息素质教育的平等权利，只有消除信息的贫富差异，人类才能实现终身学习的目标，在一个有效的文明社会中形成公平竞争。我们把这个原则放到高校的小圈子来，就是要给学生一个公平的接受信息素质教育的环境和条件，使他们具有终身学习的能力和习惯，懂得如何去找到解决和决策问题所需要的信息，知道如何去学习、更新知识并重构个人的知识体系。培养终生学习能力是高校的重要教育目标，作为其基础，信息素质教育应该让所有的学生共享，成为教育的重要内容。在我国，为培养21世纪合格人才，高校正在推进人文素质和科学精神相结合的通识教育，以学生的综合素质为主要教育目标，去探索和研究教育方式，使学生学会认知和创新，成为有创新意识和宽阔视野的高素质、高质量人才，为他们高层次的后继学习和终生学习奠定基础。信息素质是综合素质的一部分，我国高校肩负着研究和实施信息素质教育责无旁贷的任务。

其次，信息素质是深化教育改革的基础。随着高等教育改革的深入，一些新的教育理念和方法开始被引入。例如建构主义，它是现在被广泛认同的一种教育观，它指出：知识不是通过教师讲授获得的，而是学习者在一定的社会背景下，借助他人的帮助，充分利用各种学习资源取得的。它主张从“教师中心”到“学生中心”的教育，从关注学习结果到关注学习过程，从关注以学科知识为中心的学习到关注以问题为中心的学习，从关注外部管理到关注学习者的自我引导、自我调节学习，从师生相对单向的沟通到学习共同体的多向沟通互动，从学习者个别竞争学习到学习共同体的协作学习。可以说信息素质是建构主义实现的基础，建构主义是信息素质培养的理论支持。许多新的教学方式被开始采用，它们需要信息素质的支持，又作用于信息素质的提高，本身就是一种信息素质的训练方式。比如基于调查的学习（Inquiry-based Learning）、基于问题的学习（Problem-based Learning）、基于研究的学习（Research-based Learning）和基于资源的学习（Resource-based Learning）等。

2. 信息素质教育在高校教育中的实现

高校图书馆是信息素质教学体系中重要的一环。根据不同对象和需要，可以划分为多个层次，根据不同层次和不同学科的教学目标来安排教学内容，如图1-1所示。

信息素质教育体系的层次是连续提升和相互衔接的，严格地说应当从中小学打下基础，以便在高校得到全面的培养。在高校中首先是基础教育，它包括图书馆基础应用技能和信息技术基础应用技能。前者主要介绍图书馆的布局、馆藏和服务、联机目录使用等；后者主要指网络工具与常用软件的使用，包括E-mail、网络浏览器、搜索引擎等。其对象是低年级学生。

基础教育的上层是通用信息素质教育，涉及学术与日常生活问题信息的检索、评价能力。它包括了解不同信息源的特点，根据需求选择恰当的信息源，使用检索方法及策略，对获得的信息作出评价，通过交流信息、组织与综合信息完成具体任务，懂得如何合法地检索与利用信息。这些适用于本科生。

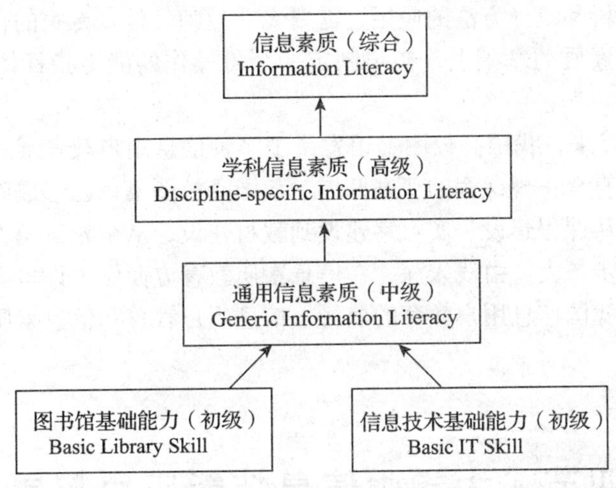

图 1-1　信息素质教育的层次

再高一层是专业信息素质教育，它是基于学科的专门信息素质。它包括了解本学科信息的范畴、类型、常用的信息资源，对本学科文献的内容作出有效的评价并对其中的举证作出判断，能够完成本学科学术论文的写作等。其对象是高年级学生和研究生。高校应将其重点逐步逼近高层次教育，以达到全面的信息素质教育目标。

高校要构建一个完善的信息素质教育系统，其环节包括：信息素质的明确定义，信息素质能力指标体系的制定，基于该指标对教学体系、模式的分析、评价，并对原有教育方式进行的改进或重新设计。它需要经过反复循环来完善。

3. 信息素质教育在高校图书馆的具体实现

社会对高校学生的能力要求给图书馆提供了一个切入学校教育目标的机遇。一方面，高校图书馆的现代化建设提供了能够实现和支持终身学习的条件和环境；另一方面，高校图书馆的建设又包含了参与高校终身学习能力培养的相关使命。图书馆不仅将资源提供给各学科的教学需要，而且还应将信息素质教育渗透到信息需求的全过程，进而融进培养人的总体目标。信息素质教育是当前高校图书馆履行其信息职能和教育职能的具体实现，它将体现和提升高校图书馆在学校教育任务中的作用，是高校图书馆的一项重要工作。

图书馆的数字化建设，应基于以人为本的服务理念。数字图书馆的发展是知识服务型的，它面向个性化服务。如果没有懂得有效获取、利用和评价信息的用户，图书馆的资源很难得到真正的开发，服务也很难到位。而用户的这样一种利用现代图书馆的能力是需要经过训练和培养获得的，它涉及信息素质。需求决定了图书馆对培养信息素质能力不可推卸的职责，这应当是图书馆在深层次意义上的建设。

我们应当首先认识我国高校的学生应当具有什么样的信息素质能力，如何来实现这样的目标，需要根据我国的国情和历史及现状制定信息素质教育指标体系。可以充分利用图书馆和学校的教育资源和条件，依据教育部曾发表的有关指导性文件，参照国外经验，将我国的信息素质教育的目标和框架建立起来。在指标体系的基础上，探索一套信息素质培养方案和信息素质能力的评价方法。它需要图书情报学、教育科学和信息科学的前沿理论的支持，需要一些适当的研究分析和统计方法的应用，需要专业教师、教育专家的合作，结合实践、调研，在定义我国信息素质的基础上，初步制定一个可操作的能力指标体系，应当是可以试验的。

20 世纪 80 年代以来，我国高校图书馆发展了多种信息用户教育形式，包括一般的用户导读、讲座和培训，直至正规课程的普遍开展。我国高校图书馆已形成以文献检索课程为主导的用户教育体系。从课程建设、实习室建设到教材建设，从全校讲座、技术基础课程到相关的研究生课程，逐步扩大，由浅入深，在信息素质教育方面做了许多实实在在的工作。环境的变化一直推动着我国信息用户教育的前行，信息用户教育和信息素质教育的接轨是必然的趋势。

第四节　大学生信息技能应用与展望

即使不谈信息技能和信息素质在整个国民经济中的作用和地位，单就对大学生在毕业论文、就业、自我素质培养方面的作用，信息技能的培养也是必不可少的一个环节。

一、为撰写毕业论文作准备

毕业论文写作是在大学教学计划中一个不可缺少的实践性环节，它是考查学生综合能力、评定学业成绩的一个重要方式。毕业论文写作的优劣是决定学生毕业时可否被授予学位的重要依据。毕业论文写作是值得高度重视的。

有的同学往往是在毕业考试后才将论文写作提到议事日程。他们天天泡在图书馆，匆匆忙忙却鲜见成效；还有不少学生临时凑上一篇，甚至有个别同学在网上找一篇内容相近的论文应付。这种做法是极其不可取的。论文写作是一项严肃的工作，应认真对待。

所谓论文就是作论述的文章，也就是说撰写的东西要有论述的观点或要说明的问题。论点要有新意。可以说，论文就是站在前人的肩膀上登高望远。正因为如此，我们就必须占有资料。对于资料的使用上既要充分利用，又不能完全照搬、一字不差地占为己有。

通过学习本课程，可以找到一种快捷的方法，搜集所需要的信息资料，从大量的信息中得到启发，以便撰写好自己的论文。

二、培养创新思维，为就业和创业打下良好的基础

人的思想从哪里来？不是从天上掉下来的。创新思维从哪里来？也不可能从天上掉下来。如果接触大量的发明创造，你的思维就会时时受到冲击，你的聪明才智才有可能得以开发。有位发明家说过，自己往往是在阅读他人的专利说明书时获得灵感的。在本课程中，你将置身于发明创造的大海之中，认识千千万万个发明家，被他们的成就所感动。在他们的激励下，你的思维将会活跃起来。而现在的企业正需要具有创新思维的人，若你带着你的发明去应聘，就业的前途一片光明。

著名的惠普公司由斯坦福大学的大学生创办。Hewlett 当年申请了一份专利却不知道找谁合作，而 Packard 当时学的是会计，擅长推销，两人结合在一起，成立了硅谷第一家高科技公司——惠普。学生创业不仅解决了自身的就业问题，也为大众和社会创造了巨大的财富和福利。学生主动去研究而不是死记硬背，通过研究继而创造，把老师的一整套理论和自身的热情与动力结合起来，往往能够产生巨大的效益。

三、为决策提供重要的依据

作为领导，往往要进行各种决策，如学科研究方向、课题立项申报、发明专利申请、引进或转让技术等。作为一个大学生要做好各种准备，因为以后很可能要在领导作决策时向其提供文献信息。

通过文献信息搜集，可以在综述中了解某学科的发展趋势，在报告中找到某项技术的现状和本领域的研发热点、技术的空白点，在专利文献中发现企业的竞争对手。若对信息进一步整理和分析，还可以提出建设性意见，是作基础性的研发还是在别人研发的基础上作后继开发；是跟随主流技术还是开发自己的技术等。可将这些信息提供给领导，以便领导作决策。

四、企业竞争的重要手段

20 世纪 80 年代以后，美国、欧盟等国家和地区相继制订定国家知识产权战略，日本也早早提出了知识产权立国的战略，并采取了相关举措。有资料表明，目前全世界 86% 的研发投入、90% 以上的发明创造，都掌握在发达国家手中。

北京大学王选教授发明的激光照排技术，就是通过走检索专利信息这条“捷径”来进行的高起点研究，并及时在国内外申请专利，实现领先发展的。海尔集团更是“利用不断变化的专利文献信息，创造出万变的产品”，最终赢得了较快的发展。

我国部分手表厂商前些年从瑞士引进了电子表技术并大批量生产，却不知道还有很多核心技术属于日本，产品出口到香港后遭到了日本某公司的抗议。有关部门对专利文献进行了检索，发现引进的技术中果然含有日本专利。最后，我国厂商不得不向日本公司交付专利使用费。

2002 年，我国出口欧盟的 DVD 产品就因专利纠纷而损失巨大。这说明在向国外输出产品或技术出口与转让时，必须利用专利文献信息，查清楚该出口产品在进口国的专利保护情况，检查自己的产品是否侵犯了他人的专利权（或他人是否侵犯了自己的专利权），以决定采用何种措施来应对，从而避免侵权纠纷的产生。

我国有 15000 多家大中型企业和上千万个小型企业，但是企业的发明专利申请量却相对较低，科技成果没有获得法律的保护，而华为、联想、北大方正、海尔等公司靠专利技术在市场竞争中获得了优势地位，这些事实值得我们认真思考。

【知识要求】 通过对本章的学习，使学生掌握信息社会与信息产业的缘起与发展，并对信息服务业有一定的了解；使学生了解自己应具备哪些信息素质与技能。

【关键术语】信息社会　信息服务业　信息素质　信息技能应用

【本章小结】信息社会是社会学者对社会阶段发展理论的概念延伸，是信息起主要作用的社会。信息服务业是信息产业体系中的一个重要组成部分，新兴信息职业是指主要依靠信息能力和信息服务的职业类型。信息素质培养是高校教育的重要目标，大学生应对此予以重视。

【复习与思考】

1. 什么是信息化？信息社会的特点有哪些？
2. 你身边有哪些人从事信息服务业？具体都是什么职业？
3. 认为自己具备哪些信息素质？还有哪些不足？

第二章　信息检索概述 ◎

德国柏林图书馆门前有这样一段话："这里是知识的宝库，你若掌握了它的钥匙，这里的全部知识都是属于你的。"而这把钥匙就是信息检索的技能。

第一节　信息检索的概念和类型

一、信息检索的概念

文献信息资源组织和检索的实践发展较早，但是一些学者严格区分了文献和信息的差异，并将其作为现代信息检索科学却是20世纪50年代以后。1950年，美国学者穆尔斯提出了"信息检索（Information Retrieval）"的概念，其原意是信息存储和检索（Information Storage and Retrieval）。后来，一些知名的研究学者如英格尔森、塞拉库尼斯在利用"信息检索"概念时强调信息获取的计算机处理技术。本书编者认为，作为在文献信息检索和获取中广泛应用的概念，信息检索更多的是指信息获取范围的确定和获取途径的操作和行为，因此，本书对信息检索的讨论是将其作为行为科学和策略科学的概念展开的。

从信息检索和获取的行为角度看，信息检索包括信息的存储与查找的全过程，因而对它的理解有广义和狭义之分。

1. 广义的信息检索

从广义上理解，信息检索是指将信息按一定方式组织和存储起来，并根据信息用户的需要找出有关信息的过程。在这种理解下，信息检索通常被称为信息存储与检索，它包括各种文献信息的加工存储和检索利用两方面的内容，由两个方向相反而又相互依存的工作过程构成。广义的信息检索概念是对信息工作者而言的。

2. 狭义的信息检索

狭义的信息检索是指广义的信息检索的后半个过程，即根据用户的特定要求从信息集合中找出所需信息的过程，相当于人们所说的信息查检等。在实际工作中，往往把日常的信息加工和存储视为内部准备工作，而狭义地把信息的查检视为信息检索。狭义的信息检索的概念通常是针对用户而言的。

二、信息检索的基本类型

作为检索对象和目的的信息，其出现形式是不同的，有的以记录着信息或知识的线索表现出来，有的以包含着信息或知识的数据、事实表现出来，于是根据检索对象，即信息出现形式，信息检索又可分为文献检索、数据检索和事实检索。

1. 文献检索

文献检索以索引、文摘或其他文献特征为主要检索对象，目的是运用检索系统查检出与某课题相关文献线索，从而获取原始文献。这类检索数量大、方式不一，是信息检索的基础部分，是获取信息的主要手段，故国内外学者常把文献检索与信息检索等同起来，将文献检索作为信息检索的同义词。

文献检索主要通过检索工具进行，只提供文献线索或参考性文献，检索结果与用户课题相近、有一定参考作用即视为命中。一般来说，文献检索是一种相关性检索，检索到的文献仅供参考，而不直接回答用户所提出的问题。

2. 数据检索

数据检索以数据为检索对象，可直接选择专门的数据性工具进行查检，从而得到数值性数据、图表、化学结构式、计算公式等。它们都是经过人们精心测试、绘制、评价、处理而得出来的数据。数据检索是为了满足科技工作者的特殊需求而出现的，是一种确定性检索。这种浓缩的信息，用户可直接使用，无须查阅原始文献，因此可大大节约研究人员的时间，提高效率。

3. 事实检索

事实检索以特定的事实为检索对象，按一定标识可直接从中检索出事实性、知识性的答案，其检索结果是描述性事实。事实检索对事实（Fact）、数值（Numeric Data）与全文（Full-text）的检索提供原始信息，并给出直接、确定的答案。它可回答如“世界上最长的公路隧道有多长?”“世界上最长的公路隧道是哪一条?”“有哪些海外华人得过诺贝尔奖?”等问题。

数据检索、事实检索一般是通过相应的参考工具书进行的，如词典、百科全书、年鉴与手册、机构指南与名人录等。

第二节　信息检索的产生和发展

作为一门技能，信息检索是伴随着正式信息交流活动的产生而发展的。信息检索最重要的早期发展是文献检索。可以说，有了文字记载以后，就有了文献检索的萌芽。欧洲一些学者甚至认为，早在4万多年前西班牙卡斯蒂洛洞穴中的岩画就是信息记录和传递的源头；公元前4000年的美索布达米亚楔形文字和公元前3000年左右的埃及象形文字则开创了正式信息记录和利用的先河。但在人类文明发展的早期，从事科学、文化活动的人数不多，文献数量不大，人们仅通过私人书信等简易方式就能达到互通信息的目的，所以没有而且也不必开展信息检索，更不必建立完备的检索工具。

随着科学技术的发展，记录下来的知识逐渐增长，文献数量也逐渐增加，从而加大了文献查找的难度，于是真正意义上的信息检索产生了。一些专门的检索工具，如文摘、索引、目录、百科全书等的编纂也随之发展起来。目前，很多国内学者认为，信息检索经历了手工检索、计算机检索、联机检索和网络检索四个发展阶段；也有学者认为是手工检索、计算机检索和网络检索三个阶段。还有一些学者将20世纪80年代中后期出现的光盘检索视为信息检索的一个特有发展阶段。本书编者认为，光盘检索是计算机检索发展过程中出现的一种新的载体，故而信息检索的发展过程分为手工检索、计算机信息检索、联机检索、网络信息检索四个阶段。

一、手工检索阶段

文献信息检索直接发源于文摘索引工作和图书信息部门的参考咨询工作。早在西汉时期，刘向、刘歆父子整理、编撰的《别录》和《七略》是最早带有内容摘要的图书目录，它们开辟了从图书目录直接了解和查找西汉之前书籍概况的先河，是最早的书目性工具书之一。1665年1月5日，法兰西科学院在巴黎创办了《学者周刊》，该刊除报道科学领域的重要事件、科学院的活动和教会法庭的重要决定外，还报道、摘录或评论新出版的图书，成为世界上最早的科学期刊之一，也是以专栏或附录形式出现的最早的文摘刊物。在这以后的100多年中，许多综合性的、专业性的文摘刊物相继出现，成为一种常用的信息传递方式和检索媒介。

索引工作也有较长的历史。在我国唐宋时期，一些文人学者就编制了一些工具书，供查找古籍中的俪句骈语、诗赋文章、史实或其他资料，人们通常称之为“类书”，实际上它们就是属于索引这一类的工具书。在西方，第一部专门的索引出现在8世纪左右，是为《圣经》编的《圣经语词索引》。之后，西方出版的一些图书开始编有书后索引，以供读者查找书中的特定材料。

到19世纪初，文摘刊物开始走向独立编辑出版，而且报刊索引工作也随着报刊文献的增多而得到了很大的发展，并且与文摘刊物紧密结合在一起，成为查找科学文献的最重要的手工检索工具。图书馆及其馆藏文献的急剧增多，使图书馆的馆藏目录工作迅速开展起来，成为查寻馆藏文献的有力工具。另外，图书馆的参考咨询工作包括了为读者提供检索服务的任务。

随着人类科研活动的增加，文献种类的增多，人们对文献检索的需求越来越普遍，检索工作逐步走向正规化和专门化，检索刊物体系也逐渐形成，检索工具书更趋完善，成为图书信息部门做好文献信息检索工作的有力保障，信息检索也成为了信息工作的重要内容。

二、计算机信息检索阶段

自1946年世界上第一台电子计算机问世后，20世纪50年代初就有人开始研究其在信息检索领域的应用，使得文献信息检索逐步迈向机械化和自动化。1954年，美国海军兵器中心率先在IBM701型电子计算机上成功地建立了世界上第一个计算机文献检索系统，它将文献号和少量标引词存储在计算机内，匹配命中后输出的是文献号。1957年，H. P. 卢恩等人开始研究采用计算机编制索引并取得成功。这一成功激励了图书信息界，许多文摘索引机构相继开展用计算机编制文摘索引刊物的试验。1964 年，美国国立医学图书馆的医学文献分析与检索系统（MEDLARS）建成并投入使用，标志着文摘索引刊物的生产实现了机械化，检索服务实现了计算机化。不久，像美国化学文摘社、工程索引公司等一批著名的文摘机构也实现了各自的目标，开始建立机读文献型数据库，发行磁带版的文摘索引刊物，供图书情报单位开展文献检索服务。20 世纪 50 年代中期至 60 年代中后期是信息检索的脱机批处理阶段。当时计算机还没有连接通信网，也没有远程终端装置，不能提供实时检索（Question and Answer），只能进行现刊文献的定题检索（Selective Dissemination of Information）和回溯性检索（Retrospective Search），同时利用计算机编辑出版检索性刊物。

三、联机检索阶段

1965 年以后，计算机检索进入了联机检索阶段。1965 年美国系统开发公司（SDC）成功研制 ORBIT（On-line Retrieval of Bibliographic Information-time Shared）联机情报检索软件，标志着信息检索进入联机检索阶段。与此同时，美国洛克希德公司成功研制了 DIALOG 检索系统。至今，该系统仍为世界上最著名的信息检索系统之一。20 世纪 70 年代卫星通信技术、微型计算机以及数据库生产的同步发展，使用户得以冲破时间和空间的障碍，实现了国际联机检索，其主要的优点是可远程实时检索多种数据库。20 世纪 80 年代，通过卫星通信网络和计算机专用终端，发达国家的一些计算机信息联机检索系统在世界范围内提供联机信息检索服务，形成了国际联机检索服务业。联机检索服务是计算机检索走向实用化、规模化、产业化的重要标志。世界上比较著名的联机检索系统有欧洲共同体九国所属的欧洲科技信息联机检索网络 EURONET、欧洲空间组织的 ESA/IRS 系统、美国洛克希德公司的 DIALOG 系统、美国系统开发公司的 ORBIT 系统、美国国立医学图书馆的 MEDLINE（MEDLARS On Line）系统、日本科技信息中心的 JICST 系统等。

目前，联机检索提供 Telnet（远程登录）和 WWW 两种联机方式。Telnet 方式通过特定用户名和口令控制，能够提供特定的信息资源共享，目前可以登陆 DIALOG、STN、OCLC 等，可以访问名录数据库、BBS，可以查询图书馆馆藏目录和原始文献。WWW 联机方式则在原有静态 HTML 网页浏览的技术基础上，开通了多媒体以及互动数据库内容。目前，通过 WWW 访问的 DIALOG 网址为 http://www.dialog.com/dialog；通过 WWW 检索 STN 如美国化学学会的化学文摘 CAS 的网址为 http://www.info.cas.org/online.html；OCLC 的网址为 http://www.ref.oclc.org。

计算机技术、通信技术和文献信息检索的成功结合，使信息检索走向了计算机检索时代。文摘索引刊物的编辑排版工作从落后的手工方式过渡到先进的机械化自动方式，大大地缩短了编辑出版时间，加快了信息的传递和利用。机读数据库的出现和计算机检索的实现，为用户检索信息提供了快速便利的途径。同时，互联网络的出现和发展对信息检索提供了重要的平台和发展机遇。

四、网络信息检索阶段

Internet 在 20 世纪 60 年代末初见雏形，20 世纪 90 年代初开始迅速流行和发展。在通信和网络技术的扶持下，各种信息利用工具相继出现。例如，优秀的万维网有取代其他工具的趋势；Windows 平台配备了性能优良的电子邮件工具；思维机器公司推出了 WAIS，允许用户检索整个互联网上的文本信息资源；明尼苏达大学推出了 Gopher，使用户能十分容易地存取互联网上的信息资源；针对 FTP 资源的 Archie、BBS；1993 年第一款真正意义的网络搜索引擎 Aliweb 出现。

网络信息检索系统包括了计算机在信息检索领域表现出来的全部优点。它是联机检索的高级阶段，使人们可以在很短的时间里查找到全球的信息。值得指出的是，网络信息环境的出现使得信息检索研究的对象和范围不断扩大，研究队伍也突破了原有的以图书情报领域的专家、学者为主的框架，众多的信息公司加入到研究开发信息检索系统的行列。可以说，网络使计算机信息检索技术进入一个崭新的发展阶段，而网络信息检索又使得网上信息源利用率提高，信息组织更为有序和高效。

1995 年 Yahoo！在资本市场的成功以及 1998 年 9 月 27 日 Google Beta 版本的上线，标志着一个网络搜索商业化时代的到来。2002 年以后，美国著名网络观察家奥莱利宣称，Web2.0 时代的来临更加加剧了网络信息的流通和社会信息的获取途径，我们正在进入一个网络的全民参与时期。

总之，基于互联网的检索系统成为网络信息检索系统的代表，其检索特征越来越朝着多元化、社会化和大众化发展，用户技术门槛越来越低，垂直检索和特定的搜索引擎工具大量涌现，智能分析和辅助检索工具越来越全面。

▶ 知识卡片

为什么信息检索是重要的技能？

——重申信息检索的意义

信息检索在信息用户与信息源之间充当媒介作用，是联系信息生产者与信息需求者的中间环节，是信息交流和传递的重要过程，是提高文献利用率和科研效率的重要手段。概括起来，信息检索的意义主要体现在以下几个方面。

1. 信息检索是获取知识的有效途径

在当今文献和知识急剧增长的信息时代，如何在浩如烟海的文献信息流中迅速找到所需文献信息，并加以合理有效的利用，是摆在科研工作者面前的一项重要课题。据测算，人类知识总量在 19 世纪每 50 年增加一倍，在 20 世纪初每 10 年增加一倍，20 世纪 70 年代每 5 年增加一倍，20 世纪 80 年代几乎是每 3 年增加一倍。而且，文献信息的分布已极不平衡，同一学科的论文分散在几十种甚至几百种期刊上，导致文献的查找越来越困难。因此，如何以最少的精力、最短的时间充分占有文献信息，成了人们亟待解决的实际问题，而信息检索正是有效解决这一问题的最好途径，它可以帮助人们快、准、全地获取所需信息，最大限度地节省查找时间，使文献信息得以充分的利用。

2. 信息检索是科研工作的组成部分

科学研究是一种创造性的思维活动，是在继承前人成果和借鉴他人工作的基础上发展起来的。科学研究一般包括资料准备阶段和研究阶段，其中，资料准备阶段要占用科研人员全部科学研究 30% ~60% 的时间，还会随着信息检索效率的高低发生变化。高效的信息检索不仅能使科研人员减少查找资料的时间，而且还能够通过信息检索获得启发，对研究工作具有极大的促进作用，从而缩短科学研究的时间。

随着科学技术的发展，文献数量剧增，并在学科间相互渗透，科研人员在进行一项科研活动时，查找资料占用了大量时间。据20世纪60年代美国和日本的一个统计，科学工作者在从事科研活动中所花的时间为：实验研究占32.1%，计划、思考占7.7%，数据处理占9.3%，查找情报资料占50.9%。如果熟悉文献检索方法，就能大大节省查找资料的时间，从而加快科研速度，早出科研成果。例如，“汪克尔”转子发动机是德国人发明的，日本对此项目开展研究的时间比德国晚10年，但由于日本政府和有关公司全力以赴搜集、检索德国这方面的情报，结果使得日本装有这种发动机的小汽车先于德国10年投入市场，日本前后共计赢得了20年的时间。

3. 信息检索能够避免重复研究和走弯路

科研的任务是为了创造新的知识成果，它要求对某一课题或某一领域的认识及判断应是前所未有的，因此，科研主题必须建立在完全、充分的信息检索基础之上，否则很容易造成科研项目的重复研究，从而造成人力和物力的严重浪费。据统计，我国低水平的重复研究现象比较严重，尤其是省级及以下科研项目，重复率达到50%。例如，我国某研究所用了10年左右时间成功研制了“以镁代银”新工艺，满怀信心地去申请专利，可是美国某公司早在20世纪20年代末就已经获得了这项工艺的专利，而该专利的说明书就收藏在当地的科技信息所。可见，要进行有价值的科学研究，必须全面地获取有关文献信息，及时了解各学科领域出现的新问题、新观点，这只能依赖文献信息检索实现。通过信息检索，可以掌握研究课题的历史和现状，了解其发展趋势，以确定自己的研究起点和研究目标。

况且，任何科学研究都是在继承前人的知识后有所发明、有所创新的。任何人从事某一特定领域的学术活动，或开始做一项新的科研工作，都要花费大量的时间，对有关文献进行全面的调查研究，摸清国内外是否有人做过或者正在做同样的工作，取得了一些什么成果，尚存在什么问题，以便借鉴、改进和部署自己的工作。只有这样方能做到心中有数，才能有所发现、有所创新、有所前进，否则容易造成重复劳动，导致人力、物力、财力的浪费。例如，日本高能物理研究所由于检索和利用了国外的情报资料，研制成功的第一台高能加速器的投资为40亿美元，仅为国外同类投资的50%。又如，我国葛洲坝工程二江电站出线方案，由于情报人员及时搜集、查阅、分析了大量国内外情报资料，提出高压架线路方案，该方案被采纳后，仅投资一项就节约了400万元。

4. 掌握获取文献的方法，提高信息意识和信息观念

现代科技工作者不仅要具有实际的科学研究能力，而且还应具有文献搜集、选择和利用的能力。所以，学习文献检索，不但要学会查找文献的方法，更重要的是要通过对本课程的学习，提高自身的信息意识和信息观念，提高独立分析问题和解决问题的能力，使自己具有更强的社会生存和社会竞争能力。

总之，信息检索知识和技能，已成为人们知识结构中不可缺少的最重要的组成部分。学习信息检索知识和操作技能，对于培养复合型、开拓型人才具有十分重要的意义。因此，国家教育部于1984年正式下达文件，决定在我国高校开设“文献检索与利用”课程，以达到提高学生的信息意识和掌握文献信息检索技能的目的。

第三节　信息检索的对象——信息源

一、信息源及其类型划分

信息源是指信息传递过程中的信息发送端或生成端的总称，它是信息产生的源头。联合国教科文组织出版的《文献术语》认为：个人为满足其情报需要而获得情报的来源，称为信息源。前苏联出版的《俄英情报学词典》定义：产生消息或为了传递而持有情报的任何系统，均称为信息源。信息源既包括产生原始情报的情报发生源，也包括用户赖以获得情报的任何信息渠道和信息载体。通常认为，一切产生和持有情报的个人和机构，或者负荷情报的载体，即为信息源。

广泛存在着的多种类型的信息源，既是信息工作的基础，又是信息工作的对象。对信息源的类型、形态、结构及特点的分析和研究，是信息存储、检索和开发利用的重要课题。信息源的分类方法很多，应用较多的是按存在形式划分和按生产过程划分。

按存在形式划分，信息源主要有三种类型。

（1）存在于人脑记忆中的信息源，人们通过交谈、讨论、报告会等方式进行传播交流，这种信息源被称为口头信息源。

（2）存在于实物中（如产品、样机、样品等）的信息源，人们通过采集、实地考察和举办展览等方式加以交流传播，这种信息源被称为实物信息源。

（3）用文字、图形、符号、声频、视频等手段记录在某种载体上，形成文献交流传播，这种信息源被称为文献信息源。

这三种存在形式共同构成信息源，口头信息源的获取速度快但可靠程度低，实物信息源直接为生产服务，文献信息源可系统记录知识、长期保存并直接利用。文献信息源包括各种类型的文献，获取这种文献必须借助于文献收藏机构如图书馆、文献信息中心、网络中心等。

按生产过程划分，信息源可分为原始信息源和加工信息源。原始信息源即为一次信息源，它是人类社会实践活动中直接产生或得到的各种数据、概念、知识、经验及其总结。加工信息源则是有关单位根据社会的不同需求对原始信息源进行加工、分析、改编、重组，生产出人们社会活动所需的各种信息。加工信息源又可按其加工的方式和深度的不同分为二次信息源和三次信息源。

二、文献信息源

《文献情报术语国际标准（草案）》（ISO/DIS5127）认为："为了把知识传播开来和继承下去，人们用文字、图形、符号、声频、视频等手段将其记录下来，或写在纸上，或晒在蓝图上，或摄制在感光片上，或录到唱片上，或存储在磁盘上。这种附着在各种载体上的记录统称为文献。"简言之，文献是记录着知识或信息的物质载体。其中，知识、信息是文献的实质内容和灵魂；物质载体是知识、信息存储、传递的主要工具和外在形式；文字、图形、符号等都是记录或表达知识、信息的手段，是无形的知识、信息与有形的物质载体的联系物。习惯上，我们把记录科学知识的每一份物质载体称为科学文献，而把科学文献的汇总称为科学文献流。

在各类信息源中，文献是最主要、最常用的基本信息源。

（一）文献信息的主要形式

文献信息根据其载体的物质形态，基本上可分为手抄型、印刷型、缩微型、机读型和视听型。

（1）手抄型。手抄型主要是指古旧文献和未经付印的手稿及技术档案之类的资料，其中可供开发利用者颇多。

（2）印刷型。印刷型属传统的印刷形式，它是以纸张为载体，通过包括铅印、石印、油印、胶印等方式得来的产品。此类文献历史悠久，收存丰富、系统，因其方式灵活、方便、广泛，保存时间相对较长，使用便捷。但其缺点是出版速度慢，体积大，笨重，收藏空间大，保管不易，且纸质易老化。

（3）缩微型。缩微型即缩微复制品，它以感光材料为载体，是利用摄影技术将手抄型或印刷型文献缩摄而形成的文献形式，包括缩微胶卷、缩微平片、缩微胶套和幻灯片等。缩微文献体积小、存储密度高、存储容量大、价格便宜，便于保存和检索。但其缺点是必须借助于阅读机才能阅读。

（4）机读型。机读型是采用电子计算机才能进行阅读的新型载体，即采用电子计算机和光电磁技术，通过编码和程序设计，把文字信息转换成计算机可读的语言，输入机器，存储于磁带、磁盘等载体。阅读时，由计算机按指令和存入的标志将存入的信息转换成文字或图像输出。机读型文献因存储容量大，传输速度极高，可存储各种形式的信息，宜用来做大量的情报信息存储和快速的文献信息检索工作。

（5）视听型。视听型又称声像资料，它通常以感光材料或磁性材料为载体，以光学感光或电磁转换为记录手段而产生出来的一种文献。它包括录像带、录音带、幻灯片、唱片、科技电影等，由于它运用录音、录像和摄影等技术直接记录声音和图像，所以提供的图像、声音逼真，宜于记载难以用文字表达和描绘的形象资料和声频资料，如用以记载野生动物保护区珍稀禽兽的活动及其鸣叫声。

（二）文献信息的结构层次

信息工作的主要任务是对信息进行深层次开发和综合利用，为了有效地发掘出文献的信息内容，必须对文献进行一定的加工，因此，根据文献的产生次序和加工整理的程度不同，可将文献划分为四个层次结构。

1. 零次文献

零次文献也称零次信息，指未经正式发表或不宜公开和大范围内交流的比较原始的素材、底稿、手稿、书信、工作文稿、工程图纸、考察记录、实验记录、调查稿、原始统计数字以及各种口头交流的知识、经验或意见论点等，此类原始性的文献多保留于科技人员之手，另外，科技部门、有关管理部门和计划部门也有收藏。这类文献在较小的范围内交流、使用、参考，其传播渠道少，或常保密，或限制使用以及因珍稀的原因，不为人们知晓而多被埋没。其形式多是抄件、打字件、油印件、内部铅件、复制印刷、描图以及内部录音、录像等，其特点是信息来源直接、真实，内容新颖。

2. 一次文献

一次文献习惯上称做原始文献，也称原始信息源，它是作者依据本人的科研和工作成果而形成的文献，这类文献是脑力劳动的正式产品，是科研成果的一种主要表述方式。此类文献主要包括图书、期刊和报纸、科学考察报告、研究报告、会议论文、学位论文、专利说明书、政府出版物、产品样本等。一次文献具有创新性、原始性和多样性的特点。

3. 二次文献

二次文献指根据实际需要，按照一定的科学方法，将特定范围内分散的一次文献进行加工整理使之有序而形成的文献。它能较为全面地、系统地反映某学科、某专业文献的线索，是检索一次文献的工具。二次文献本身具有自己的系统结构，为了方便利用，一般提供多个检索途径。所以一种好的二次文献往往由几个部分组成，具有比较固定的体系结构。这类文献有期刊（仅限于揭示和评述一次文献的那些类型）、索引和文摘、图书馆目录等。二次文献具有集中性、工具性和系统性的特点。

4. 三次文献

三次文献指通过二次文献提供的线索，选用并对一次文献的内容进行分析、综合、研究后而编成的文献。这类文献一般包括专题述评、动态综述、进展报告、学科年度总结以及参考书中的百科全书、专科全书、手册、大全、字典、词典、表格、图谱、数据等。三次文献具有综合性、针对性和科学性的特点。由于三次文献是在已有的知识成果的基础上，对特定专业课题的总结和综述，因此，其观点比较成熟，内容比较可靠，有材料、有事实、有数据、有建议、有结论，具有较高的科学性，一般可直接提供参考、借鉴和使用，因而普遍为科研人员和管理者所重视。

（三）文献信息的主要类型

按文献的性质、特点和编辑出版形式的不同，科学文献又可分为以下十种类型。

1. 图书

图书大多是对已发表的成果和经验，或某一知识领域的系统论述或总结。它往往以期刊论文、会议论文、研究报告等一次文献为基本素材，经作者分析、归纳、重新组织而成。图书提供的知识一般比较系统、全面、可靠，起着综合、积累和传递知识的重要作用。从时间上看，图书报道的知识比期刊和特种文献晚，且出版周期较长。中华人民共和国国家标准《情报与文献工作词汇·传统文献》（GB 13143—91）对图书的解释是：一般不少于49页并构成一个书目单元的文献。图书是文献中最古老、最重要的类型。按文种可分为中文图书、日文图书、西文图书等；按作用范围可分为通俗图书、教科书、工具书等；按写作方式可分为专著、编著、翻译、编译等；按出版卷数可分为单卷本、多卷本等；按刊行情况可分为单性本、丛书、抽印本等；按版次情况可分为初版、重版、修订版等。

2. 期刊论文

期刊论文指采用统一名称，定期或不定期出版的连续出版物。其特点是出版周期短，报道速度快，数量大，内容多，发行面广。期刊的内容一般是一次文献，即原始文献，许多新的研究成果大多首先在期刊上发表，因此，期刊论文是获取新信息的主要来源，是极其重要的信息源。期刊论文是与图书并列的最主要的文献类型，其特点是内容新颖、报道及时、出版连续、信息密集、形式一致等。据统计，目前世界上的期刊论文有130万种，限期连续出版物约50万种。

3. 科技报告

科技报告是关于某项科学研究和革新成果的报告或研究过程中的阶段进展情况的实际记录。它反映的科学研究和技术革新成果比期刊论文快，内容高度专业化，且具有一定的保密性。科技报告一般以单行本的形式出版。

4. 专利文献

专利是国家对发明创造的法律保护。广义的专利文献应该是一切与专利有关的文献，包括专利说明书、专利公告、专利分类表、专利文摘等。狭义的专利文献一般指专利说明书，它是专利文献的主体。专利文献是极其重要的信息源，蕴藏着丰富的科技信息。

5. 会议文献

会议文献一般是各种科技会议上的论文或书面发言。随着科学技术的发展，各种科技会议日益增多，已成为科技交流的一种重要渠道。许多学科中的重要发现都是在会议文献中公开的，由于一些会议论文不在其他刊物或出版物上发表，即使发表，也要经过较长一段时间，因此，会议文献越来越受到科技界的重视，成为科技人员了解本专业发展水平和最新研究成果的有效工具。

6. 政府出版物

政府出版物指各国政府部门及所属机构发表、出版的文件，大体上可分为行政性文件（如法令、方针政策、规章制度、统计资料等）和科技文献两大类。科技文献包括政府各部门的科研报告、技术政策等，对了解某一国家的科学技术和经济政策及其演变等情况有一定的参考价值。

7. 学位论文

学位论文是为了取得某一级学位而提交的论文，包括学士论文、硕士论文和博士论文。它们的特点是：论文的水平和质量差别较大，论题比较专一，阐述系统、具体，有一定的独创性观点，且经过一定的审查，故有一定的参考价值。

8. 标准文献

标准文献是对工农业产品和工程建设的质量、规格及检验方法等方面作出的技术规定。它是从事生产、建设的共同技术依据，是一种规章性的文献，具有一定的法律约束力。标准文献属于三次文献，其反映的信息能够达到当时的技术标准和技术水平。

9. 产品样本

产品样本是厂商为推销产品而印发的一种宣传性出版物，内容包括产品的性能、规格、尺寸、重量、构造、用途、使用方法等。产品样本的特点是技术上比较新颖，参数比较可靠，能给人以直观形象。利用它可了解国内外技术水平及有关技术的演变和发展动向，可获得设计、制造、使用产品时所需要的数据和方法，也可以为判断产品的价值提供依据。

10. 科技档案

科技档案是在科研生产活动中形成的有一定具体工程对象的技术文件、图样、照片、原始记录的原本或复制本，其内容包括任务书、技术指标、研究方案、实验记录、设计图纸等。它是科技活动的真实记录，内容一般准确可靠。

第四节 文献信息检索语言和工具

一、文献信息检索语言

文献信息检索语言是文献信息标引的规则与标准。标引人员标引文献，将文献存储于检索系统中，检索人员表达信息检索内容，以便把所需文献从检索系统中检索出来。因此，检索语言是将文献的存储与检索联系起来的约定人工语言。学习文献信息检索必须了解和掌握检索语言。检索语言种类很多，最常用的是分类语言、主题语言等。

（一）分类语言

分类语言用分类号来表达各种概念，这些概念按学科性质进行分类和系统排列。分类体系中的每一个类目都占有一个具体位置，因此分类语言最适合熟悉某一专业教学、科研、生产管理的人员用来按专业内容检索文献。

国内常用分类语言包括：

(1)《中国图书馆分类法》(简称《中图法》)；

(2)《中国图书资料分类法》(简称《资料法》)；

(3)《中国科学院图书馆图书分类法》(简称《科图法》)；

(4)《中国人民大学图书馆图书分类法》(简称《人大法》)。

国外常用的分类法包括：

(1)《杜威十进分类法》(Dewey Decimal Classification and Related Index，DDC)；

(2)《国际十进分类法》(Universal Decimal Classification，UDC)；

(3)《国际专利分类法》(International Patent Classification，IPC)。

（二）主题语言

主题语言是用词语来表达各种概念，这些概念不论其相互关系如何，完全按字顺排列。

主题语言包括标题词语言、叙词语言、关键词语言。

1. 标题词语言

标题词语言是以标题词作为文献内容标志和检索依据的一种主题语言。标题词取自于专门的标题词表，标题词表中的标题词是从文献内容或题目中抽选出来的，经过规范化处理，组成能够描述文献内容特征的词和词组。美国《工程索引》的文摘就是按标题词排列的，标题词选自《工程标题词表》（Subject Heading for Engineering）。《工程标题词表》主要由主标题词、副标题词和说明语构成。

2. 叙词语言

叙词语言是以叙词作为文献内容标志和检索依据的一种主题语言。叙词取自叙词表，叙词表也称为分类词表或分类词汇编。叙词是从文献题目、正文或摘要中抽取出来的用以表达文献基本内容的概念单元。叙词表将意思相近的词编排在一起，适合计算机信息检索。我国编制的《汉语主题词表》就是典型的运用叙词语言的例子。新版《汉语主题词表（自然科学）》（增订本1991年版）是一部综合性词表。它的基本词汇已纳入国家叙词库，并可用于全国情报系统联机检索网络，它由字顺表、词族索引、范畴索引、英汉对照索引等组成。

3. 关键词语言

所谓关键词，是指从文献的标题、正文或摘要中直接抽取出来，未经规范化处理的自由词汇。关键词不受词表控制，标引文献时根据文献内容选择恰当的词汇进行组配，以表达文献的内容特征。关键词语言适合计算机进行自动抽词标引和编制各种类型的关键词索引。

二、信息检索工具

（一）信息检索工具的内涵

检索工具是人们为了充分、准确、有效地利用已有的文献信息资源而编制的用来报道、揭示、存储和查找文献信息资源的特定出版物，包括传统的印刷性检索工具，面向计算机网络的联机数据库检索系统、光盘数据库系统、搜索引擎等各种网络检索工具。检索工具通常以书本、卡片、表册、数据库的形式出现，检索工具一般应具备下列条件。

（1）对所收录的文献的各种特征（外部特征和内容特征）要有详细的描述。

（2）每条描述记录要标明可供检索用的标志，文献要有标志才能对其进行检索。

（3）全部描述记录科学地组织成一个有机的整体。

（4）具有多种必要的检索手段。

（二）信息检索工具的组成

传统检索工具一般由说明、正文、索引和附录等几部分组成。

（1）说明部分：一般包括封面、书名页、版权页、目次、前言或后记等，主要说明编制目的、内容范围、收录年限、著录说明、使用方法等。

（2）正文：检索工具的主体部分，由题录、目录或文摘组成。

（3）附录：主要包括收录文献类型、摘用文献目录、术语缩写、语种对照以及文献收藏单位等，为识别文献专门术语、掌握文献来源提供了参考。

（4）检索工具：一般有期、卷、年度、多年度累积索引，其中每种又可分为主题索引、分类索引、著者索引、来源索引等。

（三）信息检索工具的类型

传统检索工具按载体方式，可以分为期刊式、单卷式、卡片式、附录式、缩微式和机读版；按报道内容的专业范围划分，可以分为综合性检索工具和专业性检索工具；按检索手段的不同，检索工具可以分为传统检索工具和网络检索工具。

在一般情况下，人们习惯按检索工具收录文献的对象和著录的方式将其划分为目录、题录、文摘、索引等类型。

1. 目录

目录是对书刊和其他单独成册出版的单位出版物外表特征的揭示和报道，如书名、著者、出版事项等。其特点是按种为单位进行记录与报道，如一本书、一种期刊、一份资料等。目录的种类很多，如国家书目、馆藏目录、联合目录、出版社与书商目录等。

2. 题录

题录是单篇文献外表特征的揭示和报道。题录的著录项目包括文献篇名、著者姓名、文献出处（出版物名称、卷、期、页码、出版年份）等。

题录报道文献的速度比文摘快、收录范围较广，是查找最新文献线索的工具。

3. 文摘

文摘是通过描述文献的外部特征和摘录文献内容要点来报道文献的一种检索工具。文摘是在题录的基础上发展起来的，它不仅著录文献的外表特征，还将文献的内容进行浓缩以揭示文献的基本观点、方法和结论等。文摘与题录相比只增加了内容摘要部分。文摘性检索工具一般都附有各种辅助索引，便于从不同途径准确、迅速地查找所需文献。

4. 索引

索引是将文献中的各种知识单元摘录出来，注明出处，并按一定的原则和方法排列起来的一种检索工具。这些知识单元可以是论文题目、人名、地名、名词术语，也可以是分子式、结构式、各种号码（分类号、报告号、专利号、索取号）、各种缩写字等。

索引的种类很多。如附在一些原始文献和检索刊物后的主题索引、著者索引、引文索引、文献编码索引等称为辅助索引。它是原始文献和检索刊物的主要组成部分。还有一些检索工具的名称就是“索引”，如上海图书馆编辑出版的《全国报刊索引》和美国《工程索引》等。无论索引以什么形式出现，它都能较好地满足读者多途径检索的要求，提高检索深度和检索效果。

▶ 知识卡片

传统检索工具书

检索工具书是在一次文献的基础上整理、编制出的提供文献信息检索的二次文献，它包括书目、索引、文摘、文献指南，主要用于查找国内外书刊资料。

1. 书目

书目是对一批单独出版文献的记录与揭示，并按一定的方法加以编排的检索工具，通常揭示书名、作者、卷册、版本、出版者、出版年、价格、内容简介等。根据编制目的、收录范围和内容，可分为以下四种书目。

（1）国家图书书目。国家图书书目是揭示某一时期国家出版的各类图书的总目，如《全国总书目》、《中国国家书目》、《全国新书目》、《国际在版书目》、《英国国家书目》、《美国在版书目：作者》、《美国在版书目：书名》等。

（2）国家报刊书目。国家报刊书目是揭示某一时期国家出版的各类报刊的总目，如《中国报刊名录》、《中国报刊大全》、《中国当代期刊总览》、《中文核心期刊要目总览》、《乌利希国际期刊指南》、《日本杂志总览》、《Web网杂志目录》等。

（3）馆藏书目。馆藏书目是揭示一个图书馆收藏图书的目录，它分为卡片目录和书本式目录两种。卡片目录通常配有三套，即分类目录、书名目录和作者目录，供用户从不同的途径进行检索。书本式目录是馆藏目录的印刷型，可供到馆的用户查阅，也可为不到馆的用户提供函借或复印服务。

（4）联合目录。联合目录是汇集某个地区、系统乃至全国的图书馆或文献中心文献信息收藏实况的目录，它把分散在各馆的书刊从目录上连成一体，使用户既能查到所需书刊，又能知道该书刊的馆藏所在，以便就近借阅，如《西文参考工具书联合目录》、《西文科技学术会议录联合目录》、《天津地方史资料联合目录》、《美国全国联合目录》、《英国期刊联合目录》、《美、加图书馆连续出版物联合目录》等。

此外，还有专科或专题书目，如《大学生导读书目》、《中国现代文学总书目》、《伦敦社会科学书目》、《在版科技图书和连续出版物目录》等。

2. 索引

索引是将书刊里的论文题目、人名、地名以及词句等分别摘录出来，注明出处，并按一定的方法编排起来的检索工具，主要包括以下四种类型。

（1）论文题目索引。例如，《全国报刊索引：哲社版》就是将全国公开发行和内部发行的2000多种报刊中所载的论文题目逐一分析著录出来，注明论文所在报刊的卷期、页码，专供用户查找有关论文之用。主要的索引还有《人民日报索引》、《光明日报索引》、《解放军报索引》、《中国社会科学文献题录》、《书评索引》、《美国地理杂志索引》、《社会科学论文索引》等。

（2）人名索引。人名索引主要有《古今人物别名索引》、《室名别号索引》、《作家笔名索引》、《世界姓名译名手册》、《英语姓名译名手册》、《俄语姓名译名手册》、《德语姓名译名手册》、《法语姓名译名手册》、《日语姓名译名手册》、《世界文学家大辞典》、《世界人物大辞典》、《外国历史名人辞典》、《外国人名辞典》等。

(3) 地名索引。地名索引主要有《中国历史地名大辞典》、《中国古今地名大辞典》、《中外历史地名大辞典》、《世界地名词典》、《韦氏地名词典》、《剑桥世界地名词典》等。

(4) 字句索引。字句索引主要有《汉语方言词汇》、《中国俗语大辞典》、《古今俗语集成》、《通俗编》、《俗语典》、《中国谚语》、《歇后语大全》、《小说词语汇释》、《中国古代格言大全》、《中国名言大观》、《警句格言分类大辞典》、《世界名言博引辞典》、《中外名言大全》、《十三经索引》、《论语引得》、《韩非子索引》、《荀子引得》、《杜诗引得》、《唐宋名诗索引》、《牛津引语辞典》、《通晓引语》、《古典和现代引语大全》等。

3. 文摘

文摘是对一定范围内的论文或书籍中的内容进行浓缩，概括地陈述其主要论点、数据、结论等，注明其出处，并按一定的方式编排起来的检索工具。主要有《经济学文摘》、《国外经济文摘》、《中国医学文摘》、《中国农业文摘》、《管理科学文摘》、《书评文摘》、《应用社会科学索引和文摘》、《心理学文摘》、《社会学文摘》、《历史文摘》等。

4. 文献指南

文献指南是说明各类文献特点及其查找方法，并具体介绍常用工具书及其使用方法的检索工具。主要有《古今中外人物传记指南录》、《科技名录指南》、《中外专利数据库检索指南》、《英国政府出版物指南》、《工具书指南》、《化学情报源》、《医学情报源》、《经济学情报源》等。

第五节 信息检索的方法和途径

一、信息检索的基本方法

信息检索的效率与具体的信息检索方法有很大的关系，运用行之有效的信息检索方法将能够以最少的时间获得最满意的检索效果。归纳起来，信息检索方法主要有手工检索方法、机械检索方法、非正式方法三类。

（一）手工检索方法

手工检索方法是查找印刷型文献信息的传统方法，一般分为以下五种。

1. 直接查检法

直接查检法指不依靠检索工具，而通过浏览或查阅原始文献直接获取文献信息的方法。其优点在于能够明确判断文献所包括的信息是否为自己所需要的信息，缺点是难以获得全面的文献，且费时费力。如果检索课题单一，文献相对集中，又熟悉检索书刊，则可用这种检索方法，而对有多个主题、文献离散度较大的课题，就难以获得理想的检索效果。由于此方法不依靠检索工具，因此不是严格意义上的文献信息检索方法。

2. 间接检索法

间接检索法即借助于检索工具获取所需文献的方法，一般包括顺查法、倒查法和抽查法。

（1）顺查法是一种从旧到新的顺时序的查检方法，一般需要了解检索课题的背景、发生和历史简况，再通过有关的参考工具核实和深入了解该课题的实质性内容和概貌，从而选择比较适宜的检索工具，从问题产生的年份着手查起，直到满意为止。开始选材时可适当放宽范围或放松一些要求，待发现这类信息源相当丰富时，再缩小范围或要求严一些，以避免漏选而返工重检。顺查法的缺点是劳动量因覆盖面大而随之增大，检索效率不高，多在缺少综述性文献时采取；其优点是查全率较高。

（2）倒查法指由新到旧的逆时序的查检方法。此法多用于查找新课题或用于为老课题查找新资料。课题对近期的状况比较重视，从新情况开始查到一定的基本资料时为止，时间终点视课题要求而定。该方法省时省力，检索效率较高，但查找资料不如顺查法齐全，容易出现漏检，因而不易把握课题研究的全貌。

（3）抽查法指根据课题的要求，针对所属学科处于发展兴旺时期的若干年进行文献信息查找的查检方法。用这种方法能获得相对集中、具有代表性且能反映学科发展水平的文献信息，往往能起到事半功倍的效果。其优点是检索效率高，检索效果好，但要求在检索之前须掌握该学科的发展情况，熟识该项技术发展的特点，以便正确地选择抽查的时间范围。

3. 追溯法

追溯法也称文献追踪法。此法不是利用确定的检索工具，而是利用已知文献的某种指引如文献附的参考文献、有关注释、辅助索引、附录等，追踪查找文献。根据已知的文献指引，查找到一批相关文献；再根据相关文献的有关指引，扩大检索范围并发现新的线索，去进一步查找。如此反复追踪扩查下去，直到检索到切题的文献。用追溯法检索文献，最好利用与研究课题相关的专著与综述，因为它们所附的参考资料既多且精。此种方法一般在缺乏检索工具或对检索工具的使用不熟悉以及文献线索很少的情况下使用。其优点是简单方便，容易查找；缺点是漏检和误检的可能性较大。

4. 循环检索法

循环检索法又称交替法、综合法、分段法。采用此方法检索时，先利用检索工具从分类、主题、责任者、题名等入手，查出一批文献，然后再选择出与检索课题针对性较强的文献，再按文献后所附的参考文献回溯查找，不断扩大检索范围，分期分段地交替进行，循环下去，直到满意为止。综合法是一种立体型的检索方法，其检索效果较好。

5. 纵横法

纵横法是一种经验方法。它是以研究课题中有代表性的作者为线索，通过检索工具，采用往纵向和横向扩大来获取文献的一种方法。纵向扩大是指通过检索刊物中的著者索引，以时间为纵轴查找出这些代表性作者的系列文章。横向扩大是指在这些代表性作者文章所属的类别或主题词下，以内容为横轴，查找出一批其他作者所著的类似文章。运用纵横法的关键是准确地选择某一学科领域的代表性作者姓名。这种方法容易掌握，使用方便，检索效果较好。

在实际检索中，采用何种检索方法应根据检索条件、检索要求和检索背景等因素确定。

（二）机械检索方法

机械检索方法指借助一定的机械进行检索的方法。所用机械一般指卡片检索机、缩微胶卷检索机、电子计算机等。一般而言，目前所说的机械检索就是指电子计算机检索。电子计算机检索具有检索速度快、检索途径多、检索效果好等特点，可人机对话随时变化检索要求，并可显示阅读或联机、脱机打印和输出符合检索需求的部门。

电子计算机检索的方法是以概念组配系统为基础的概念组配方法。采用此方法检索时通常需要把用户信息提问的复杂概念分解为若干个单元概念，此时，各个单元概念仅能表达用户需求的各个侧面，必须将各个单元概念加以恰当的逻辑组配，才能表达出用户提问的一个完整概念内容，即表达单元概念的检索词加以恰当组配，形成检索式，才能检索出所需的文献信息。

（三）非正式方法

除传统的手工检索方法和先进的电子计算机信息检索方法外，还可以利用另外一种获取信息的重要方法——非正式方法。

非正式方法通常也称为非文献方法，是指不借助文献而获取信息的方法。它是一种较为古老的信息获取方法，在印刷术发明前，它是交流、获取信息的主要方法，目前已不起主导作用，但仍很重要。非正式方法主要通过交谈、书信往来、参观访问、考察、参加学术会议、听演讲、实物样品的搜集及技术考察等方式获取所需的信息，一般比从正式发表的文献中获取的信息要早得多、快得多。据日本学者报道，在学术杂志上发表的论文，约 1/5 已在学会内部刊物刊登过；约 1/10 已在地方学术会议上宣读过；约 60% 的论文作者在原稿完成后即已复制送给同行阅读；论文正式出版前，以口头或文章形式将其内容作为信息传递的达 67%。可见，非正式获取信息的方法不失为一种较好的方式，其优点有迅速性、新颖性、针对性和直观性；其缺点是难以评估信息的价值，客观性和真实性也难以保证，且适用范围有限。

二、信息检索途径

检索途径依赖于文献信息的特征。文献具有外部和内容两种特征。文献的外部特征主要是指文献载体上标明、易见的项目，包括文献题名、责任者、序号、出版者、出版地、出版年等；文献的内容特征包括所属学科及所属主题等。因此，根据文献的外部特征和内容特征，可将信息的检索途径分为两大类型。

（一）文献外部特征的检索途径

1. 责任者途径

责任者途径即通常所说的著者姓名途径。责任者是指对文献内容负责或作出主要贡献的个人或团体，包括著者名、评者、编者等。责任者途径是根据文献著（译、编）者的名称查找文献信息的途径，是外文检索工具较为重要和惯用的途径。按著者姓名字顺排列，易于利用，又便于编排，也易于机械加工。

使用著者途径检索文献信息须注意文种的不同和姓名排列方式的差异，如单姓、复姓、父母姓连写、本名、教名以及姓名中附加的荣誉称号等。欧美人的姓名习惯名在前、姓在后，而目前使用的各种著者目录和著名索引则按姓在前、名在后的方式以字序排列，因此，在具体检索时应按姓在前、名在后的字顺查找。

2. 题名途径

题名途径也称书名途径。题名是表达、象征、隐喻文献内容及特征的词或短语，是文献的标题或名称，包括书名、刊名、篇名等。文献题名有正题名、副题名和辅助题名。题名检索途径是指根据文献题名查找文献信息的途径。它把文献题名按照字顺排列起来编成索引，其排法简单易行，易于查检。但因书名和篇名较长，不宜作为检索标志，又因不同文字的形体结构和语法结构有自己的特色，字尾变化复杂，所以难以把同样意义的文献集中于一处，实际使用价值已不为人们看好而逐渐不为人所重视。

3. 文献类型途径

文献信息检索工具收选的信息源多种多样，如期刊、图书、科技报告、专利、技术标准、政府出版物、会议录等。为满足用户不同的检索要求，如会议文献或专利文献的查找，不少检索工具也增设文献类型检索途径，如专利号索引、图书索引、会议索引、报告号索引等，以满足不同用户的需求。

4. 代码途径

代码途径也称序号途径，是通过文献已知的文献专用代号查找文献的途径。代码是一些文献类型的特有标志，与文献有对应关系，如国际标准书号（ISBN）、国际标准连续出版物号（ISSN）以及索引号、专利号、合同号等。

（二）文献内容特征的检索途径

1. 分类途径

分类途径是指按文献内容的学科分类体系查找文献信息的途径。一般说来，一种检索工具的编制都必须按学科建立自己的分类体系，其收录的文献按分类目录中的排序进行编排，这样编排的结果可将同一学科的文献集中，便于按学科查找文献。分类目录和分类索引是普遍使用的分类检索工具。分类途径的缺点是对于较难分类的新兴学科和边缘学科来说，查找不便。利用此途径查找时须首先了解反映学科体系的分类表，再将概念变换为分类号，然后按分类号进行检索。由于概念变换为分类号的过程中易出差错，所以也会导致漏检和误检。但是很多用户希望从其熟悉的分类系统及学科概念的上下左右关系了解事物的派生、隶属、平行等关系，满足族性检索的需求。分类途径能够较好地满足这一要求。

2. 主题途径

主题是文献所表达的中心思想、所讨论的基本问题和研究对象。主题途径指根据表达文献主题内容的主题词及其派生出的关键词为标志查找文献信息的途径。其主要检索工具是主题目录和主题索引，或标题词索引、关键词索引、叙词索引等。主题目录按文献内容主题词组织，以文献所讨论的主题直接检索，可以查到分散于各学科里同一主题的文献。主题索引是工具书辅助索引之一，它可揭示包含该主题的文献信息在文献正文中的位置。

主题途径检索文献信息的优点是：用主题词作为标志，表达概念准确、灵活、专指度高，可使同一主题的文献集中，检索效率高；又由于主题词可随科技发展增加或更新，因此便于查找新兴学科的文献信息，在各学科和其分支交叉渗透日益增多的当前，主题途径较好地适应了这一要求。其缺点是：主题索引缺少学科系统的整体性和层次性，因此，难以达到很高的查全率。

3. 分类主题途径

分类主题途径是分类途径与主题途径的结合，它能够尽量避免两者的不足，取其所长。一般来说它比分类体系更具体一些，无明显的学术层次划分，又比主题法概括一些，但保留了主题体系按字顺排序以便准确查检的特点。

（三）其他检索途径

1. 出处途径

出处途径是数据库系统提供的检索途径。输入原文献的刊载处，如报刊名、出版单位名，即可检索到该刊载处出版、发表的有关文献。

2. 时间途径

时间途径是以文献的时间范围查找文献的途径。这是数据库检索系统普遍提供的一种检索方式，输入或选择某一时间，可检索到该时间出版发表的所有文献。时间途径一般和其他检索途径配合使用，很少单独使用。

3. 任意词途径

任意词途径也称自由词途径。它是以自然语言编制的全文检索系统所提供的一种文献查询方式。自由词或任意词指直接取自文献本身，是未经规范和控制的语言。输入字、字符、数字、词或词组等任意字或词，可检出所有在任一处出现该字、字符、数字、词或词组的文献。

4. 专门术语途径

专门术语途径主要是指一些辅助检索途径，如按化学分子式排出的分子式索引，可提供一种从分子式角度查找化学化工文献的目的，另外还有化学物质索引、合金索引、地名索引等各种专门索引，以满足查检特定种类文献信息的需求。

第六节 信息检索流程

信息检索工作是一项实践性和经验性很强的工作。对于不同的待检课题应采用不同的检索程序，即文献信息检索的具体步骤和方法应因题而定、因人而异。但在实际检索工作中，还可以依据信息检索的基本原理，归纳出文献信息检索的一般程序和步骤，以使检索工作有条不紊，取得较好的检索效果。通常，信息检索包括任务式检索和发现式检索两大类型。

任务式检索的检索目标比较明确，检索范围易获取；发现式检索的检索目标不够明确，检索范围宽泛，需要探索、学习，进而寻找和发现最合适的信息资源和检索方式。任务式检索强调检索步骤的科学性和合理性；发现式检索强调检索过程控制，强调探索学习的有效性和持续性。因此，二者的检索流程具有一定的差异。

一、任务式信息检索流程

任务式信息检索的一般流程分为以下五个步骤。

1. 分析检索课题，明确提问要求

利用信息检索系统获取文献信息的用户，一般分为直接用户和间接用户两种类型。直接用户是指最终使用获得的信息进行工作的用户（如科研人员、管理者、决策者等）；间接用户是指专门从事计算机检索服务的检索人员。

检索课题是根据查找文献信息或查解科研疑问的需要所拟定的问题。在检索之前，首先须对待检课题进行认真分析，明确检索的目的和具体要求，以便使用户的检索提问符合检索工作的要求，做到检索与提问一致，避免盲目检索。在分析课题的基础上，还要辨明检索课题的类型，是查文献、查事实，还是查数据，并明确要求查找文献信息的时间范围、学科范围等，以求对检索课题有个总的认识。

分析检索课题时应从以下五个方面进行。

（1）明确用户信息需求的目的和意图。

（2）分析课题涉及的学科范围、主题要求。

（3）课题所需信息的内容及其特征。

（4）课题所需信息的类型，包括文献类型、出版类型、年代范围、语种、著者、机构等。

（5）课题对查新、查准、查全的指标要求。

2. 选择检索工具

在全面分析检索课题的基础上，综合考虑根据用户要求得到的信息类型、时间范围、课题检索经费支持等因素后，选择检索工具。正确选择检索工具，是保证检索成功的基础。对检索工具的一般要求是：收录文献资料的专业广、类型齐全、数量大、报道速度快、文摘详

细，并附有各种索引。检索时，既要选择专业性检索工具，也要考虑使用综合性检索工具，以获得满意的查全率。

选择检索工具时，可利用有关的指南、检索手册等，以对各种工具书进行比较和选择，从而确定更适合课题要求的检索工具。选择检索工具时必须从以下三个方面考虑。

（1）收录的信息内容所涉及的学科范围。

（2）收录的文献类型、数量、时间范围以及更新周期。

（3）所提供的检索途径、检索功能和服务方式。

3. 确定检索途径和检索方法

检索途径和检索方法的选择，取决于检索课题的要求和已掌握的情况。如果课题检索的泛指性较强，即所需文献的范围较广，则选用分类途径较好，检索方法可以选用顺查法，以全面了解课题的研究背景及发展现状；反之，若课题检索的专指性较强，即所需资料比较专深，则选用主题途径为好，检索方法可选用倒查法和抽查法，以获得该课题的最新文献信息。检索途径和方法选择不当，将造成误检和漏检，从而影响检索效果。

在计算机环境下的信息检索还需要确定检索词并构建检索提问式。检索词是表达文献信息需求的基本元素，也是计算机检索系统中进行匹配的基本单元。检索词选择正确与否，直接影响着检索结果。在全面了解检索课题的相关问题后，提炼主要概念与隐含概念，排除次要概念，以便确定检索词。检索词的确定，一般有以下几种方法。

（1）选用主题词。当所选的数据库具有规范化词表时，应优先选用该数据库词表中与检索课题相关的规范化主题词，从而可获得最佳的检索效果。

（2）选用数据库规定的代码。许多数据库中的文档使用各种代码来表示各种主题范畴，有很高的匹配性，如世界专利文摘数据库中的分类代码、化学文摘数据库中的化学物质登记号等。

（3）选用常用的专业术语。在数据库没有专用的词表或词表中没有可选的词时，可以从一些已有的相关专业文献中选择常用的专业术语作为检索词。

（4）选用同义词与相关词。同义词、近义词、相关词、缩写词、词形变化等应尽量选全，以提高查全率。

检索提问式是计算机信息检索中用来表达用户检索提问的逻辑表达式，由检索词和各种布尔逻辑算符、位置算符、截词符以及系统规定的其他组配连接符号组成。检索提问式构建得是否合理，将直接影响查全率和查准率。构建检索提问式时，应正确运用以下逻辑组配运算符。

（1）使用“与”算符可以缩小命中范围，起到缩检的作用，得到的检索结果专指性强，查准率也就高。

（2）使用“或”算符可以扩大命中范围，得到更多的检索结果，起到扩检的作用，查全率也就高。

（3）使用“非”算符可以缩小命中范围，得到更切题的检索效果，也可以提高查准率，但是使用时要慎重，以免把一些相关信息漏掉。

另外，在构建检索提问式时，还要注意位置算符、截词符等的使用方法以及各个检索项的限定要求及输入次序等。

4. 实施信息检索

以上所述皆为检索的准备工作，检索过程的实施一般可分三步进行。

(1) 试查。按已选定的检索工具和方法，抽样或小范围初查一下，若发现问题，可对检索方法作适当修改。

(2) 正式查。这是信息检索的主体，主要是利用检索工具进行查找，通常利用工具的目次、分类表、主题词表、类目索引或检索手册等辅助性工具，以使检索更为直接、准确。

(3) 补查。若检查结果仍不能满足用户需求，或发现了新的查找线索，可做一些补查工作。

在计算机环境下，需要上机实践并不断调整检索策略，从获得更加理想的检索效果。上机检索时，用户应及时分析检索结果是否与检索要求一致，根据检索结果对检索提问式作相应的修改和调整，直至得到比较满意的结果。

5. 获取原始文献或者输出检索结果

传统文献检索过程中，最后将根据检索所得的题录或文摘，查找到原始文献的作者、所在刊物及收藏单位，然后利用馆藏目录或其他各种目录，在馆藏中查找原文或向其他收藏单位索取原文或复印件；也可通过查得的作者联系地址或作者单位向作者本人索取。至此，一次信息检索的过程终止。

在计算机环境下，需要根据检索系统提供的检索结果输出格式选择需要的记录以及相应的字段（全部字段或部分字段），以将结果显示在显示器屏幕上、存储到磁盘或直接打印输出，网络数据库检索系统还提供电子邮件发送功能，从而完成整个检索过程。

二、发现式信息检索流程

传统的检索流程表述中，检索过程是一个单线条的流水线，似乎一次或重复若干次操作过程就能实现检索要求，其实不然。检索是存在多点触发、可随时改进检索策略和流程的相机选择过程。正如一般工程学处理流程问题的方法一样，必须通过必要的准备措施、综合实施和整理三个主要阶段来完善检索流程。检索过程不仅是找到检索目标的过程，也是一个学习知识的过程。

这种基于复杂过程、相机改进，并借助一定的工具促进知识获得的检索模式，称为发现式信息检索，这也是本书检索实践的主要理论线索。下面介绍发现式信息检索流程的三阶段模型及其应用技巧。

1. 准备阶段：阅读、交流和思考

准备阶段需要分析专业知识，利用储备的原有知识和概念，构建检索所需的知识背景、工具背景和数据事实的基本判断。

准备阶段的知识背景包括以下两个方面。

(1) 所检索内容的领域知识背景。如知识所属领域、主要的权威专家和权威信息源等。

如今可获取的信息资源很多，搜全并阅读全部相关信息资源几乎是不可能的，因此，在学术研究或信息分析过程中我们往往需要集中到高质量的信息源，比如国外撰写经济学论文时一般会选取约35篇核心论文，国内一般在15篇左右。

(2) 检索的基本知识。指如何判断和评价检索结果、如何从检索结果精练或扩检、用户所处的检索环境如何等。具体而言，包括如下问题。

① 阅读图书时，你是否有先看目录的习惯？

② 图书馆的期刊有多少？

③ 你学的专业期刊有哪些？

④ 在你平时常读的期刊中是否发现了可研究的新问题？

⑤ 你是否知道报道各种发明的工具书？

⑥ 你是否知道年鉴？

⑦ 你发现了哪些认为合适的研究课题？

⑧ 别人对你可能研究的课题持有什么看法？

⑨ 人们在这一课题上是否存有严重分歧，或已经形成了一致意见而使其不值得再写了？

⑩ 你是否明确感兴趣的领域中研究人员所开展的研究的类别？

总体来说，准备阶段所做的工作是阅读、交流和思考。有了初步的选题之后，可以阅读一些专著或者论文集，借鉴已有专家研究的方法和框架，启迪思维。以前的检索理论认为信息检索过程独立于知识创新（论文写作）过程，将信息检索作为知识创新的辅助过程——事实上，更加有效的方式是二者结合，在论题的框架分析中逐渐搜集资料，然后通过资料修正自己的研究方法和框架，最终形成选题（精确选题）、方法、创新点的有机结合。

阅读分为泛读和精读。在图书馆或者网络上，首先通过泛读或扫读标题、目录和摘要与内容简介判断文献与研究课题的相关性，选择相关文本作为研究参考；然后精读，对重点文献从内容、结构到研究方法进行仔细分析，作为自己组织资料和研究的参考。通常，可以把准备阶段的阅读分为以下三个过程。

① 浏览图书馆的书籍和期刊文章的正文部分，细看目录或翻看索引，了解作者是如何涵盖各子课题的。

② 在浏览大量的资料的过程中，明确哪些内容能使自己产生兴趣，哪些内容可以作为参考借鉴。

③ 作简单记录，如摘抄、读书笔记、读书博客等，任务是对课题形成总的看法和基本思路，或对所阅读文献进行知识梳理。

交流就是我们通常说的非正式知识的获取方法，通过与专家或朋友的交流，往往可以事半功倍。在科学研究过程中，这种交流包括非正式交流和正式交流两类。非正式交流不需要有充分的知识准备，了解自己的话题范畴即可，通过即兴感悟与老师、专家或朋友交换看法。为控制交流效果，一般应该具有基本的研究思路和主要研究的问题、研究障碍以及预备的创新和不足。在高校学位论文写作中，开题报告会和预答辩往往就是类似的交流过程，只不过这类交流介于非正式交流与正式交流之间。正式交流则需要形成初步研究成果，当方法和思想比较成熟以后，在学术会议、预出版物等场合开展修正、精练或改进的问询。在准备阶段，主要是非正式的交流，可以与朋友交换看法或咨询身边的专家、老师，获得宝贵的建议和意见。

思考则指分析问题，主要包括主题细分和综合背景分析两个过程。主题细分是将选定主题分解成若干待回答问题的过程，就是所谓的研究目的的形成过程；综合背景分析是通过对课题，尤其是对社会科学研究中的课题所处的环境进行综合分析，以寻找最有研究价值和意义的问题。

下面介绍一种问题分析框架，它是社会科学研究中常用的分析方法，旨在通过简单的问答式描述，进行问题的细化和研究价值的提炼。其基本框架是“类别—问题”框架：从一个比较宽泛的课题入手，将研究课题范围缩小到容易控制的程度以后，从分析、评价、媒体、政策等方面观察它，从中选择出对课题最具意义的类别，进行提炼。下面以“汉江的污染”为粗选主题，来分析如何形成比较有价值的研究课题（见表2-1）。

表2-1 “汉江的污染”粗选主题分析表

类 别	问 题
分 析	汉江中有哪些污染物？ 科学家如何确定河流中污染物的种类？
评 价	河流污染研究的精确性如何？ 地方政府能否判别并解决社区中的水污染问题？
媒 体	媒体对河流污染情况报道的准确性如何？ 如果市民们想了解更多河流污染的情况，应该关注哪个媒体？
政 策	政府出台的政策是如何控制河流污染的？ 是否应该对农民使用农药施加更为严格的限制？
健 康	由河流污染带来的对健康最严重的威胁是什么？ 哪些教育节目是专为人们讲授河流污染所带来的健康威胁的？
食 品	食用受污染水域中的鱼类安全吗？ 如果农民不能使用农药，我们的食品供给是否会减少？
人 口	人口移动对河流污染有影响吗？ 污染控制措施对当地居民有影响吗？
经 济	我们是否负担得起在河流沿岸提供严格的污染控制措施的费用？
道 德	哪些公司可以从河流沿岸的污染控制中获利？ 哪个更有价值：控制污染还是生产食物？ 我是否也有义务注意自己对农药的使用？

在上述分析基础上，针对汉水污染的一系列问题进行思考，然后草拟初始研究课题。在开始阶段，可以草拟出一个合理的初始课题，在了解更多知识后可以对其进行改动。改变观点或结论是正常的，这也是研究过程的固有组成部分。例如，上述内容可以形成“汉江的污染——污染源的文献调查”、“食用汉水水域中的鱼类安全状况研究”、“河流沿岸的污染控制状况分析”等诸多课题。可以看出，以上的过程是将某个主题逐渐细化的过程。通过

这个过程使我们将模糊的想法发展成具体的、希望研究的课题。

准备阶段的成果是一个比较具体、具备一定研究基础、可操作性良好的研究课题。总之，以一种正确的态度和方法面对信息检索，是科学研究和信息分析成功的重要因素。

2. 实施阶段

实施阶段主要是指在明确检索主题和任务以后，通过合适的检索工具检索、筛选检索结果，获得精确、高质量的参考信息的过程。通过跟踪记录，比如研究日志、读书笔记、研究心得、检索标签等工具，推动研究或信息的获取，由构想向实现转变。

研究日志是一种按照时间顺序，将查找文献与调整检索策略的过程记录下来的有效工具。这种工具不仅可以监督按期完成检索阶段的工作量，还可以更好地发现和控制检索结果。其操作方法非常简单，就是利用一种结构化的方式，描述和记录检索过程，使之更有针对性，其格式见表2-2。

表2-2　研究日志格式

日期	活动记录	结果	备注计划
2007-10-19	去图书馆查找关于“汉江的污染”的相关文献和信息	利用“汉江”、“污染”为主题检索不到专业书籍，扩大为“水污染”或“长江流域污染”仅检索到施欣、袁群著的《长江流域航运水污染影响与调控研究》，但是相关法律法规有国家环保总局的《“三河三湖”水污染防治“十五”计划汇编》、《陕西省汉江丹江流域水污染防治条例》、《湖北省汉江流域水污染防治目标责任考核办法（试行）》等；关于汉江活动，以“汉江”为主题词，关于汉江的专业书籍仅有吴翼麟等编的《汉江丹江口水库的地震活动》、《汉江分洪画册》等；关于水体污染的书籍较多，如曹凤中等编译的《地表水污染及其控制》等	检索结果说明成文的、体系化的关于汉江污染问题研究的专业书籍很少，选题具有一定新颖性，法律法规政策中已具有一定研究方向，但二次文献和三次文献很少，说明该领域研究尚不成熟，检索策略向网络信息资源调整，同时将汉江污染课题继续细分
2007-10-20	网络检索	检索主题词为“汉江”时，检索结果多为韩国汉江。大约2500条相关新闻和网页，网页多为新闻网页，没有专题网站；通过学术期刊网，检索到大约170篇水污染相关文献，文献阅读和归纳，细化选题：汉江水体污染防治对沿岸经济的影响。输入“水污染防治”、“经济”找到相关文献3篇、模糊检索12篇	需要收录和罗列有用的网页，建立以“汉江污染”为题的主题博客，将主要网页收入网摘
2007-10-21	阅读	仔细阅读《长江流域航运水污染影响与调控研究》一书，发现航运、化工、农药、生活污水是汉江污染的主要来源，可集中于生活污水和汉江沿岸的工业布局、农田灌溉情况，其影响可能集中于种植业、化工、航运、渔业等行业	需要对汉江生活污水和汉江沿岸的工业布局、农田灌溉情况作进一步检索，需要进一步预测经济规模

（续表）

日期	活动记录	结果	备注计划
2007-10-25	网络检索更新博客	通过网络和图书馆进一步搜索，并阅读。发现汉江中上游大城市不多，陕西南部的安康和汉中、河南南阳、湖北襄樊是主要城市，下游武汉段汉江生活和工业污水明显增多	需要进一步梳理思路，下游和中上游防治方式的差异以及研究水体污染的伴发疾病防治和上游水土保持的潜在影响如何考虑
2007-10-30	调整检索方向	中科院已经建立详细的汉江污染情况和防治方法	
……	……	……（依此类推，直至课题完成）	……

在“活动记录”项目里，应记下查找文献的途径、数据存盘地址（使用的关键词、网址、数据库等）；在“结果”项目里，应对应记下查找到的文献内容（图书名、文献名称和出处等）；在“备注计划”项目里，对结果进行思考，提出进一步的检索想法，为下一步作准备。在每一次检索结果的处理过程中，用下面问题帮助判断检索结果进行。

（1）是学术性文章，还是通俗文章？

（2）资料的权威性如何？是否可信？

（3）是否涵盖课题的某些部分？

（4）是否与研究主题相关？数量太多、太少，还是没有？

（5）参考文献的学术质量和深度如何？是哪一年出版的？内容是否新颖？

（6）作者的所属机构和学术经历怎样？

3. 整理阶段

对查到的一次文献即原始文献进行筛选，有用的资料留用，无用的资料舍去，再对有用的资料进行整理。按一定的规律对这些信息进行排列组织，编写成题录或文摘索引。

整理阶段完成后，发现式检索三个阶段就大功告成，即文献信息检索任务基本完成。更进一步的工作是对已获取的文献信息的利用。文献信息的利用非常广泛，主要有以下几种。

（1）用建议、推荐等方式满足用户需求。运用整理好的信息资料对相关部门提供信息服务。

（2）运用整理好的资料撰写文章。如新闻工作者的新闻报道、学生学位论文中的开题报告，也可以是综述文章、学术论文或专著等。

（3）作为科技查新的准备工作的内容。

▶ 知识卡片

如何更快、更好地检索

概念性问题可以直接查找三次文献（如各种手册、百科全书、有关专业词典、字典、数据手册、教科书等参考性工具书）。

标准化问题应该查找标准化手册，如《劳动保护法规》和《国家室内环境标准》等；

还可通过相关网站对上述概念进行关键词查询。

研究成果的查询问题需要查阅已发表的科研文献，其顺序为：二次文献→一次文献（从题录→原文）。

使用权威的检索工具和数据库，先使用综合性检索工具后使用专业性检索工具，社会科学问题着重参考国内检索工具。

科技领域课题、国内文献与国外文献（先进国家）兼顾。

第七节　信息检索效果的评价

所谓检索效果，就是利用检索系统（或检索工具）开展检索服务时产生的有效结果。检索效果评价着眼于整个检索系统，着眼于系统的使用效果和服务质量，因而它直接反映了检索系统的性能。

目前，衡量检索效果的方法主要有三个方面。

（1）检索结果有效性的评价。即检索的技术效果的评价，这是对检索系统检出相关文献以满足用户提问要求能力的一种测度，主要以查全率和查准率为评价标准。

（2）检索系统实用性的评价。包括系统对于用户来说是否需要，是否实用，有多大的实用效果（检索的社会效果的评价），其中要涉及社会学及其方法。

（3）检索费用 - 效率评价。即检索的经济效果评价，包括检索服务的成本和时间消耗，这涉及信息检索系统的经济学问题。

由于检索效果的评价涉及许多问题，因此可以从不同的角度采用不同的检索效果评价方法。其中，最常用的检索效果评价指标为查全率和查准率。

（一）查全率与查准率

查全率和查准率是由美国情报专家 J. W. 佩里和 A. 肯特于 20 世纪 50 年代中期提出来的，后经不断改进和完善，如今已成为评价检索效果最常用的关键指标之一。确定查全率和查准率最常用的方法是有名的 2×2 表（见表 2-3）。

表 2-3　2×2 表

用户相关性判断 / 系统相关性预报	相关文献	非相关文献	总计
被检出文献	a	b	$a+b$
未检出文献	c	d	$c+d$
总计	$a+c$	$b+d$	$a+b+c+d$

2×2 表反映了检索系统在实施某一次检索时所得的结果，其中 a 表示被检出的相关文献，即查准的文献；b 表示被检出的非相关文献，即误检的文献；c 表示未检出的相关文献，

即漏检的文献；d 表示未检出的非相关文献，即正确拒绝的无关文献。

存储在文献检索系统文档中，参加检索的全部文献量为（$a+b+c+d$）。

从检索系统角度来看它们可以分为两部分：一部分是被检出文献（$a+b$），也就是与检索策略相匹配的部分；另一部分是未检出文献（$c+d$），即与检索策略不相匹配的部分。因为两部分文献反映了检索系统处理是否与检索提问相关，故称之为系统相关性预报。

从用户的角度来看，检索系统文档中参加检索的全部文献也可以分为两个部分：一部分与用户需要相符，称为相关文献（$a+c$）；另一部分与用户需求不符，称为非相关文献（$b+d$）。因为这两部分文献反映了用户判断是否与检索需要相关，故又称之为用户相关性判断。

这样，便可以根据 2×2 表来确定查全率与查准率的含义。

查全率就是系统在进行某一检索时，被检出的相关文献量与系统文档中实有的相关文献量的比率，可用下式表示：

$$\text{查全率}(R)=\frac{\text{被检出相关文献量}}{\text{文档中相关文献总量}}\times100\%$$

$$=\frac{a}{a+c}\times100\%$$

查准率就是被检出的相关文献量与被检出的文献总量的比率，可用下式表示：

$$\text{查准率}(P)=\frac{\text{被检出相关文献量}}{\text{被检出的文献总量}}\times100\%$$

$$=\frac{a}{a+b}\times100\%$$

可见，查全率是用来描述检索系统检出相关文献的能力；查准率用来描述检索系统拒绝非相关文献的能力。

在具体评价检索系统的检出效果时，一般应将查全率与查准率结合起来，否则难以准确反映检索系统的功能和检索效果。

虽然查全率与查准率能较好地反映一个检索系统的检索效果，但是，它们也存在一些难以克服的局限性和固有的缺陷。首先，一个检索系统中总共有多少相关文献（$a+c$）难以确切计算，而只能是大概估算。其次，对于全部相关文献对用户的价值是建立在假定具有同等价值上的，然而实际上并非如此。不同的用户对相关文献的认识也可能不一致，因此存在着太多的主观成分和一些模糊概念，所以说明上述方法求得的查全率与查准率并不是绝对的，而只能是相对近似地描述检索效果。

分别与查全率和查准率相对应的指标是漏检率和误检率，可以用下面的公式加以表示：

$$\text{漏检率}(M)=\frac{\text{未检出的相关文献量}}{\text{文档中相关文献总量}}\times100\%$$

$$=\frac{c}{a+c}\times100\%$$

$$\text{误检率}(N)=\frac{\text{检出的非相关文献量}}{\text{检出的文献总量}}\times100\%$$

$$=\frac{b}{a+b}\times100\%$$

从上述式子可以看出：$R+M=1$，$P+N=1$。

此外，还可以求出离散率和正确拒绝率的公式：

$$离散率(F)=\frac{被检出的非相关文献量}{文档中非相关文献总量}\times 100\% = \frac{b}{b+d}\times 100\%$$

$$正确拒绝率(Rs)=\frac{未检出的非相关文献量}{文档中非相关文献总量}\times 100\% = \frac{d}{b+d}\times 100\%$$

离散率表示不该检出而被检出的文献量的比率，正确拒绝率表示正确拒绝检出无关文献量的比率。

（二）影响查全率与查准率的因素

从查全率与查准率的定义可以看出，这两个指标主要是面向用户的指标。用户是一方，由检索人员与检索工具组成的检索系统是另一方。用户提出查找要求，检索系统作出相应的响应。这两个指标反映了用户对检索系统响应的主观评价。因此，影响查全率与查准率的各种因素主要来自用户与检索系统的配合、标引、检索语言、检索策略等方面。

1. 标引的影响

标引人员标引文献的正确性对查全率与查准率有直接影响。标引人员在标引文献时主要面临两方面的问题：确定文献中含有哪些有用信息及它们能够响应哪些查找要求；如何用给定的检索语言表达这些检索要求。其中第一个问题更关键些。如果提取出来的不是有用信息，则以后查找时查准率降低；如果有用信息没有被提取出来，则以后查找时查全率降低。有用信息提取出来之后，获得正确标引的主要困难在于确定需要这些有用信息的用户会提出怎样的查找要求，如果将能够响应的某个查找要求遗漏掉，则用户从这个查找中就查不到含有该有用信息的文献，因而查全率会降低。

文献所能响应的查找要求确定出来之后，在将其转换成标引词的过程中，标引人员可能发生以下两种类型的差错。

（1）遗漏了必须描述的概念，从而使查全率降低。发生这种差错的原因是标引人员的疏忽，或者因检索语言中没有相应的标引词，也没有相应的使用参照，标引人员不知如何标引而略去。

（2）选用了不合适的标引词，使得检索人员利用这个词查出的文献是无关的，因而导致查准率降低；或者检索人员利用正确的标引词查找时，有关文献因标引了不合适的标引词而查不出来，则导致查全率降低。

此外，标引的网罗性与专指性对查全率与查准率也有影响。标引的网罗性高，查全率也高，但查准率低；标引的专指性高，查准率也高，查全率则较低。

2. 检索语言的影响

由检索语言引起的查找失败有两种类型：因标引词专指性不足引起的查找失败；因标引

词之间的含糊关系或虚假关系引起的查找失败。

标引词的专指性不足既会造成查全率降低，又会造成查准率降低。标引词的专指性是影响查准率的积极因素，但高专指性的标引词在提高查准率的同时有降低查全率的趋势。这是因为标引词的数目越多，能够表达的意义差别也就越细致，标引就越难以取得一致。

如果检索语言中的标引词不规范，或允许使用过多的标引词，则可能引起虚假组配现象，使查准率降低。

词表结构对查找有很大影响。如果词表不以某种方式把所有关联的标引词集中在一起，检索系统就不能将与查找要求有关的全部标引词找出来，查全率就会降低。词表对标引也有很大影响，较好的词表参照系统和等级结构关系能够提高查全率。

3. 检索策略的优劣

所谓检索策略是指用户对检索的每一步骤所作的安排和部署，如选择检索工具、检索方法、检索途径等。它主要取决于用户的知识水平与业务能力，因此，检索策略的优劣是影响检索效率的主观原因。

4. 查全率与查准率的互逆相关性

英国 Cleverdon 等人由实验得到的“查全率—查准率经验曲线”表明，查全率与查准率是互逆的，即对于一个查找要求，如果要设法提高查全率，则查准率会降低，反之亦然。这也可以看做是文献信息检索的一个基本特征。

（三）提高检索效果的措施

检索系统与用户对于检索效果的要求是一致的，既要求有较高的查全率，又要保证有理想的查准率。然而，具体到每一个用户，则他们对检索效果的要求可能不一样，这取决于他们的检索目的。如果用户仅仅想了解某一专业领域的发展概况，则对查全率有较高的要求；如果用户检索是为了解决工作中的某个技术难题，就需要较高的查准率。因此，检索系统可以根据实际用户需要合理地调节查全率和查准率。

总体来说，可以采取以下措施提高检索效果。

（1）提高检索工具或检索系统的编辑质量。这就要求检索工具的收录范围要全面，内容要准确、详尽。同时，要求检索工具提供不同途径的检索入口，即辅助性索引要齐全。

（2）提高索引语言的专指性，加强对索引词汇的控制，完善词表的结构及其参照关系，使索引语言更有利于族性检索，也有利于特性检索，同时兼顾查全率和查准率。

（3）提高标引质量。标引人员在进行标引时，应做到不错标、不漏标、不滥标，使标引词的定义和使用范围与检索系统的文献内容相一致，从而提高检索的准确性。

（4）提高检索人员的业务水平，力争做到检索前正确理解检索课题的实质要求，制定最优的检索策略。同时，在检索过程中保持认真负责的精神，减少人为的错检和漏检。

【知识要求】通过对本章的学习，使学生掌握信息源的类型，信息检索的概念、类型、产生与发展，并掌握文献检索的语言、工具、方法、途径和流程以及如何评价检索效果。

【关键术语】 信息检索　信息源　文献检索

【本章小结】 信息检索的概念有狭义和广义之分，它包括文献检索、数据检索和事实检索三种基本类型。信息检索经历了手工检索、计算机检索、联机检索和网络信息检索四个阶段。

信息源分为口头信息源、实物信息源和文献信息源三种。其中文献信息分为零次文献、一次文献、二次文献和三次文献四种，其类型包括图书、期刊论文等十种。

信息检索的方法有手工检索方法、机械检索方法和非正式方法三种。

信息检索流程分任务式信息检索流程和发现式信息检索流程两种。

信息检索效果的评价中最常用指标为查全率和查准率。

【复习与思考】

1. 什么是信息检索?
2. 信息检索的方法演化分几个阶段?
3. 信息源的类型如何划分?
4. 如何检索文献?
5. 如何评价检索效果?

第三章　走进图书馆 ◎

有人曾经这样说过：假如人类社会的一切劳动成果都遭到毁灭，但是只要保留一座藏书完备的图书馆，就可以借此重建美好的人类家园。对于图书馆，大家并不陌生，许多人都利用过图书馆，有的人还深深地爱上了图书馆，并和它交上了朋友。但是你真正认识它、了解它吗？

置身校园，不少学子仿佛置身世外桃源，除了高校校园特有的学术氛围，人文景观的比比皆是也是原因之一。这其中，标志性建筑之一的图书馆以其丰富的馆藏文献资源和融美学于其中的功能建筑吸引着广大师生，其建筑多以典雅大方、气势恢弘为特点。

例如，法国国家图书馆（如图 3-1 所示）耸立于塞纳河畔，它由四幢遥相呼应、外观像张开的书本的建筑组成，中间是茂密的人工森林，读者在宽敞的阅览室透过玻璃幕墙向外眺望，就如同置身于大自然的怀抱之中，如今它已成为法国人引以为豪的知识殿堂，成为巴黎这座国际大都市的标志性建筑之一。

图 3-1　法国国家图书馆侧面外观

再如，位于学校中心的江汉大学图书馆（如图 3-2 所示），秉承中国人传统的方方正正的建筑格局，自四楼开始，每上一楼，建筑则缩小一圈，远远望去，像是一个个台阶，也应了“书山有路勤为径”的意境。

图 3-2　江汉大学图书馆外观

第一节　今天的图书馆

信息技术的发展，使传统的图书馆正发生着巨大的变化。图书馆数字化、网络化水平的提高，使图书馆信息服务在深度和广度上得到不断的发展，从而赋予图书馆现代化信息服务以全新的概念、内容和方式。

一、数字化

传统意义上的图书馆正在向数字化、网络化、虚拟化为技术特征的现代化图书馆转变。信息载体发生了深刻的变化，越来越多的信息通过光盘或网络来实现。目前，国内期刊全文数字化已经实现，最有影响的数据库之一的中国电子杂志社的 CNKI 网站可提供 5000 种期刊全文，另外，万方资源系统的国内期刊全文库、重庆维普中国科技期刊全文库也已推向市场。许多重要报纸实现了全文数字化，如人民日报、经济日报、参考消息都有光盘版。网络数字图书馆也在不断发展，如超星数字图书馆、方正 Apabi 数字图书馆、书生之家网上图书馆等。网络的发展、大容量存储设备（如磁盘阵列）的产生，使图书馆的大多数资源都在一步一步走向电子化、数字化，如中外文图书、中外文期刊、报纸、学位论文、会议论文、标准、专利都通过一定的技术手段，成为电子化、数字化资源，并逐渐实现局域网、Internet 上的资源共享。同时，图书馆不断购买各种数据库，以丰富图书馆的信息资源，提高图书馆的服务效能。从数据库载体看，前几年以买光盘数据为主，现在以购买网络数据为主；在数据库内容上看，前几年基本以购买题录数据库、文摘数据库为主，现在尽量以购买全文数据库为主导思想，增加了题录数据库、文摘数据库与全文数据库的链接功能；从数据库语种上看，自1999年起英文题录数据库、全文数据库、全文电子期刊被大量引进国内；从数据库的存放形式看，过去是一个个数据库的购买，而现在是尽可能使用打包数据库，即大型检索系统，一个系统里有很多个数据库，用户在同一检索界面下，学会一种检索方式，就可以充分利用“包”里的所有数据库。

二、开放性

图书馆的开放性主要体现在以下五个方面。

（1）图书馆对某些资源已实现共享。例如，全国61家进入“211”工程的高等院校成立了中国高等教育文献保障系统（China Academic Library and Information System，CALIS，网址为 http://www.calis.edu.cn），联合引进国外数据库，对某些数据库如OCLC等实现了61所院校共享，并相互签订了馆际互借合同，馆际互借的方式也从原始的邮寄发展到电话、传真、电子邮件、原文传递软件等多种方式进行。同时，CALIS也面向社会提供科技文献信息服务。

（2）联系的深入和人员交流的加强。国内各高校图书馆通过各种会议和组织加强了联系，图书馆之间形成了相互学习、研讨、共同提高的局面。同时国内外图书馆的联系也在不断加强，不少学校与国外图书馆互派访学，使国内图书馆在技术、管理、人员、资源、服务等方面与国外图书馆接轨。

（3）图书馆的服务对象和内容也发生了很大的改变。过去高校图书馆以全校师生为服务对象，提供的信息以学术信息为主，而现在的形势与趋势都要求图书馆提供多种信息，如领导决策的政策信息，教师科研产品的产品信息、市场信息，学生考研、留学、就业等信息，此外高校所在地的地方政府、企事业单位也希望利用高校图书馆的信息优势、人才优势、网络优势提供各类信息，为地方经济服务。因此图书馆需要通过整合资源来扩大信息服务的力度和广度，从而满足用户的需要。

（4）图书馆为用户提供服务时不再仅仅依赖自己的静态馆藏，即自己本身拥有的资源，还要提供通过国内外联机系统、Internet等与他人共享的信息资源。

（5）图书馆人员的工作性质也发生了变化。图书馆的工作重心转变为对读者、信息产品、工作方式甚至对市场进行研究，具体体现在图书馆资源的建设、优化以及网站的管理维护、用户培训及向社会提供高质量的信息服务产品。随着网站信息资源的增多、网络服务的发展以及计算机的普遍使用，越来越多的人将通过图书馆网站享受图书馆服务。

第二节　图书馆类型

图书馆作为文化、科学、教育机构，种类繁多，规模不一，按其所属主管和服务对象不同，这些数量众多的图书馆可以划分为公共图书馆、高等学校图书馆以及科学和专业化图书馆。

一、公共图书馆

公共图书馆是面向社会公众开放的图书馆，担负着为大众服务和科学研究的双重任务，其中为大众服务，普及科学文化知识，提高全民科学文化水平是它的首要任务。它的藏书非常广泛，大多比较综合，内容涉及各个学科，兼顾通俗性、学术性。除满足一般读者需求外，公共图书馆都会有一些具地方特色的馆藏，如图书馆的地方志文献。1975 年，国际图书馆协会联合会将公共图书馆的社会职能概括为保存人类文化遗产，开展社会教育，传递科学信息，开发智力资源。

公共图书馆的服务对象包括各种类型、各种层次、各种年龄、各种文化程度、各种民族的读者，特别注意为少年儿童、老人和残疾人服务。业务活动除书刊借阅、参考咨询外，还经常举办文化艺术展览或科普讲座活动。

我国的公共图书馆按行政区划建立，包括省、市、自治区图书馆，地、市图书馆和县（区）图书馆等。中国国家图书馆是亚洲最大的公共图书馆，也是世界五大图书馆之一，是我国的藏书中心、书目中心、图书馆研究中心、馆际互借中心和国际书刊交换中心，它代表了我国图书馆事业发展的水平，其服务网址为 http://www. nlc. gov. cn。

国内办馆水平比较高的地方公共图书馆有上海图书馆、中山图书馆、深圳图书馆等。其中上海图书馆（如图 3-3 所示）是世界十大公共图书馆之一，其新馆占地面积为 3. 1 万 m^2

图 3-3　上海图书馆外观

建筑面积为 8. 3 万 m^2。整个建筑呈多维台阶式块体结构，知识广场、智慧广场与大楼融为一体，象征着历史文化积淀的坚实基础和人类向知识高峰的不断攀登。上海图书馆拥有设施完善的阅览室、研究室、展览厅、报告厅、学术会议室以及音乐欣赏室和影视观摩室，为读者提供了宽敞、舒适的学习环境。全年接待到馆读者 190 万人次，流通图书约 180 万余册。馆藏文献达到 5095 万册（件），以历史文献最具特色，包括古籍 170 万册（件），碑帖拓片

15 万件，名人手札约 10 万件。古籍中包括善本 2.5 万余种共 17 万册，其中宋元刻本 300 余种，唐、五代以前写经 224 余种。在专类收藏方面，1949 年以前编纂的历代地方志约 5400 种，家谱 1.8 万余种（342 个姓氏），朱卷（包括会试卷、乡试卷及贡卷）8000 余种。在这些珍贵的馆藏中，有国家一级文物 700 种，二级文物 1300 种。最早的藏品《维摩诘经》距今已有 1400 年的历史。中国名人手稿馆还收藏了清末以来的文化名人信函、日记、题词、图片、珍稀文献等 5 万多件，其中巴金等文化名人的手稿正被逐步数字化。

二、高等学校图书馆

高等学校图书馆是学校的文献资料信息中心，文献资料信息工作是高等学校教学、科研工作的基本条件之一。加强图书馆、资料室的建设，做好文献资料的搜集、整理、保管和借阅工作，是高等学校一项重要工作。国外把现代化的图书馆视为现代化大学的三大标志之一，由此可见高等学校图书馆在高等学校中所处的地位。高等学校图书馆是我国图书馆事业中的一个重要类型，它虽属学校图书馆的范畴，但又不同于一般的学校图书馆。在国外，通常把中学图书馆划归学校图书馆（School Library），而高等学校图书馆则属于科学或研究图书馆（Research Library）。两者在规模、性能、馆藏文献量方面以及服务范围和方式上都有很大的不同。

根据馆藏文献范围划分，高等学校图书馆大体上可分成综合性和专业性两类。综合性大学图书馆和师范院校图书馆属于综合性的图书馆；多科性理工科院校图书馆和单科性院校图书馆基本上属专业性的图书馆，只是在专业的范围上有所区别。

在国内众多的高校图书馆中以北京大学图书馆、清华大学图书馆最为著名。其中北京大学图书馆（如图 3-4 所示）拥有馆舍面积 1.02 万 m^2，阅览座位 1000 余个。现有藏书 34 万

图 3-4 北京大学图书馆外观

余册，以生物学、医学、卫生学和医药类为主，中外文期刊 4000 种。百年来，经过几代北大图书馆人的辛勤努力，北京大学图书馆馆藏图书现已达 530 余万册，居国内高校图书馆之

首，现收藏中文现刊4045种，外文现刊3167种，中外文全文电子期刊达14000余种，光盘及网络数据库260个。在北京大学图书馆馆藏中，古籍善本占有重要的地位，现有古籍150万册，其中善本书17万册，珍稀品种和版本数千种，在全国图书馆中居第三位。所收藏古籍善本不仅对于保存和研究传统文化具有重大的学术价值，而且其本身也具有很高的文物价值和艺术价值。北京大学图书馆现藏金石拓片约24000种共56000份，绝大部分是石刻文字拓片，其数量居全国高校之首。这些拓片反映着我国古代社会生活的各个方面，对于古文字、古代书法、绘画的研究以及补充正史之不足都有很高的价值。

三、科学和专业化图书馆

科学和专业化图书馆是指中国科学院、中国社会科学院及研究所的图书馆，还有政府部门及其所属研究院（所）和大型厂矿企业的技术图书资料室以及一些专业性的图书馆。其服务对象主要是各种专业人员，主要任务是为科学研究和生产技术开发服务。这类图书馆的藏书学科专业性强，一般按所属单位的科研、生产任务建立藏书体系，同时注重国内外专业信息资料的搜集，其收藏重点是支持本单位科学科研的专著、学术会议录、学术期刊和参考工具书，其中国外文献特别是期刊占很大比例。

作为在校大学生，主要需要了解和掌握高校图书馆文献布局特点以及利用技能。大学图书馆是学校的文献信息中心，丰富的文献资源使其成为学校科研的坚实后盾和学生学习科学知识的重要“课堂”，同时，也为培养和锻炼学生的自学能力和独立研究问题的能力提供了良好的条件。

近年来，国内高校图书馆大量引进国外的数据库，许多图书馆建立了特色、专业数据库和学科信息导航库。有些图书馆将馆藏的印刷本信息资源扫描后作成电子版。图书馆资源的数字化，大大增强了图书馆的信息服务功能，同时将大量的信息资源挂在网站上，供师生免费使用，有效推动了学校教学科研的发展。随着计算机技术、网络技术以及相关学科技术的发展，数字图书馆将得到更全面的发展，图书馆资源会更丰富，其检索工具会具有更强大的功能，所以，用户应多访问图书馆站点，充分利用图书馆，体会现代图书馆的无穷魅力。

第三节 图书的整序及其查检方法

通过图书分类法把不同的文献加以区分，把相同的放在一起，相近的联系在一起，使之有条有理、成为系统。

一、图书分类

图书分类的主要特点是按学科、专业属性集中图书，并且从知识分类的角度揭示各种图书在内容上的区别和联系，提供从学科分类查找图书的途径。在进行图书分类时，需要有一定的依据，这个依据就是“图书分类法”。图书分类法是按照一定的思想观点，以科学分类为基础，结合图书资料的内容和特点，分门别类组成的分类表。

现在我国各类图书馆普遍使用的是《中国图书馆分类法》（以下简称《中图法》）。《中图法》以马克思列宁主义、毛泽东思想为指导思想，根据毛泽东同志关于知识分类的论述，以科学分类为基础，采取从总到分、从一般到具体的逻辑系统，结合图书的特征，将图书分为 5 个大部、22 个大类，其类目排列见表 3-1。

表 3-1　图书分类

<table>
<tr><td>马克思主义、列宁主义、毛泽东思想</td><td>A　马克思主义、列宁主义、毛泽东思想</td></tr>
<tr><td>哲学</td><td>B　哲学</td></tr>
<tr><td>社会科学</td><td>C　社会科学总论
D　政治、法律
E　军事
F　经济
G　文化、科学、教育、体育
H　语言、文字
I　文学
J　艺术
K　历史、地理</td></tr>
<tr><td>自然科学</td><td>N　自然科学总论
O　数理科学和化学
P　天文学、地理科学
Q　生物科学
R　医药、卫生
S　农业科学
T　工业技术
U　交通运输
V　航空、航天
X　环境科学、劳动保护科学（安全科学）</td></tr>
<tr><td>综合性图书</td><td>Z　综合性图书</td></tr>
</table>

由于类目成千上万，很难准确记忆，因此通常采用具有一定次序的符号来代表类目，这种符号称为标记符号。《中图法》的标记符号（也就是分类号）采用的是混合号码，即拉丁字母与阿拉伯数字相结合，如 F279、TQ032。

《中图法》采用等级列举方法来表达从属关系，其类目逐级展开，一级一级细分。一级类用一个符号，二级类用两个符号，三级类用三个符号，依此类推。如：

O 数理科学和化学 …………………………………… 一级类目

　O1 数学 …………………………………… 二级类目

　O3 力学 …………………………………… 二级类目

　　O31 理论力学 …………………………………… 三级类目

分类号不但能反映图书的内容，也能反映图书的其他特征，所以《中图法》还设有六个复分表，用以进一步细分。

图书分类的结果是使每种图书都获得一个分类号，但仅有一个分类号是不够的，因为同一类图书可能有很多种，所以还有必要进行下一步区分。在分类的基础上，再赋予每种图书一个书次号，共同组成图书的索书号，反映每种、每册图书的具体排列次序和存放位置。例如，H316 表示分类号；184 表示书次号。

二、图书的排架顺序

无论是在书库还是在阅览室里，图书馆的图书都是按索书号排架的，即先顺序分类号，再顺序书次号。

顺序分类号要对位排列，即先比较一级类号，一级类号相同时，再比较二级类号，依次类推。分类号的数字排列严格按照小数制的排列方法。例如，H31，H313，H315，H316，…，H32，H326，…，H33，H336，…。

总论复分号“-”要排在数字“0”的前面，例如，H-61，H0，H31，H31-61，H310，H315，H316-62，H32，H32-61，H326，H33，H33-61，H336，…。

当分类号相同时，则要开始顺序书次号。顺序书次号时要区别种次号和著者号，二者的顺序方法不同。种次号比较简单，按照阿拉伯数字的顺序排列即可；著者号则需对位排列。例如，1245.7/35，1245.7/36，1245.7/37，…，1245.7/134，…，1245.7/256，…（种次号顺序）；O6/A124，O6/B123，…，O6/134，O6/1345，…，O6/Z542，O6/Z554，O6/Z56（著者号顺序）。

三、图书查检

目前图书馆的查检方式多通过机读目录（Online Public Access Catalog，OPAC）。OPAC是指图书馆将自己馆藏的书目记录装载到计算机网络上的快速存取设备中，使用户能通过计算机网络联机检索到整个图书馆的书目数据。联机目录实际上包括联机馆藏目录和联机联合目录两种。馆藏目录通常只包括某一图书馆的书目信息，联合目录则是把几个或更多的图书馆的馆藏书目信息集中在一起，利用统一的检索界面，显示各个图书馆的馆藏信息。OPAC通常能提供灵活多样的检索方式，如除了可以从著者姓名、题名、主题词、关键词、索书号等途径外，还可以进行限制性检索、布尔逻辑检索等。更重要的是通过计算机网络，用户可以在图书馆以外的许多地方获取馆藏信息。

通常机读目录都采用菜单方式提供检索途径（如图 3-5 所示），用户可根据计算机屏幕提示（如图 3-6 所示），输入要查找的书名，计算机则在书目数据中寻找和输入的书名完全一致的图书，其书目显示格式直观易懂（如图 3-7 所示）。

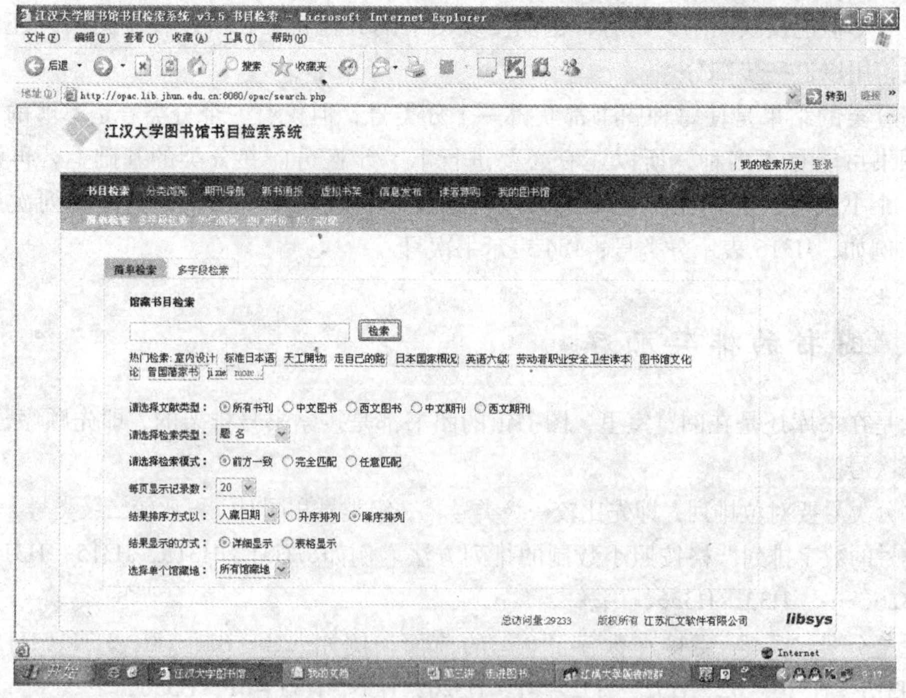

图 3-5 江汉大学图书馆书目检索系统菜单界面

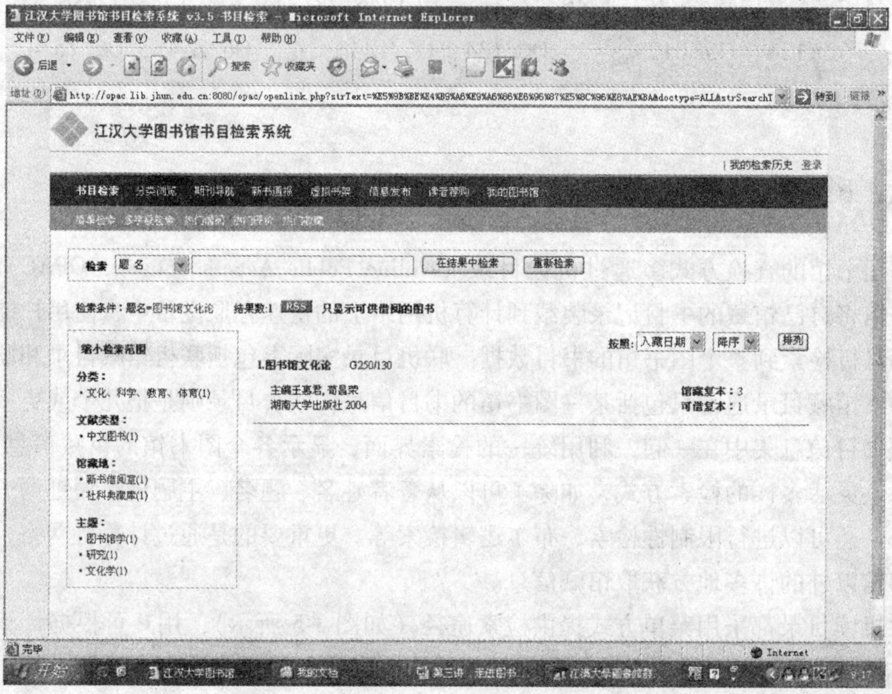

图 3-6 题名检索途径检索词输入界面

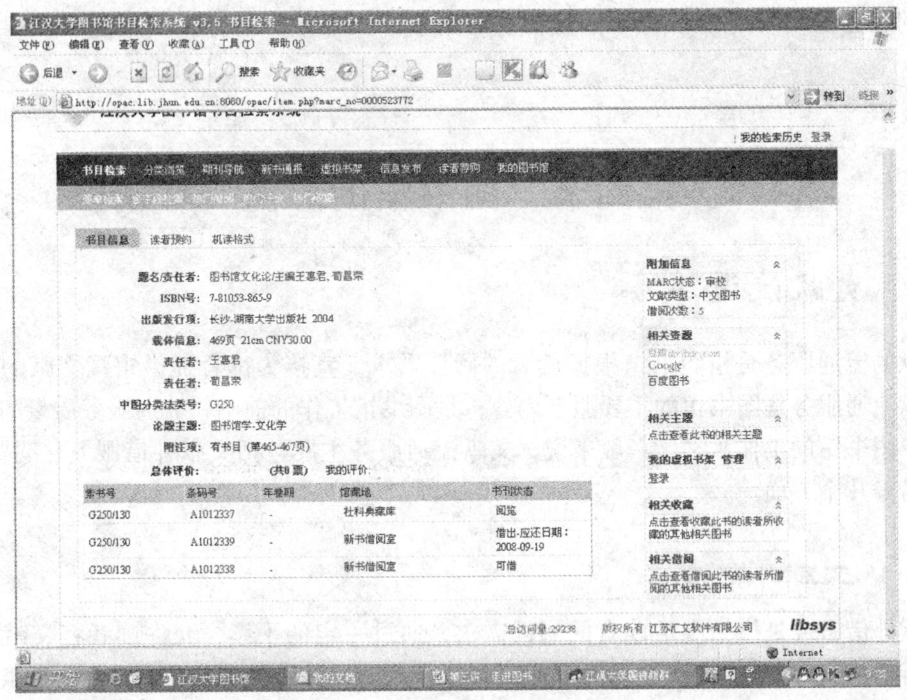

图 3-7　书目记录显示格式

用户在机读目录查检时遵循以下三个步骤，即可很快掌握使用方法，找到自己所需的图书。

（1）了解机读目录提供的检索途径以及每种检索途径的含义，然后根据自己的需求确定最恰当的检索途径。

著者、题名、主题、关键词、索书号是机读目录普遍提供的主要检索途径。著者通常包括图书的个人著者、编者，有时还包括团体著者和会议名称。输入个人著者姓名时，要注意先输入姓后输入名。题名包括书名、丛书名。从主题途径进行检索时需要输入规范的主题词，而且输入的主题词必须和系统中使用的主题词完全一致。

（2）了解机读目录提供的运算符号，然后生成自己的检索策略、限定检索结果的方法，并设法运用检索策略表达自己的检索需求。

大多数机读目录支持布尔逻辑运算。布尔逻辑运算是计算机数据库检索中经常使用的一种方法，它通过布尔逻辑算符“与（and）”、“或（or）”、“非（not）”，限定各检索词之间的关系，以提高检索的准确性并避免漏检。使用“与（and）”运算，意味着同时包括“and”前后两个检索词的书目记录才是满足检索条件的。

此外，有些系统还提供截词符、位置符等其他有助于限定检索结果的符号，或提供以出版年、文献类型等限定条件，使检索结果进一步符合用户需要。

（3）充分利用屏幕在线帮助信息。机读目录通常都有很好的人机界面，提供行之有效的在线帮助信息。在检索的过程中，尤其是初次使用一个不熟悉的机读目录或在使用中遇到问题，首先应该寻找和仔细阅读在线帮助信息。

如果将藏书比喻为手段的话，为读者提供服务就是高校图书馆存在的目的和意义。高校图书馆的服务是一种专业性、学术性很强的服务，从服务的内容和方式能反映出它的学术性质。

第四节　图书馆的服务

一、文献流通服务

文献的流通服务是指图书馆根据读者的阅读需求，直接为读者提供馆藏文献的服务活动。文献流通服务是图书馆的主要服务内容，是图书馆工作的前哨，流通服务质量的高低直接反映了图书馆的工作水平。一般来说，文献流通服务主要包括文献外借服务、阅览服务、馆际互借等几个方面。

（一）文献外借服务

文献外借服务是指为满足读者的阅读需求，通过一定的手续，允许读者将文献借出馆外、进行自由阅读，并在规定的期限内归还的服务方式。外借服务是图书馆为读者服务的最主要形式，也是图书馆最基本的服务工作之一，是读者利用图书馆文献的首要渠道和图书馆传递文献信息的主要手段。

不同类型的图书馆在进行文献外借服务时都要遵循一定的原则。这些原则是在文献外借过程中长期摸索得出的规律，它不仅符合图书馆外借服务的需要，也符合广大读者对图书馆外借服务优化的要求。

1. 充分利用文献原则

现代图书馆不是知识的储藏所，而是读者和知识资源产生有效的相互影响的信息流动中心。因此，图书馆要以“一切为了读者”为出发点和归宿，有效、及时地揭示馆藏和推荐馆藏，千方百计地吸引读者，最大限度地方便和满足读者，在不断地流通外借中，充分发挥馆藏文献的作用。

2. 区别对待原则

区别对待原则就是有针对性地满足不同类型读者的不同需求。图书馆所收藏的文献是个多等级、多层次、多类型的动态结构，而读者的成分和需求也呈现出多类型、多层次的状态。文献外借服务要根据本馆的性质和任务，正确地区分重点读者和一般读者，并用不同内容、不同类型、不同文种和不同深度的文献信息，满足这些不同读者的文献需求。

3. 有益性原则

图书馆丰富的文献资源不仅是记录、传递科学知识的载体，也是丰富、充实人们思想境界的精神食粮。图书馆通过文献的外借，可以影响读者的心灵，启迪读者的思想，陶冶读者的情操，引导读者树立正确的人生观和价值观，对读者具有一种潜移默化的影响和教育作用。因此，文献外借的有益性是保证读者开卷有益及检验外借服务工作的一个最重要、最基本的指标。这项原则要求图书馆外借人员深入研究读者的阅读倾向，坚持有选择、有目的、有针对性地将内容健康、品位高尚的文献提供给读者。

4. 及时性原则

文献外借服务使文献在图书馆与读者之间来回传递，反复流通使用，形成文献流通的反复性和长久性，也使外借服务成为图书馆经常性、最大量的工作。这种工作要求图书馆外借人员必须讲时间效率，能准确、迅速地向读者提供所需的文献，以节省读者时间。

5. 主动性原则

图书馆的各项工作归根到底是为读者服务，方便读者利用，而外借服务则是图书馆各项工作的前哨，其任务是“为人找书，为书找人”。因此，图书馆外借人员应把主动服务、满足读者需要作为工作的最高准则。

（二）阅览服务

阅览服务是指图书馆利用一定的空间和设施，组织读者在图书馆内进行图书文献阅读的服务方式。它是图书馆的一项重要服务内容，是读者利用文献信息进行学习研究的重要形式。阅览服务旨在以最少的书刊文献最大限度地满足读者的各类需求。开展阅览服务不仅可以提高文献的利用率，同时，读者还可以在阅览室中得到工作人员的辅导和各种帮助。

阅览服务具有以下三个特点。

（1）阅览室一般都拥有宽敞的空间、舒适的桌椅、明亮的光线、整洁的环境、浓厚的学习氛围，非常适宜读者学习、研究。有的阅览室还配备有现代化的设备，如缩微设备、视听设备、复制设备等，可以方便读者阅读电子期刊、缩微文献以及复制所需要的知识信息。

（2）阅览室配备有种类齐全、内容丰富新颖、使用价值较高的各种书刊资料，包括不外借的文献，如期刊、报纸、工具书、二次文献、特种文献等，这些文献都优先保证阅览室阅读参考。

（3）读者在阅览室阅读学习的时间多、周期长，有的读者甚至长期连续利用阅览室学习和研究，因此阅览室的工作人员接触读者的机会较多，便于系统观察了解读者的阅读倾向、阅读需要、阅读效果，能有针对性地进行推荐文献、指导阅读、参考咨询等服务。阅览服务虽然有许多优点，但也有一定的局限性。如读者必须亲自来图书馆才能利用书刊资料；来馆必须是在指定的开馆时间内，并受阅览座位有限的限制等。这些都会给读者带来一定的不便。

（三）馆际互借

1. 馆际互借的意义

馆际互借是指图书馆之间利用对方的馆藏文献来满足读者需求的一种服务方式，可以满足读者的多种需求。各图书馆由于本身性质、经费等限制，即使馆藏比较丰富，也难收尽国内外的各种文献，很难满足读者多种多样的需求。因此，当读者特别需要某种文献，而本馆又未入藏时，可通过馆际互借的办法互通有无，以充分满足读者的需求。这种文献流通形式，不仅运用在地区范围和全国范围内的馆际间，而且还发展到国际范围内的馆际之间，打破了文献流通的部门分割界限，也打破了读者利用馆藏文献的空间范围界限。所以，馆际互借是充分发挥文献作用的有效措施，也是实现资源共享的重要手段。

2. 馆际互借的方式

建立馆际互借关系的图书馆对互借文献的范围、办法等都会共同协商，制定出馆际互借规则。其主要内容包括建立馆际互借关系的目的、馆际互借的对象、共同遵守的权利和义务、互借关系的有效期限、馆际互借手续、借阅范围、借阅数量、借阅期限以及损坏或遗失的赔偿办法等。其具体服务方式一般有以下两种。

（1）在同一地区内，互发通用借阅证，持证人可到与本馆有互借关系的任何一个图书馆或其他文献收藏机构利用文献。

（2）图书馆工作人员帮助读者获取文献。首先，读者向图书馆馆际互借处提出申请，图书馆工作人员确定拥有所需文献的图书馆和可接受的价格后，或前往该图书馆将文献借出、复印带回，或向该馆发送馆际互借申请，由对方将所需文献传递过来，馆际互借处收到读者所需文献后，通知读者。

馆际互借一般允许图书外借或部分复印（由于涉及版权问题），但期刊论文或会议论文、专利说明书、标准文献仅提供复印件，国外学位论文需要购买版权后方可获得，音像型文献、计算机软件通常不外借。

二、参考咨询服务

所谓参考咨询就是图书馆根据读者需要，以文献为基础，通过个别解答的方式有针对性地提供知识信息的服务，是图书馆服务工作的一项重要内容。通过帮助读者解决具体问题，还可以收到更广泛的效果：向读者揭示文献的收藏情况，扩大读者的知识视野；帮助读者及时了解和掌握最新的学术、科研成果及其动态和趋势；帮助读者熟悉了解参考工具书的使用知识，掌握治学利器。

咨询服务一般包括书目参考和解答咨询两部分。按照咨询的难易程度以及读者所提问题的内容性质，咨询工作可分为辅导性咨询、事实性咨询和专题性咨询三大类。

三、情报信息服务

所谓情报信息服务，就是运用科学的方法，把国内外有关科学知识和最新的科研成果有计划、有目的、准确、及时地提供给读者使用的一项科学技术工作。

随着科学技术的飞速发展，科研成果的数量以空前的速度增长，大量的新知识不断涌现，使人们应接不暇，以至于有些知识、信息还没来得及被消化、吸收、利用，就已淹没在“汪洋大海”之中了。与此同时，大量内容空洞、陈旧，甚至错误的文献混杂在有用的信息之中，造成“信息污染”。这种情报信息的无序状态，给人们吸收、利用情报信息带来很多困难。另外，由于信息社会的发展，人们对于信息的需求越来越大，越来越精细、准确、迅速，甚至深入到文献中的某一个知识单元。因此，图书馆传统的被动式服务方式，已越来越难以满足读者的需要。这种需要的不断增强，便逐步促进了图书馆的情报信息服务工作的发展。

通过有组织的情报信息服务工作，对含有所需情报信息的大量文献进行专门的搜集、加工、整理、分析、研究和传播服务，能够有效、系统地帮助科技工作者吸收已有的科研成果，借鉴他人的经验教训，并把世界科学技术先进水平作为自己进一步开展科学研究的新起点，从而大大提高科研工作效率，保证经济和科学技术的高速发展。可见，经济的发展、科技的进步都离不开情报信息工作。

情报信息服务的内容很多，主要有书目服务、定题服务、编译服务、文献检索服务、科技查新服务、信息调研服务等。实际工作中编译服务、科技查新服务、信息调研服务应用更有价值。

（一）编译服务

编译服务是指图书馆和文献信息部门针对社会需要，组织专门力量代替读者直接翻译和编写外文书刊资料，扩大外文文献的利用。它是提高读者获取信息能力的有效手段，可以节约读者翻译外文文献的时间，是读者获取外文文献的捷径。通过编译服务，能够集中原文精华，提供查找外文文献的线索。

编译服务的形式有翻译体和编译体两种。翻译体即按照原文直接翻译，忠实于原著；编译体即由译者按照一定的系统，汇集若干同类外文文献，用编译音的语言加以表述，并在理解消化的基础上，对文献重新组织、编排、综合成为一篇新的文献，这是图书馆和文献信息部门常用的形式，是译与编的有机结合。编译文献较多用于对外文资料的报道、介绍、综述、述评、动态等方面的整理创作，比单一翻译难度更大。

编译服务的方法主要有以下两种。

1. 登记性代译

接受读者委托，由读者填写申请代译登记，提出需翻译材料的具体要求及交付期限等详细情况，由图书馆和文献信息部门根据译文要求，组织翻译人员进行原文直接翻译或课题参照翻译，并按期保质保量提供给读者，供读者参考使用。

2. 交流性编译

汇集若干同类外文著述，按照一定问题系统编译整理成为某种独立形态的文献，如翻译人员将自己的翻译成果出版发行或用于学术交流等都属于交流性编译。

（二）科技查新工作

所谓科技查新工作，就是针对某一特定课题，搜集国内外相关文献，结合必要的调查研究，对有价值的文献进行综合分析，以审查其新颖性，并在此基础上写出有根据、有分析、有对比、有建议的报告，为科研项目的立项以及成果的鉴定和管理提供一种可靠的文献依据。

现在，我国国家科研立项、成果鉴定、申报专利、奖项等都必须附有查新单位出具的查新证明。

原国家科委在1994 年10 月发布的《科学技术成果鉴定办法》中要求，技术资料中必须包括有国家科委、国务院有关部门和省（自治区、直辖市）科委认定的、有资格开展检索任务的科技信息机构出具的检索材料和查新结论报告。查新单位中包括具备条件的图书馆。

（三）信息调研服务

信息调研服务是指图书馆根据国家、地区、单位等有关部门的需要，对大量的一次文献和二次文献进行系统搜集、分析研究、归纳整理，并将研究成果用综述、述评、研究报告、专题总结等三次文献形式编写出来，提供给决策部门和人员研究参考的一种服务形式。这是提供一种创造性的再生信息的服务，属于高级形式的文献信息服务。它是以已有的知识成果为基础，以研究性、预测性信息内容为手段，以提供最新的文献信息为目的的服务方法。

信息调研的范围很广，难度也很大，是一项学术性、专业性、政策性很强的信息服务工作。它要求信息调研人员具有较高的业务知识水平，而且调研成果具有很高的信息实用价值。通过信息调研服务，使图书馆的文献信息部门真正起到参谋的作用。

四、宣传报道与导读服务

为了充分发挥图书馆馆藏文献的作用，提高服务质量，在做好各项业务工作的同时，图书馆还要注意进一步做好文献的宣传报道和导读工作，主动向读者指示馆藏，辅导读者提高利用图书馆的效率和效果，对于读者的阅读目的和倾向给予积极的引导，以充分发挥图书馆的教育职能。

（一）宣传报道服务

宣传报道服务是指图书馆和文献信息部门利用书目形式或群众活动等形式，主动向读者展示文献内容，宣传先进思想、科学知识以及广泛的文化信息，把读者最关心、最需要的文献及时展现在他们面前，以利于读者利用图书馆多种文献的活动。

（二）导读服务

导读又称阅读指导，是图书馆和文献信息部门根据社会发展的要求，采取各种有力措施主动地吸引和诱导读者，使其产生阅读行为，以提高他们的阅读意识、阅读能力和阅读效益的一种教育活动，是图书馆工作者工作中最主动、最有活力和最有前景的一项工作。

导读最基本的功能就是保证文献充分和有效交流，其主要作用是提高读者的阅读修养和阅读效益。图书馆通过导读服务，可以促使潜在读者转化为现实读者；可以提高读者的文献鉴赏能力，自觉地吸取先进的思想，树立正确的世界观和高尚的道德情操；可以使读者掌握一定的治学方法，取得较理想的阅读效果从而形成良好的知识结构和丰富的知识储备。

五、读者教育与培训

读者教育与培训是图书馆和文献信息机构开展的培养、提高读者（包括潜在读者）利用文献信息资源能力的教育。读者教育与培训是现代社会文献激增和文献信息需求日益增多且呈多样化趋势的产物，是图书馆开发利用文献资源实现其教育职能而开展的一项重要工作。

六、现代化技术服务

现代化技术服务已在图书馆工作中得到广泛的应用。图书馆的现代化技术服务主要包括计算机检索服务、光盘技术服务、文献复制服务、视听技术服务等。

（一）计算机检索服务

1. 脱机检索

脱机检索就是对提问不是立即作出回答，而是集中了大批提问后再进行处理。这种方式处理提问的时间较长，人机不能对话，因此效率较不理想。然而，脱机检索中的定题服务对于科技人员非常有用，能根据提问者的要求，把提问者的提问登记入档，存入计算机形成一个提问档，当有新数据进入数据库时，就对这批提问进行处理，将符合用户提问的最新信息分发给提问者，通常几个大的信息检索系统都能提供定题服务。

2. 联机检索

联机检索也称人机对话检索，它是在计算机通信网络上，各成员馆通过终端检索网络中心存储的机读数据库，检索或转录所需的文献信息。机读数据库是图书馆和其他一切信息机构相互交流、互通信息、资源共享的基础。

3. 信息检索网络

随着现代通信技术的发展，实现了“信息—计算机—通信”三位一体的信息传递网络，这种网络化信息检索系统利用公用电话、专用通信网络或卫星通信系统，将终端设备与计算机相连，并给予终端用户以检索远程数据库的能力，使信息检索超出了地区和国家的范围，进入了国际信息空间领域。

（二）光盘技术服务

光盘是很有前途的存储数据、文本、图像的高密度存储载体，它具有存储量大、安装便利、操作简单、使用方便、费用低廉等优点，它的海量存储功能促使图书馆的服务日趋多样化、分散化和社会化。机读数据库既可以存储在磁带、磁盘上，也可以存储在光盘上。利用光盘数据库进行信息检索比利用国际联机检索的费用要低很多。

（三）文献复制服务

1. 缩微复制

缩微复制又称缩微摄影，它是采用照相的方法，利用透镜成像的原理，用具有光化作用的感光胶卷（版），把文献的影像缩小记录下来的一种方法。用缩微复制方法制成的文献复制品是一种特殊形式的文献。缩微制品的优点很多，如存储密度大、质量轻、体积小、价格便宜、可随意放大或缩小、便于携带、方便邮寄和交流；规格统一，便于实现标准化；不易燃、不怕虫害，便于保管，且保存期长等。其缺点是阅读起来比较麻烦，需要借助特殊的阅览仪器。

2. 静电复印

静电复印是利用某些光敏半导体材料以及有机光导体等的静电特性和光敏特性，用类似照相印刷的方法，将文献的文字和图像记录在纸上。静电复印及时、快速、成本低廉、使用方便、质量优良、可长久保存。它可以解决图书馆部分文献复本少的问题，读者需要保存文献时，可通过复印获得，既解决了读者抄写文献费时费力的不便，又加快了读者获取文献的速度。此外，文献信息部门还可利用复印技术将有价值的资料制作成题录或文摘发行，并可按读者需求重新组编单篇全文文章，制作成合订本。

（四）视听技术服务

文献按其记录形式的不同分为文字记录和声像记录两大类型。声像记录有声音记录、图像记录和声像记录三种，这种记录着声音、图像信号的文献称为视听文献。视听文献的录制和再现技术称为视听技术。

视听文献的类型很多，有录音文献、录像文献、声像文献等。视听化是图书馆现代化的一个重要组成部分，视听技术的应用使图书馆能从印刷型文献所无法提供的视觉、听觉角度为读者提供服务。读者可以利用视听技术快速、准确地查找到所需要的文献，使读者能够通过比阅读印刷型文献更加直观的形式更快地获取知识和信息。

现代图书馆学家谢拉曾经说过：“图书馆如果不是立刻反映，也是最终反映着社会变革。”计算机的出现与普及、通信手段的发展以及两者结合而产生的网络技术，无不显示着图书馆面临着飞跃，即由现代图书馆发展成为网络环境下生存的数字图书馆。

第五节　数字图书馆

作为现代化图书馆发展的一个方向，数字图书馆近年来的建设研究得到了快速发展。

20 世纪 60 年代，计算机在图书馆的应用为图书馆进入自动化阶段揭开序幕。以计算机、通信及网络为核心的现代信息技术开始全面渗透到图书馆领域，将图书馆推向自动化阶段。而在 70～80 年代，计算机与通信相结合，又促进了图书馆联机系统和网络化的发展，一批联机编目网络和一些商业性联机检索系统相继出现，并进一步发展，在各馆之间建立起互联网络。到了 80 年代末 90 年代初，得益于计算机技术、通信技术和网络技术、高密度存储技术、多媒体技术等高新技术的高速发展，图书馆自动化开始进入高速发展阶段，向着高度自动化、电子化、网络化、虚拟化的深度和广度进军。90 年代以后，随着 Internet 的建立和广泛普及，在全球建设信息高速公路热潮的直接带动下，数字图书馆这一概念逐步得到社会的认可，并成为当今的热门话题。

一、数字化图书馆概念

1994 年后数字化图书馆的基本概念已确定："数字图书馆是一种有纸化的（Paper-based）图书馆外观和感觉的图书馆，但这类图书馆资料都已经被数字化，而且能在网络环境中被本地和远程用户存取，还能通过复杂和一体化的自动控制系统为用户提供先进的、自动化的电子服务。" 数字图书馆依然是传统图书馆的继续，其不同之处是文献被数字化，并可以通过网络进行存取，还能通过一体化控制达到规范管理。所以，数字图书馆的概念包含以下几个意义：

（1）数字图书馆仍然是一个能感觉到的图书馆，同时具有图书馆的文献搜集、加工、整理、保存、服务等基本功能；

（2）数字图书馆以计算机可处理的数字形式存储文献信息，不同于传统图书馆的多载体的文献收藏；

（3）数字图书馆的数字化信息的收藏范围从广泛性和深层性上远远超出传统图书馆，所以它是以文献资源内容为基础的系统；

（4）数字图书馆提供更广泛、迅速、便利、多种形式的服务，依托互联网，利用先进的数字处理技术和网络工作站为全球用户提供远程服务；

（5）数字图书馆是传统图书馆的补充，尽管有人预言数字图书馆只在馆藏范围、服务方式对传统图书馆加以补充和深化，完全代替是不可能的。

数字图书馆必须具备数字化、规模化以及完整性的资源，同时存取方便，实行分布式管理，服务具有透明性。数字图书馆与传统图书馆、自动化图书馆的比较见表 3-2。

表 3-2 数字图书馆与传统图书馆、自动化图书馆的比较

比较内容	传统图书馆	自动化图书馆	数字图书馆
工作中心	馆藏	馆藏	用户
馆藏方式	印刷型	印刷型及少量电子出版物	数字信息资源
工作方式	手工作业	对书目数据及专题数据库进行自动化加工	对文献内容进行自动化加工
检索手段	手工检索卡片	对书目数据及专题数据库进行自动化检索	对文献内容进行智能检索

（续表）

比较内容	传统图书馆	自动化图书馆	数字图书馆
服务对象	为到馆读者服务	以到馆读者服务为主，在一定范围内提供文献传递服务	面向全球读者提供网上服务
馆藏加工	不加工	基本不加工	加工，并使馆藏具有增值效应

二、数字图书馆应用实例

目前，全国已有许多数字图书馆投入使用，数字图书馆建立的最大受益对象就是广大读者，因此如何利用好数字图书馆是每个读者需要学习的。

（一）中国国家数字图书馆

20 世纪 70 年代中期，中国国家图书馆的自动化工作开始起步；1989 年，大型计算机综合管理系统启动，对图书馆进行自动化应用系统的开发与实践；从 1995 年开始，按照数字化、网络化建设的思路，对数字图书馆进行研究和建设工作，如今，在中国国家数字图书馆上可以方便地进行联机公共目录馆藏查询等服务。中国国家数字图书馆工程于 2008 年 8 月正式向公众开放，是我国最大的中文文献收藏中心和中文数字资源基地，同时也是我国最先进的信息网络服务基地。中国国家数字图书馆主页如图 3-8 所示。

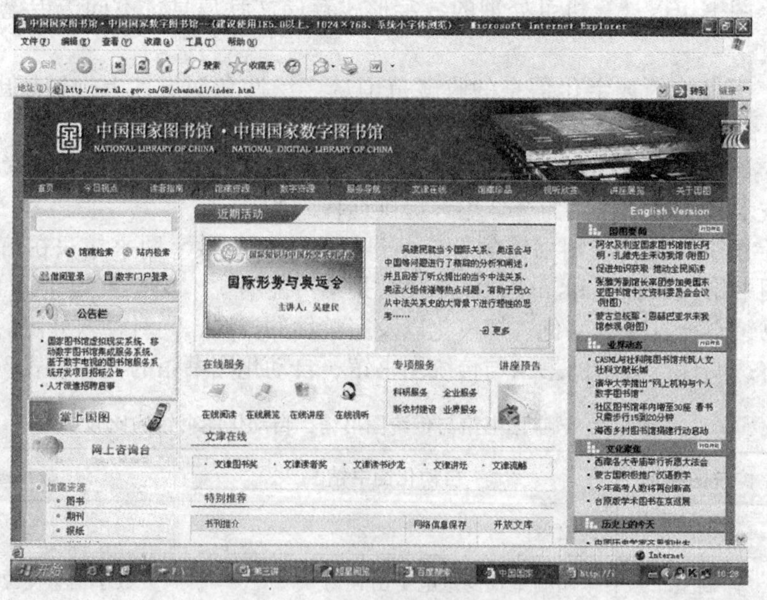

图 3-8 中国国家数字图书馆主页

在中国国家数字图书馆中，读者可以通过在线阅读、在线展览、在线讲座（如图 3-9 所示）、在线视听等方式，实现远程访问。例如，利用在线讲座，读者可以根据个人信息需求，在网络功能强大、界面友好的中国国家数字图书馆网页选择自己所需的信息。

图 3-9　中国国家数字图书馆在线讲座页面

（二）超星数字图书馆

超星公司的全称为北京世纪超星信息技术有限责任公司，1998 年该公司组建了国内规模最大的数字化扫描生产线，建立了数字化加工中心，目前日加工 A4 幅面的能力已达到 30 万页。至今为止超星公司已与全国近百家图书馆或情报中心建立了数据共享及战略伙伴关系。2000 年 6 月，超星公司入选国家“863”计划中国家数字图书馆示范工程；2001 年，超星公司数字图书馆荣获“中国优秀文化网站”称号。超星数字图书馆的主页如图 3-10 所示。

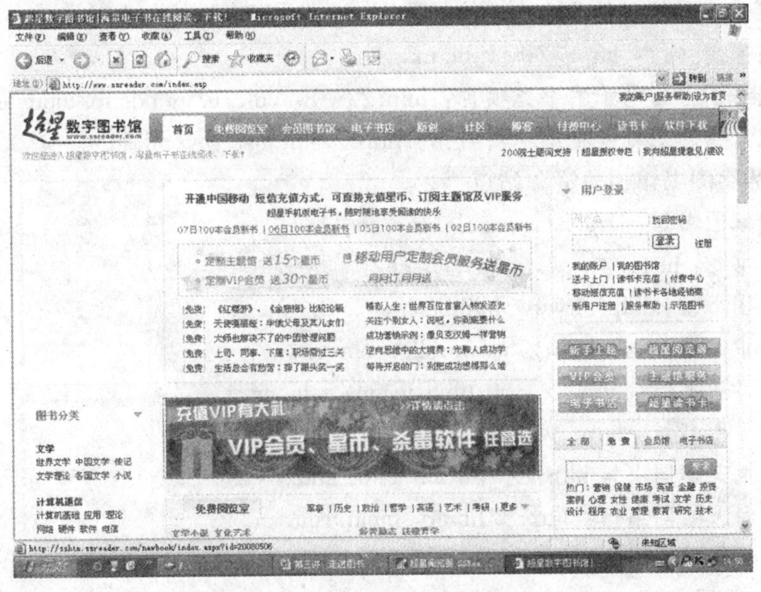

图 3-10　超星数字图书馆主页

超星图书浏览器具有如下功能和特点。

（1）可阅读超星数字图书馆数字图书资料。超星数字图书馆的图书资料正以每天 10 万多页的速度增长。

（2）符合传统图书的阅读习惯。有“上页”、“下页”等书页的概念，显示页面可以随意放大、缩小和移动。

（3）浏览下载方便。实现了图像文档的 Web 方式浏览，用户可以边下载边浏览，亦可自动下载下一页，并且采用自动滚屏显示和多线程浏览等技术，保证阅读速度。

（4）嵌入了汉王 OCR 识别系统。用户可以将图像格式的图书资料转换成文本文件加以利用；利用双层检索技术，第一次实现了图像方式数字图书馆的全文检索。

（5）在超星图书浏览器里不仅能检索、浏览超星数字图书馆的图书，还可以看到中国国家图书馆、北京交通大学图书馆和广东省中山图书馆等单位用超星数字图书馆技术制作的数字图书。

（6）提供了数字化图书下载和光盘定制功能。

▶ 知识卡片

（一）国外数字图书馆相关资源站点

（1）国际图书馆协会联合会（IFLA）数字图书馆：http://www.nlc-bnc.ca/ifla/diglib.htm。

（2）美国数字图书馆电子刊物（D-lib Magazine）：http://www.dli.org/dlib.htm。

（3）欧洲共同体七国集团（G7）全球资源项目：http://www.gip.int/eng/noframes.htm。

（4）美国标准通用置标语言（SGML）/扩展型置标语言（XML）网页：http://www.oasis-open.org/cover/sgmi-xml.htp。

（5）美国国会图书馆：http://lcweb.loc.gov。

（6）美国数字图书馆联盟：http://www.clir.org/diglih/dlfhomepage.htm。

（7）英国国家图书馆：http://www.bl.uk。

（8）日本国会图书馆电子图书馆项目：http://www.ndl.go.jp/ndlelp/index-e.htm。

（9）美国国家信息基础设施虚拟图书馆：http://nii.nist.gov/nii.htm。

（二）国内数字图书馆相关资源站点

（1）中国国家图书馆：http://www.nlc.gov.cn。

（2）上海图书馆：http://www.library.sh.cn。

（3）辽宁省图书馆：http://www.lnlib.com。

（4）广东省中山图书馆：http://www.zslib.com.cn。

（5）清华大学图书馆：http://www.lib.tsinghua.edu.cn。

（6）北京大学图书馆：http://162.105.138.207。

（7）北京邮电大学图书馆 http://www.lib.bupt.edu.cn。

（8）北京医科大学图书馆：http://library.bjmu.edu.cn。

（9）首都师范大学图书馆：http://202.204.214.131。

（10）复旦大学图书馆：http://www.library.fudan.edu.cn。

(11) 上海交通大学图书馆：http://www.lib.sjtu.edu.cn。
(12) 华中师范大学图书馆：http://lib.ccnu.edu.cn。
(13) 武汉大学图书馆：http://http://www.lib.whu.edu.cn。
(14) 华中科技大学图书馆：http://www.lib.hust.edu.cn。
(15) 浙江大学图书馆：http://libweb.zju.edu.cn。
(16) 万方数据资源：http://www.wanfangdata.com.cn。
(17) 中国期刊网：http://www.chinaqking.com。

【知识要求】通过对本章的学习，使学生初步掌握信息技术高速发展的今天，图书馆已成为信息交流、开发和利用的中心。通过对图书馆类型、文献类别、文献组织和图书馆服务功能的介绍，初步了解图书与图书馆知识，提高利用图书馆自学的能力。

【关键术语】图书馆　文献类型　机读目录查检　数字图书馆

【本章小结】图书馆可分为公共图书馆、高等学校图书馆、科学和专业化图书馆三种。图书按学科、专业属性分类，其排架顺序以索书号为参考。图书查检现多采用机读目录方式。图书馆的服务有文献流通服务、参考咨询服务、情报信息服务、宣传报道和导读服务、读者教育与培训、现代化技术服务等。本章最后对数字图书馆作了一定介绍并列举了应用实例。

【复习与思考】

1. 初步了解图书的分类、排架、查检方法。
2. 图书馆能为读者提供哪些服务？其中哪几种在科研和学习中更有利用价值？
3. 数字图书馆包含哪些内容？

第四章　数据和事实的检索与利用

现代科学发展的趋势表明，几乎所有的学科、所有的领域都积累了数据，都需要用数据来说话。

日常生活和工作中我们会经常遇到一些疑难问题，例如以下例子，我们到哪里去寻找答案呢？括号里是给出的建议。

到某地旅游的最佳路线如何选择？（地图、相关手册）

某个英文缩写或代码表示什么含义？（词典、相关书所附对照表）

“自动化”一词的概念是否有确切的技术含义？（百科全书、辞典、手册）

2005 年度空调的产销、贸易、市场概况？（年鉴）

电子元器件的技术特性数据有哪些？（电子元器件类手册、产品目录、样本或教科书）

钱学森有哪些重要的论著和贡献？（名人录）

国内哪些大学招收机电一体化研究生？（大学类的机构名录或校方的招生资料）

回答上面的问题就是要寻找合适的字词、公式、常数、规格、方法、事件、人物、机构名称、年代日期等。这些问题是工作和生活中大量遇到的，可以通过数据事实检索来解决。在进行数据事实检索之前，理解并了解数据是必不可少的。

第一节　理解数据

在计算机技术中通过编码输入到计算机中由计算机处理的所有字符都是数据。可见，从计算机输入的角度来看所有可记录的信息都是数据。

从应用的角度来看，这些数据变成了人们熟悉的符号——数字、文字和图画等。这些符号的组合形成记录，这些记录就是文献，文献中蕴含了知识和信息，知识和信息是用数值和事实反映的。

一、数据和事实的界定

我们将构成文献的基本内容分为数据、事实、数据＋事实。

“数据”一词含义较广，在计算机技术中由计算机处理的所有字符都是数据。作为普通名词，它指进行各种统计计算技术设计等所依据的数值。本文说到的数据是作为普通名词的数据——数值，也就是传统的检索课本里讲到的数据。

“事实”的基本词义是事情事件的真实情况，它表现了一种客观存在。

“数据+事实”即用数字作为根据说明事情的客观情况。

1. 尘埃落定的数据与事实

可靠的有价值的数据和事实被记录在三次文献中，通过数据事实检索，所得到的问题的答案是确切的，可以用“有无是非”来概括，即要么是有，要么是无；要么是对，要么是错。

2. 正在发生的数据与事实

变化太快的今天每时每刻都有事情发生。目前正在发生的数据与事实最可能被记录在一次文献中（日报、报告、论文、专利申请说明书等），虽然可以获取但必须通过分析、校核后才能使用。

二、数据的类型

一提到数据，人们马上联想到数字及其复杂的分析和枯燥的术语。在我们之中有为数众多的人并不懂得数据到底是什么，是怎样得来的，更不知道怎样去评价它。

数据的类型多种多样，常使用的有以下几种。

1. 原始数据

原始数据指未加工的数据，它表示计数和量度，如人口数量和企业的财务数字。其中有些项目的数量在计算时只能使用特定值，如人的数量、轿车的数量或者上架图书的数量，这样的数据被称为离散数据。而质量和高度被称为连续数据，它们可以使用连续量上的任何一个点来度量、描述。例如，可以说重110. 2kg或高66. 5m。

2. 百分数

百分数表示部分与整体之间的比值关系，它有助于理解原始数据。百分数易于使用，因为用它可以以100为底，把数字简化为一个公比。将数字转换成百分数（如在2006年增长1. 9%，2007年比2006年增长3. 5%）后，就可以较好地理解原始数据的意义了。

3. 指数

指数是指经过运算后得出的能够代表不同项目区间值的数据。因为指数是用一个相同的基数来代表项目，所以我们能够对项目作出比较。利用指数可以表示许多事物的量度和数量，或者一个事物的不同方面。人们熟悉的指数有智商值和犯罪率等。

4. 序数

序数指某事物在量度表或被排序的值的列表中各个位置上的排位数。在排序时，要使用两种数字，即原始数据和序位数（也称比例数），可以察看序位数和原始数据，或者二者都要察看。

5. 平均数

有三种常见的平均数：均值、中位数和众数。对给定的不同的一组数，它们均不相同，表达的事物也不尽相同。所以，重要的是要知道使用哪种平均数。

(1) 均值。指一组数值的算术平均值。求均值的方法是将全部数值相加并除以测量数量。

(2) 中位数。为一组数字的中间数。中位数说明的是数据的范围或分布。中位数和均值只是指向，并不能说明整个问题。

(3) 众数。指一组数字中出现次数最多的数字。众数能反映实际数字，不像中位数和均值只具有理论上的意义。

平均数的使用取决于数据的分布。当数据为均匀分布并且只有一个众数时，应使用均值；当只有一个众数且数据倾斜时，应使用中位数；当对划分数据感兴趣且有一个以上的众数时，则使用众数。要特别关注给出的是哪种平均数，如果在文献中没有加以说明，我们就不可以简单地认为它是均值。

6. 标准差

为了了解数据的特征，统计学家使用了测量数字在一组数据中分布的方法。这个分布的测度被称为标准差。一般而言，数据聚类越密集，标准差的值就越小。

7. 百分比下降点

百分比下降点表示数据的分布情况。它以某个数为临界点，低于这个数则有一定百分值的数据出现下降。例如，第 80 个百分比下降点表示有 80% 的数值低于某数。百分比下降点被用于测度可能出现的非正常状态。

8. 速率

速率指某事物随时间发生变化的测度。例如，通货膨胀率是指前期与后期之间价格指数的差别。

9. 量度

量度指给某事物赋以某个数值的主观测度。例如，我们所熟悉的一个序列“在一个由 1 到 10 的态度量表中，你将 CEO 的业绩排在哪个位置”，态度量值为“完全同意”、“同意”、“较为同意”、“较为不同意”、“不同意”和”完全不同意”。

10. 罗列数据

罗列数据指范畴中相互没有次序关系的数据。

11. 次序数据

次序数据指在范畴中有相互关系的数据。

12. 概率

概率指某事物出现的可能性，为多次随机试验中某事件出现的次数。

13. 比值

比值为一个数除以另一个数得出的值。只有数之间的关系有意义时，比值才有意义。

14. 区间数据

区间数据表示一个范畴与另一个范畴之间在意义上的区别，如时间段、年龄和重量等。

三、数据的搜集方法

人们是怎样对事物进行计数的？他们是怎样知道有多少人收看电视节目的？他们怎么知道人每周行走多少千米呢？他们怎么知道每天有多少食品被消费者浪费掉的？下面介绍一下计算事物的常见方法。

（一）普查法

普查法要求全面统计出被测量事物或人口的数量。在理论上，普查要算到每个个体事物。然而，在实践上，一次普查总会遗漏一些项目。

（二）调查和调查表法

1. 采样

样本是一组事物中的代表，只要样本能够代表该组而没有偏差，就是进行调查的有效方式。当普查规模过大、无法实现的情况下，可使用采样的方式。

2. 随机采样

随机采样就是按机会选择，其样本的准确性与样本量的平方根成正比。

3. 面谈

面谈是一种正在发展中的调查方法。因为它能够比一次性调查获得更多的数据，所以为调查人员所钟爱。

4. 观察

观察即观察某事物。由于人们羞于或害怕承认是某些范围中的成员，这时就可采用观察法得出相关结果，但是观察本身也有可能造成数据扭曲的错误。

（三）实验法

实验是数据搜集之中所发生的观察或研究过程。

1. 测试

用测试法可以通过与标准比较测度某事或某人的运作方式，被测试对象既可以是一台设备的工作情况，也可以是一组账目问题。

2. 测量

在统计学的意义上，测量是指用仪表或装置搜集数据。

3. 预测与估值

预测是指用已知的测量值预测未来将发生的未知的测量值。而所谓估值是指从已知值推算未知的近似值。预测只用于未来，而估算可以用于过去、现在或未来。

4. 推导

推导指对原始数据进行提取和加工。指数就是一种推导的形式，改变单位是另一种形式，如用年变化率除以365，得到日变化率。

5. 分析

分析是指洞察数据，并给数据赋以某种意义。例如，相关分析法是分析两种测度之间的关系，看其是否有因果关系。

第二节　数据和事实的资源分布

社会科学、自然科学信息中的数据和事实是指意思完整而又相对独立的单元知识，如名词术语、概念定义、理论方法、数据公式、定律和相对独立的事实事件等。这些单元知识最开始隐匿游离在原始文献中，是原始文献的精华部分。为了方便利用，人们将它从原始文献中解析分离、提取出来，进行加工、处理、整序，形成单元知识库，分别存储在不同的工具书或数据库中。可以说，所有的文献信息资源都提供了事实和数据信息。要在信息资源的大海里获取珍宝，就应该了解事实和数据资源的分布。

事实数据资源主要分布在三次文献（综述及工具书）、一次文献（原始文献）以及事实型、数值型数据库中。它们的分布不是绝对的。它们之间有重合内容，也有遗漏的地方。

分布在三次文献中的事实和数据是确切的，分布在一次文献中的事实和数据是最新的。

一、获取确切的数据和事实

教科书中的知识充实了我们的大脑。除了教科书，还有与教科书扮演不同角色的各种各样的工具书，它们是用来查询的。工具书提供的事实、数据与教科书提供的知识一样可靠，可以大胆使用。工具书各具系统、各有特色，要想获取确切的事实、数据，必须了解它们。下面将介绍综述及各种工具书，同时推荐相关的数据库。

（一）综述文献

综述文献是针对某一方面的专题搜集大量信息资料后经综合分析而写成的一种学术论文，是文献的一种。综述文献反映出当前某一学科领域最新进展、重要专题的学术见解，它能反映出有关问题的新动态、新趋势、新水平、新原理和新技术等。综述文章经常出现在年鉴和学术期刊一年首期或末期中。

1. 检索示例

2003 年内地赴港艺术展览 18 起 122 人次，港来内地 19 起 49 人次。

[检索来源]《中国文化年鉴（2004）》。

[检索策略] 浏览综述文章《与港澳特别行政区和台湾地区的文化交流综述》。

[检索费用] 免费。

2. 相关网站或数据库推荐

（1）国务院发展研究中心信息网（http://www.drcnet.com.cn/drcnet.channel.web/）。简称国研网，是北京国研网信息有限公司依托国务院发展研究中心的信息资源和专家阵容，全面整合中国宏观经济、金融研究和行业经济领域的专家资源及研究成果。产品包括国研报告数据库、宏观经济报告数据库、金融中国报告数据库、行业经济报告数据库、世界经济与金融评论报告数据库和财经数据库十余种行业统计数据库等，国研报告为其特色资源。

（2）中国经济信息网（http://www.cei.gov.cn）。简称中经网，是国家信息中心联合部委信息中心和省（区、市）信息中心共同建设的全国性信息网络，由中经网数据有限公司负责承建和运营。

（二）百科全书

百科全书是一种十分重要的工具书，它被称为“工具书之王”，具有学术权威性和参考性。美国出版的《ALA 图书馆与情报学词汇》中指出：百科全书是一本或一套含有所有知识领域主题或者是一种涉及一个专门学科或主题的资料性条目的图书，按字顺排列，通常分为综合性百科全书与专业性百科全书两类。

综合性百科全书是广收各个学科、各个知识领域知识的百科全书。专业性百科全书是专收一个学科、一个门类或数个学科、数个知识领域知识的百科全书。按阅读对象的不同，百科全书也可分为成人百科全书、青年百科全书和少儿百科全书。百科全书还可按地域分为国际性百科全书和地域性百科全书。

世界百科全书的发展呈现这样一些趋向：先出版大型综合性百科全书，然后按学科、专题出版各种层次、各种档次的百科全书；多卷本百科全书逐渐减少，少卷本或单卷本百科全书越来越多；专科性百科全书越来越多，电子版百科全书越来越多。

虽然百科全书的内容相当稳定，但许多内容仍会随时间的推移而过时，故百科全书的内容也在不断修订、增补。百科全书的修订方法主要包括出补编（正编之外，出一补编来更新正编的内容）、再版（新旧版间隔约为10年）、连续修订（每年出一次修订版，一般修订全书内容的5% ~7%，修订版不注明版次，只注明修订年）。一种百科全书有时同时采用上述两种或三种修订方法。

1. 利用价值

百科全书回答的问题是"什么"、"什么时候"、"怎样"、"什么地方"、"为什么"。据统计，社会科学的知识性问题中有一半以上可从百科全书中找到答案。

2. 检索示例

中国自20世纪50年代以来进行的语言规划是历来最有抱负的计划，使数亿人受到了影响。主要的两点发展就是规定了一套拉丁化的字母（拼音）和提倡一种共同的口头语言——普通话，在多种多样的地方性语言之间提供一个交际工具。福建省大田县的报告说明这一运动的初步进展，该县有十多种方言，据说在那里，"人们一草之隔，语不相通"。一批来自北方的官员在该地区的讲话竟需要七名翻译。但积极普及普通话运动之后，官员们没有翻译也能对大批的群众讲话了。

[检索来源]《剑桥语言百科全书》（重版），北京，中国社会科学出版社，2002。

[检索策略] 浏览目录→语言规划→政府关于语言选择和使用的政策→中国的语言规划。

[检索费用] 免费。

3. 列举

(1)《新不列颠百科全书》（第15版）（The New Encyclopedia Britannica）。该书是西方百科全书中的佼佼者，为著名的英语三大百科全书A、B、C中之B，以文体庄重、严谨和学术性而著称。1768 ~1771年首版，此后不断修订出版。《新不列颠百科全书》分为四个部分：简编、详编、类目、索引。

1992年起，《新不列颠百科全书》出版光盘版，用户还可以通过登录 http://www.britannica.com 网站进行检索。

(2)《不列颠百科全书（国际中文版）》。该书由中国大百科全书出版社1999年编译出版，共20卷。

(3)《中国大百科全书》。该书是我国第一部大型综合性百科全书。于1980年起陆续出版，1994年全部出齐，共有74卷（含索引1卷）。全书共收条目77895条，共计12568万字，图表5万余幅。采用大类分卷法编排，将66个学科按1科1卷、1科多卷、多科1卷的方法分卷。卷下条目按字顺排列，检索途径齐全，使用方便。

《中国大百科全书（简明版）》于1998年出版，共有3.1万个条目、2000余万字、1.1万幅插图和表格，适合于中等以上文化程度的读者使用。

▶ 知识卡片

《中国大百科全书》的66个学科

天文学、数学、物理学、化学、力学、生物学、心理学、航空航天、固体物理学、测绘学、空间学、机械工程、电子学与计算机、农业、大气科学、海洋科学、水文科学、地质学、电工、轻工、地理学、世界地理、中国地理、纺织、矿冶、水利、化工、交通、土木工程、环境科学、建筑、园林、城市规划、自动控制与系统工程、考古学、文物、博物馆、体育、教育、中医、中国传统医学、现代医学、军事、中国文学、外国文学、政治学、社会学、美术、中国历史、外国历史、经济学、财政税收金融价格、法学、戏剧、戏曲、曲艺、民族、语言文学、哲学、宗教、音乐舞蹈、电影、新闻出版、图书馆学、情报学、档案学。

(4)《中国文化大百科全书》(1993年版)。其内容包括中国大文化的各个方面：哲学、美学、伦理、经济、军事、历史、考古、宗教、文学、艺术、语言、民族、民俗以及中医药、饮食、建筑、服饰、旅游等领域。

(5)《艺术百科全书》(1993年版)。该书收录8000多个条目，反映了绘画、雕塑、书法、工艺美术、建筑、音乐、舞蹈、曲艺、戏剧、电影、摄影等艺术门类。

4. 相关网站或数据库推荐

(1) 知识在线（http://www.db66.com）。知识在线属于中国数码信息有限公司，是全球最大的在线中文知识库，已经推出的百科全书网有：北京百科、奥林匹克百科、奥林匹克100周年、名著在线、中国儒学百科全书、现代会计百科全书等。还有十余部百科全书如国家百科、中国行政区划百科、中华名人百科、中华小吃等正在开发中。知识在线的检索可以通过关键词、汉语拼音字母等多种形式同时在各百科全书网查询，并可以在线阅读。知识在线采用会员制的管理方式，需要注册成为会员才能享受百科全书网的服务内容。

(2) 百科全书网站（http://www.encyclopedia.com）。该网站是电子图书馆的百科全书部分，以美国《哥伦比亚百科全书》为基础。共有检索条目57000多条，许多词条链接到原始的或相关的期刊论文或图书，并与其上位类的电子图书馆数据库 Electric Library 链接。该百科数据库内容的检索是全免费的，也是西方网络版百科全书中使用最为广泛的工具书网站。

(3) 国家百科全书网（http://countries-book.db66.com）。该网站是系统、全方位地介绍世界各国风光、文化、人文、国情和地理、气候等的知识性网站。

(4) 北京百科全书（http://beijing-book.db66.com）。与北京有关的知识性网站，提供有关北京的历史、地理、政治、经济、文化等诸多方面的信息。该网站分为检索和浏览两大系统。

（三）百科词典

介于百科全书和词典之间的一种工具。语言词典与百科全书的区别很明显，语言词典是解释词义的工具，它以词为对象，对词语下定义；而百科全书中的条目虽然用词标引，却以事物概念为对象，它对条目内容的学科概念加以解释和说明。

百科词典具有百科和词典的双重性质：具有词典的形式，如以词立目，分条释义，不设文内标题，不列参考书目，有时还标注读音和词性；在内容上有数量众多的百科条目，具有百科性质。

1. 检索示例

沟通是指人与人之间或团体与团体之间传递和交流信息的过程。心理学侧重于个人之间的沟通研究。通过沟通交流观点、思想、意见、情感和态度等，达到共同的了解、信任与合作。它是一个影响和改变对方态度的过程，主要通过语言文字来实现；也是一种基本的人际相互作用的社会过程，目的在于建立和发展人际关系和社会关系。其分类多种多样。根据系统定位，它可分为个人沟通和社会沟通（人际沟通）；在国家系统中有国际沟通，在文化系统中有异文化间沟通，在人机系统中有人机沟通（对话）等。在沟通中常会产生障碍，原因有：①语言表达不确切；②空间距离的障碍；③沟通网络不当；④地位不同；⑤知识水平不等；⑥人格、态度、思想观念等心理因素引起的障碍。

[检索来源]《心理学大辞典》，上海，上海教育出版社，2004。

[检索策略] 浏览字顺表→沟通→页码。

[检索费用] 免费。

2. 列举

（1）《中国百科大辞典》。

（2）《世界知识大辞典》。

（3）《当代百科知识大词典》。

（4）《现代学科大词典》。

（5）《百科知识渊源词典》。

（6）《物源百科辞典》。

3. 相关网站或数据库推荐

（1）词霸在线（http://www.iciba.net）。由金山公司推出，以现代英汉词典、现代英汉综合大词典、简明英汉词典等为基础。

（2）汉语大词典（http://www.ewen.cc/hd20）。

（四）手册

某一范围内基础知识和基本数据资料的汇编。因其主题明确，内容丰富、实用，携带方便，是专业人员手头不可缺少的参考工具书，所以叫做“手册”。手册有许多异称，如指南、大全、便览、必备、百科、总览等。

手册根据所搜集事件内容的不同，一般可以分为综合性手册和专科性手册两种。综合性手册概括的知识面比较广泛，但编写的内容比专著和教科书浅显简要。它侧重于社会科学的内容，突出政治、经济、文学、艺术和当今国内外的重要时事知识，而科技性内容所占比例较少，仅限于一两年内发生的引人注目的要闻和大事。专业性手册的内容只涉及某一领域的专门知识，如专业的发展简史、基本概念、基础理论、原理叙述、结构设计、物理化学性能、特征、方法、材料、元器件、仪器、辅助设备、计算公式、数据、图表以及它们的使用说明和使用方法等。

1. 利用价值

（1）是技术设计的依据，便于人们迅速地查到有关问题的全面而可靠的具体资料。

（2）指导“怎样做”，如怎样制造汽车、设计电视、做衣服等。

2. 检索示例一

	规格	直径	用途
弹筒 射钉	M8 M10 M12	8 10 12	广泛用于国防建筑、水利业及各种工业与民用建筑的由专门工具“射钉枪”将射砖墙、钢板等

图 4-1　检索示例

［检索来源］廖灿戊：《五金手册》，北京，化学工业出版社，2004。

［检索策略］目录→第 3 章　钉和网→钉类→射钉（如图 4-1 所示）。

［检索费用］免费。

3. 检索示例二

建筑装饰工程的承包方式是建筑装饰工程招标文件中必须明确的项目，它有以下三种。

(1) 包工包料承包建筑装饰工程。

(2) 包工不包料承包建筑装饰工程。

(3) 包工半包料承包建筑装饰工程。

［检索来源］钱昆润，杨昊：《建筑装饰工程监利手册》，北京，中国建筑工业出版社，2001 年。

［检索策略］目录→11. 建筑装饰工程招标与合同管理→建筑装饰工程招标→建筑装饰工程招标的承包方式。

［检索费用］免费。

4. 列举

（1）北京市高级人民法院民三庭：《知识产权诉讼法律手册》，北京，知识产权出版社，2004。

（2）吴宗泽：《机械零件设计手册》，北京，机械工业出版社，2006。

（五）标准

标准是指具有法律约束力的文献。标准信息由权威机构如标准局、技术监督局、标准学会等制定和颁布，它有生效、未生效、试行和失效之分。

技术标准文件都有编号，即标准号，它的组成是“标准机构号 + 顺序号 + 颁布年份”，如 GB 3556—2007。标准号是获取技术标准信息原文的唯一依据。标准文件以单行本形式发行，一项标准一册。

标准信息采用专门的技术分类体系，按颁布标准的级别来划分，主要包括以下几类标准。

（1）国际标准：国际标准化组织颁布的标准。

（2）区域标准：世界上某一地区标准化机构颁布的标准，如全欧标准（EN）。

（3）国家标准：由国家标准化主管机构批准颁布的标准，如中国国家标准（GB）由中国技术监督局颁布。

（4）部门标准：由某个部或公司企业制定的适用于本部门的技术标准，如我国化工部标准（HG）、教育部标准（JY）等。

标准信息的检索工具主要是标准目录、标准文献的文摘等（索引工具一般不收录技术标准）。

1. 利用价值

标准是各种生产生活指标的依据，若控制了某产品标准就意味着控制了该产品的竞争市场。

2. 检索示例

1　适用范围

1.1　本标准适用于危险货物运输中类、项的划分和品名的编号。

1.2　凡具有爆炸、易燃、毒害、腐蚀、放射性等性质，在运输、装卸和存储保管过程中，容易造成人身伤亡和财产损毁而需要特别防护的货物，均属危险货物。

2.1　危险货物分为九类

第 1 类　爆炸品

第 2 类　压缩气体和液化气体

第 3 类　易燃液体

第 4 类　易燃固体、自燃物品和遇湿易燃物品

第 5 类　氧化剂和有机过氧化物

第 6 类　毒害品和感染性物品

第 7 类　放射性物品

第 8 类　腐蚀品

第 9 类　杂类

2.2　各类可分为若干项（division）

［检索来源］全国危险品管理标准化技术委员会中国标准出版社第二编辑室：《危险化学品标准汇编（有机化工卷）》，北京，中国标准出版社，2005。

［检索策略］目录→六、附录→附录 2　GB 6944—1986→危险　货物分类和品名编号。

［检索费用］免费。

3. 列举

（1）ISO（International Organization for Standardization）标准。ISO 是国际性标准化机构的简称，它成立于 1947 年 2 月 23 日，隶属于联合国。目前，它有 90 个成员国，我国于 1978 年以标准化协会（CAS）的名义加入 ISO。

ISO 下设 200 个技术委员会（TC）、630 个分技术委员会（SC）和 1600 个工作组（WC），ISO 标准一般必须由全体成员协商表决后才能正式生效。ISO 负责除电工与电子技术领域外的 各种技术标准的制定与颁布。

ISO 标准的检索工具《ISO 标准目录》（ISO Catalogue）有中译本、年刊，每年 2 月出版，报道 ISO 颁布的现行标准。该目录提供了多种检索途径：分类目录、主题索引、标准号索引、作废标准目录和国际十进分类号与 ISO 分类号（即技术委员会编号）对照表。

对 ISO 颁布的标准信息的检索还可以登录 ISO 网站。

（2）IEC（International Electro Technical Commission）标准。IEC 是国际电工委员会的简称，它成立于 1906 年，是世界上最早的国际标准化机构，1947 年合并入 ISO。目前 IEC 与 ISO 各自独立工作，并列为两大国际标准化机构。IEC 主要负责制定、颁布电工与电子技术方面的国际标准。

IEC 目前有 49 个成员国（我国于 1957 年加入），下设 1 个特别委员会，即国际无线电干扰特别委员会（CISPR）和 79 个技术委员会（TC）及 128 个分技术委员会（SC），IEC 于 1975 年前颁布的为推荐标准，1975 年后颁布的为 IEC 国际标准。

IEC 标准的检索工具《IEC 标准目录》（Catalogue of IEC Publication）有中译本，名称是《国际电工委员会标准目录》，其年刊报道 IEC 的现行标准。该目录由三部分组成：标准号索引、主题索引、IEC/ TC 和 IEC/SC 名称一览表。

IEC 标准的检索还可以利用《国际电工委员会年鉴》（IEC Yearbook），它每年出版一次，有英法两种文本，它实际上是 IEC 标准的分类目录。

对 IEC 颁布的标准信息的检索还可以登录 IEC 网站。

（3）中国国家标准。中国国家标准的主管机构是国家技术监督局（原国家标准总局），各省市自治区和各部委都设有标准化机构。

技术标准主要包括国家标准、部标准（专业标准）、地方标准和企业标准。

对于国际标准，目前我国有三种采用方式，即等同采用、等效采用和参照采用。我国采用国际标准的比例是 42. 6% 。

《中华人民共和国标准法》于 1988 年通过，1989 年 4 月 1 日实施。《中国标准文献分类法》1989 年初版，是我国第一部技术标准分类法。它共分 24 个大类，分别用大写英文字母（除 I、O 外）表示，大类下设二级类目，用两位阿拉伯数字表示。

我国技术标准的检索工具包括：

①《中华人民共和国标准目录》（1991 年起）；

②《中华人民共和国国家标准和部标准目录》（1982 年起）；

③《中华人民共和国部标准目录》（1983 年起）；

④《中华人民共和国机械、电工、仪器产品国家标准、部标准目录》（1982 年起）；

⑤《中国标准化年鉴 》（1985 年开始出版）。

4. 相关网站或数据库推荐

(1) 国际标准组织 ISO 标准 (http://www.iso.ch)。对 ISO 颁布的标准信息的检索由主页的 Products and Services 栏目的"ISO Store"进入，点击"Search and Buy Standards"后即可进行检索，可以从关键词、标准名称、文献号、国际标准分类法、起止时间、技术委员会、分技术委员会等途径进行检索，提供标准号、标准名称、版次、页数、编制机构、价格等信息。

(2) IEC 网站(http://www.iec.ch)。该网站提供新闻、公共信息、标准信息查询、标准及文件订购等服务，IEC 标准的检索主要通过标准号、主题词和 TC 分类号等途径进行。

(3) 中国标准服务网 (http://www.cssn.net.cn)。该网站设有标准查询、标准服务、标准出版物、标准化与质量论坛、WTO/TBT 中国技术法规、合格评定、标准与企业、站点转接等栏目。

(4) 中国标准咨询网 (http://www.chinastandard.com.cn)。该网站提供 1 万多条中国国家标准全文，网上数据信息每日更新一次。

(5) 万方数据库中的中国国家标准库。该数据库由国家质量技术监督局提供，记录了国家技术监督局颁布的各项国家标准，包含国家发布在全国范围内作统一技术要求的全部标准。

(6) 各国及各专业标准学会的主页。此类网站提供各专业标准学会的活动、标准工作进展、新标准的制定及其有关标准文献（题录或文摘）等信息。

(六) 年鉴

年鉴是指按年度连续出版的工具书，系统汇辑上一年度事实和统计数据等信息。每一年度的年鉴提供的都是新的事实、进展与成就。年鉴逐年连续出版，一定时期的年鉴能反映事物发展的趋向。许多独一无二的详细资料只有在年鉴中才能查到。据统计，从 17 世纪至 19 世纪中叶，仅美国就先后出版了 1.4 万多种年鉴。我国第一部年鉴是清同治三年（1864 年）出版的《海关中外贸易年刊》。

年鉴的种类很多，按其内容不同可分为综合性年鉴、专科性年鉴。综合性年鉴涉及多个学科和领域，专科性年鉴具有专题性特征；按地域可分为世界年鉴、多国或地域年鉴、某一国年鉴、某一国中某一地区年鉴。年鉴还可分为以文字描述为主的描述性年鉴和以统计数据为主的统计性年鉴。大量的年鉴既有文字的描述又有大量的统计数据，结构上一般分为目录、正文、附录三大部分。

1. 利用价值

(1) 提供一年来的时事动态信息以及有关政府的重要文件、法律、法令等。

(2) 提供逐年可比的统计数据、年度总结和发展综述。对科学选题、企业生产、产品销售具有重要的参考价值。

(3) 提供一年内有关领域的重要专著和论文信息、机构简介、企业名录、作者生平等，实用性强。

2. 检索示例

3 月 22 日　世界水日

1993 年联合国大会通过决议，确定每年的 3 月 22 日为世界水日，为地球水资源的日益短缺和不断加重的水污染敲响警钟。

［检索来源］《世界经济年鉴 2005/2006 年卷》。

［检索策略］浏览目录→世界环境保护→全球环境保护纪念日。

［检索费用］免费。

3. 列举

（1）《世界年鉴》（The World Almanac and Book of Facts）。美国最畅销的年鉴之一，内容涉及世界各国的历史、政治、经济、文化、体育及日常生活各个方面的知识与数据，美国诸方面的情况介绍最为详尽。内容由专家编写或由政府部门提供，较为可靠，受到美国各界人士的欢迎。

（2）《欧罗巴年鉴》（The Europa World Yearbook）。这是一部世界性政治年鉴，提供世界各国的国土面积、人口、GNP、人均 GNP 等最新资料。介绍世界各国概况、人口、气候、语言、宗教、国旗、首都、历史及各种社会和经济统计数据。

（3）《联合国年鉴》（Yearbook of the United Nations）。该年鉴较全面地反映联合国及其下属机构一年内的活动情况以及世界各地的军事冲突等政治问题。

（4）《中国年鉴》。这是一部综合性年鉴，反映上一年度中国（不含台湾省）各方面的情况，分政治、经济、文化军事等 28 个部类，以文字叙述为主。1998 年起改名为《中华人民共和国年鉴》。

（5）《世界知识年鉴》。原名为《世界知识手册》，正文包括国际大事记、新闻事件、各国概括、国际组织和国际会议。卷末内容包括我国加入的国际公约 一览表、我国驻外使馆（领事馆）一览表、上一年度诺贝尔奖获得者名单、国际体坛记录等。

（6）《中国法律年鉴》。由《中国法律年鉴》编辑部编，中国法律出版社出版。

（7）《中国经济贸易年鉴》。由《中国经济贸易年鉴》编委会编，中国经济出版社出版。

（8）《中国教育年鉴》。由《中国教育年鉴》编委会编，人民教育出版社出版。

（9）《中国知识产权年鉴》。由《国家知识产权局》编，知识产权出版社出版。

（10）《中国环境年鉴》。由《中国环境年鉴》编委会编，中国环境科学出版社出版。

（11）《中国机床工具工业年鉴》。由《中国机械工业年鉴》编委会编，机械工业出版社出版。

4. 相关网站或数据库推荐

中国年鉴网（http://www.yearbook.cn）提供我国出版的各学科、各专题年鉴的内容介绍、出版者、出版日期、定价等信息，并提供在线购买服务。

（七）统计资料

统计是人类的一项实践活动，现在已经形成为一门学科。与统计有关的内容包括统计学、统计工作和统计资料。统计学是有关统计的理论，统计工作是搜集统计数字的过程，统计资料是统计工作的成果。

世界各国十分重视统计工作和统计数据的搜集，多数统计数据由政府部门负责搜集和整理，称为官方统计资料。也有工会、协会、学会等专业机构和学术团体汇集相关的统计数据，这些资料也可能是独一无二的，弥补了官方统计资料的不足。

官方机构或社会团体搜集和公布的统计资料为原始统计资料，往往成为人们引用的首选，政府统计数据一般由专门的政府出版机构编辑出版发行。

目前统计资料主要集中在各种统计年鉴、统计刊物和统计资料汇编。

另外，百科全书、教科书、报刊和专著所引用的统计数据成为二次统计资料，使用时需细心鉴别。

自20世纪70年代以来，各国出版了大量的统计资料，我们在使用统计数据时要了解其统计方法、标准和定义，重视统计表的各项注释。

为了使统计资料趋于标准化，联合国曾于1981年出版了《国际统计指南》。

1. 利用价值

（1）现实中的社会问题并不是到统计时才存在的，但许多问题恰恰是在统计之后才被公众认知的。统计可洞察某一领域的一些问题和本质，引起人们的关注。

（2）通过对数据的分析，有助于人们深刻地认识事物的状态及其发展规律，推动统计事业和信息服务产业的发展。

（3）正确的统计数据是制定政策、制订计划的依据。

（4）公布一项特定的统计数据，相当于宣告了一项可能性标准，为人们的努力和奋斗指引方向。

2. 检索示例

2006年全市居民消费价格比上年上涨1.4%，涨幅同比回落1.3个百分点。商品零售价格上涨0.7%，回落0.2个百分点。工业品出厂价格上涨0.3%，涨幅回落2.4个百分点，其中，生产资料价格上涨0.4%，生活资料价格下降0.1%。原材料、燃料、动力购进价格上涨5.2%，涨幅回落5.4个百分点。

年末全市从业人员429.40万人，比上年末增加7.60万人。其中城镇就业人员280.00万人，增加7.10万人。全市下岗失业职工人员再就业8.3万人，全年新增城镇就业岗位13.4万个，转移农村富余劳动力6.5万人。

[检索来源]《武汉市2006年国民经济和社会发展统计公报》。

[检索策略] 利用Baidu进行搜索，关键词为“武汉统计”。武汉统计信息网（http://www.whtj.gov.cn)→统计分析→统计公报→武汉市。

[检索费用] 免费。

3. 列举

（1）《统计资料指南》(Statistical Sources)。该指南是《联合国统计年鉴》、《美国统计摘要》等多种统计资料的分析索引，由检索词导向相应的文献源。反映140多个国家和地区的工业、商业、社会和教育等统计资料（以美国资料为主）。该书初版于1962年，目前每隔一两年再版一次。

(2)《联合国统计年鉴》(Statistical Yearbook)。统计数据来源于各国政府统计部门，包括世界280多个国家和地区的人口、工业、农业、财经、贸易、社会、文化、教育等统计资料。统计数据一般回溯几年至几十年，并注明材料来源。目前每4年出版一次。

(3)《联合国统计月报》(Monthly Bulletin of Statistics)。通过此月报可查阅近期的统计数据。

(4)《国际财政统计月报》(International Financial Statistics)。它是由国际货币基金组织出版的有关世界100多个国家财政的统计月刊，内容包括外币汇率、国际清算、货币与银行、价格、利率等数据以及对国际收支、通货膨胀等的分析。

(5)《粮农组织贸易年鉴》(FAO Trade Yearbook)。粮农组织为联合国的专门机构，总部设在罗马。统计资料由各国政府提供。

(6)《联合国教科文组织统计年鉴》(UNESCO Statistical Yearbook)。该年鉴内容分两部分：第一部分主要为人口（按文盲和受教育者分别统计）；第二部分按主题列表，包括教育机构、科技、图书馆和博物馆、图书生产、报刊、纸张消耗、影片和电影院、广播、电视和文化费用等。统计数据来源于世界各国根据教科文组织的调查表供给。

(7)《国际统计年鉴》。该年鉴收录了世界160个国家和地区的统计资料，对其中的40多个主要国家的经济和社会发展状况和世界主要企业的基本情况又作了更为详细的介绍。资料来源主要是各国际组织的年报、月报和各国年鉴、月报。每张表均附有资料来源。它由中华人民共和国国家统计局编。

(8)《中国统计摘要》。国家统计局编，1983年起逐年出版。

(9)《中国文化文物统计年鉴》。各省、直辖市和自治区以及省会城市都出版了统计年鉴，有些市甚至县级市也出版了统计年鉴，在此不予一一列举。

4. 相关网站或数据库推荐

(1) 国家统计局（http://www.stats.gov.cn）。由中华人民共和国国家统计局和中国统计信息网共同制作，包括统计动态、数据经纬、分析预测、法规制度等栏目，提供了国际统计年鉴1996~2000年和中国统计年鉴1996~2000年的年度数据、普查数据、经济快讯、地方统计数据、统计法规、统计制度、统计标准、统计指标等信息。该站点提供链接和检索功能。

(2) 武汉统计局（http://www.whtj.gov.cn）。

（八）法律规范

根据《中华人民共和国宪法》和《中华人民共和国立法法》（以下简称《立法法》），我国法律规范包括法律、行政法规、地方性法规、国务院部门规章和地方人民政府规章五种。它们主要从公报、汇编或网站获取。

1. 检索示例

第十九条　劳动合同应以书面形式订立，并具备以下条款：

劳动合同期限；

工作内容；

劳动保护和劳动条件；

劳动报酬；

劳动纪律；

劳动合同终止的条件；

违反劳动合同的责任。

劳动合同除前款规定的必备条款外，当事人可以协商约定其他内容。

[检索来源] 国务院法制办公室：《新编中华人民共和国常用法律法规用书》，北京，中国社会科学出版社，2006。

[检索策略] 浏览目录→社会法类→劳动法→（5-62）→中华人民共和国劳动法。

[检索费用] 免费。

2. 列举

（1）法律。法律（包括宪法）是制定行政法规、地方性法规和规章的依据。

①《全国人民代表大会常委会公报》及其合订本（中国法制出版社2004年出版）。全文收录所有《全国人大常委会公报》及公报创刊前（1949～1956年）制定或批准的法律及部分文件和1966～1979年间全国人大及其常委会制定或批准的法律及部分文件。根据《立法法》（2000年）规定，在全国人大常务委员会公报上刊登的法律文本为标准文本。

②《中华人民共和国法律汇编（1979～1984）》。

③《中华人民共和国法律汇编（1985～1989）》。

④《中华人民共和国法律汇编（1990～1994）》。

⑤《中华人民共和国法律汇编（1995～1999）》。

⑥《中华人民共和国法律汇编》2000年之后按年编辑。它是当前最为权威和系统的法律汇编出版物，它根据国务院规定法律汇编，由全国人民代表大会常务委员会法制工作委员会编辑、人民出版社出版。

（2）行政法规。

①《国务院公报》。按照《立法法》的规定，在国务院公报上刊登的行政法规文本为标准文本。

②《中央人民政府法令汇编》。它由中央人民政府法制委员会编、人民出版社出版，收录了1949～1954年中央人民政府及政务院颁布的法律、条例、命令、决定等文件以及政务院所属各委员会发布的重要法令等。

③《中华人民共和国法规汇编》。它收录了1954～1963年我国颁布的重要法律、法令以及行政法规，由法律出版社于1956～1964年出版、1984年重印。

自1979年至今，每年一册，收录全国人大及其常委会公布的法律、国务院所属各部委发布的各项行政法规。由国务院办公厅法制局编辑、法律出版社出版。

（3）地方性法规（包括自治条例和单行条例）。

① 公报：各省、自治区和直辖市人大常委会的公报。

② 当地重要报纸。

③ 汇编：查阅各地的有关规定和具体出版情况。

④ 各省、自治区、直辖市人大常委会网站。

⑤ 各地人大常委会的官方网站。

（4）国务院部门规章。

① 有关部门规章的具体制定程序。

② 国务院部门公报。

③ 国务院公报。

④ 全国范围内发行的有关报纸。

⑤ 国务院部门网站。

⑥ 地方政府规章。

⑦ 本级政府公报。

⑧ 本行政区域范围内发行的报纸。

（5）行政规范性文件。行政规范性文件是指政府及其职能部门和法律、法规授权的具有管理公共事务职能的组织，根据法律、法规、规章和上级政府的命令、决定，依据法定职权和程序制定并公开发布的，涉及公民、法人或其他组织的权利、义务，有明确的法律责任，在一定时期内反复适用，在所管辖区域内具有普遍约束力的文件。

目前，我国法律法规对于规范性文件的含义、制发主体、制发程序和权限以及审查机制等，尚无全面、统一的规定，检索的主要依据只能是各地各级政府颁布的相关规定。

行政规范性文件主要包括以下几种。

① 本级政府公报。

② 本行政区域普遍发行的报纸。

③ 本级政府或本部门的网站。

④ 公告栏和能够让行政管理相关人员及时知悉的其他载体。

需要注意的是，有些地方并没有在规范性文件制定程序中明确规定发布途径。若查询当地行政机关文件公开发布管理规定，需要了解其发布途径，再按图索骥，才能完成检索任务。

3. 相关网站或数据库推荐

（1）中国法律搜索引擎（http://www.qseek.net）。该搜索引擎共收录150000多条法律法规政策文件全文。还提供案件接洽平台，为律师整合传统资源与网络资源。

（2）国信中国法律网（http://www.chinalaw.net）。该网站采用会员制方式提供服务，其内容有国家法规数据库、新法规联机查询、法律博士信箱等。设有新法规联机查询、国家法规数据库、人民法院报特辑、国家强制性标准、法律理论专刊、律师事务所名录等栏目。

（3）找法网（http://www.findlaw.cn）。该网站由湘潭大学专家教授组提供法律专业支持，以公益为主，营利为辅，以创建连接法律需求者与法律服务提供者的桥梁为宗旨，是架构在国际互联网上的大型法律服务专业网站。它收录了1949年至今的国家法规、地方法规、中外条约、司法解释全文等。

（4）法律数据库（http://www.lawdatabase.cn）。该数据库在线提供分类合理、查询便捷、即时更新的法律法规全文资料。

（5）免费法律库（http://search. law. con. cn）。该法律库提供国家法律法规、地方法规、司法解释、人民法院案例、国际条约等的免费检索。

（6）新法规速递（http://www. lawlib. com/law）。该网站提供新颁法律、法规和司法解释的免费检索。

（7）中国法律法规资讯网（http://www. 86148. com）。该网站提供各类法律、法规、司法文书、案例、地方法规等的免费检索。

（8）中国计量在线（http://www. chinajlonline. org）。该网站提供产品质量法律法规的查阅。

▶ 知识卡片

中国的法律体系

新中国自1949年宣布成立之后，在1954年制定了《中华人民共和国宪法》，后历经1975年、1978年两次修改，于1982年制定了现行宪法。现行宪法经历了1988年、1993年、1999年三次修改。随着1997年和1999年中国分别恢复对香港、澳门行使主权，根据现行宪法的规定，中国改革和完善了国家立法体制，扩大了全国人大常委会的立法权；赋予国务院制定行政法规的权力；赋予各省、自治区、直辖市和较大市的人大及其常委会制定地方性法规的权力；赋予民族自治地方人大制定自治条例和单行条例的权力；建立了香港特别行政区和澳门特别行政区，并赋予高度自治权，但区别于联邦制，任何特别行政区都是中国的一部分，其权力来自中央的授予，并没有独立权和“固有”的政治权限。内地、香港、澳门、台湾地区均有各自的法律体系，四法域间不仅有社会主义法制与资本主义法制之别，法律体系上又有大陆法系与普通法系之分，形成各有特色的四个不同法域。

人民代表大会制度

中国的国体是人民民主专政，政体为人民代表大会制。人民代表大会制下的代表机关采用一院制的组织形式，具体表现为全国人民代表大会和地方各级人民代表大会。全国人大是国家最高权力机关，每届任期为5年，具有制定、修改宪法和基本法律的立法权；国家主席是国家元首，是国家对内对外的最高代表，由全国人民代表大会选举产生；地方各级人民代表大会是地方国家权力机关，具有地方性法规制定权。香港、澳门特别行政区作为行政地方具有高度自治权，根据全国人大的授权依照特别行政区基本法的规定，享有行政管理权、立法权、独立的司法权和终审权；特别行政区的首长为行政长官，代表特别行政区向中央人民政府和特别行政区负责。

中国的司法体制

在中国有部分学者认为，人民法院、人民检察院、公安机关均为司法机关。不过近年来，人们已经倾向于认为人民法院和人民检察院行使司法权，属于司法机关；公安机关和司法行政机关由于行使的职权是行政权的一部分，仍属于行政机关的范围。

人民法院作为审判机关行使审判权，是以行政区域为基础，以方便审判工作进行和方便公民参加诉讼为原则进行设置的。中国的人民法院系统是由最高人民法院、地方各级人民法院（高级人民法院、中级人民法院和基层人民法院）和专门人民法院（军事法院、铁路运输法院、海事法院、森林法院和其他专门法院）组成的。中国实施 的是“四级两审制”的审判制度。

人民检察院作为国家法律监督机关行使检察权，即对法律、法规的实施进行监督。人民检察院的检察监督和国家权力机关的监督以及其他机关的监督结合而成具有中国特色的法律监督体系。人民检察院系统由最高人民检察院、地方各级人民检察院和军事检察院、铁路运输检察院等专门人民检察院组成。中国人民检察院实行双重领导原则，这使得上下级检察院之间形成的领导与被领导关系和上下级法院的监督关系截然不同。

公安机关作为行政机关与司法机关依据“分工负责、互相配合、互相制约”的原则进行配合，共同办案。

中国内地的司法机关的司法权限不能及于香港、澳门司法机关；而香港、澳门司法机关的司法权限也不能及于中国内地的司法机关。但香港、澳门特别行政区可与中国其他地区的司法机关通过协商依法进行司法方面的联系和协助。有关香港和澳门的法律体制和法律文献，我们在此不作介绍。

（九）名录

名录包括机构名录（厂商名录）、人名录、报刊名录和书目等，是涉及范围很广的一种工具书。另外，名录指南是将各种名录工具书进行汇总，提供名录工具书的目录。目前，名录除了传统的印刷版外，还有光盘版和网络版。

1. 机构名录

机构名录的英文是 Directory，也可以译为“指南”，它可以提供人们查询某机构组织的地址、宗旨、历史、成员、出版物以及其他方面的情况。

机构名录也有许多其他的名称，如便览、行名录、指南等。还有许多没有冠以“名录”的也可能是名录。除专门的名录外，其他类型的工具书，特别是年鉴里也有丰富的名录资料。如《欧罗巴世界年鉴》的第一部分就是“International Organizations”（国际组织）。

机构名录一般可分为商业性机构名录、政府机构名录、教育科研机构名录等。

（1）利用价值。

① 可获得某机构的名称、地址、电话号码、邮编等通信联系信息。

② 可获得某机构的历史、现状、宗旨、业务内容等信息。

③ 可获得某机构资本额、产品种类或服务项目等信息。

④ 可获得某机构负责人、组织机构、出版物等信息。

（2）检索示例。

武汉华工激光工程有限责任公司地处武汉东湖高新技术开发区大学科技园，拥有科研、开发和生产用地 23000 多平方米，仪器、设备 1000 余台；主要从事高功率激光器及器件、大型激光加工成套设备、中小型激光加工应用设备、医疗激光设备的研发、生产与销售，已形成了完整的产品系列。

注册全称：武汉华工激光工程有限责任公司
品牌实名：武汉华工激光
公司地址：中国湖北省武汉市东湖高新技术开发区华中科技大学科技园华工科技激光产业园
E-mail：hujiao@ hglaser. com
电话：027-87180207　传真：27-87180288

[检索来源] 中国企业黄页（http://www. net114. com）

[检索策略] 百度搜索，关键词为“114”。114 查询中国企业黄页→中国最大的网上黄页→分类浏览武汉→机械及行业设备→武汉华工激光工程有限责任公司。

[检索费用] 免费。

（3）列举。

①《国际组织年鉴》（Yearbook of International Organizations）。初版于 1948 年，用英、法文不规则交替出版，目前还在逐年发行。

②《中国政府机构名录》（1993 年版）。本书由新华出版社出版。介绍了国务院、各部委、国务院直属机构及办事机构、部委所属司局及归口管理的国家局以及司局所属的处室；各省、自治区、直辖市、计划单列市及其所属厅局和处室；省辖市、地，直到县属科局。并列出这些机构的名称、地址、邮编、电话、传真和负责人的姓名，以及司（厅）局以上单位的主要职能等，材料截止于 1992 年 6 月。全书共 9 册。

③《中国社会团体组织大全》（1998 年版）。本书由陈冬东主编、专利文献出版社出版。精选了中国 21000 多个最具代表性的社会团体组织，并对每一社团的基本信息加以介绍，信息内容包括地址、邮编、电话、机构、成员、刊物、性质、宗旨、任务和成立时间等。本书资料搜集日期为 1996 年 12 月 至 1998 年 8 月。

④《学术世界》（World of Learning）。本书自 1947 年起出版，现为年刊。

全书分国际和各国两部分：国际部分介绍了包括联合国教科文组织（UNESCO）在内的 400 多个国际性机构；各国部分分别介绍学术团体、研究机构、高等学校、图书馆、博物馆等各类教育科研机构，以高等学校为主，本书对各个机构的介绍较为简要，如需详细资料，还需查阅有关专门性名录。

⑤《基金会指南》（The Foundation Directory）。此指南为一部详细介绍美国基金会的工具书。美国的慈善事业十分发达，各类基金数以万计，本书所收基金会限于非政府的非营利性组织。入选的基金会的资产额自第 5 版起由 50 万美元提高到 100 万美元，提供基金数由 2. 5 万美元提高到 10 万美元。收录基金 4000 ~ 5000 个，按州排列，内容包括基金会名称、地址、电话、成立时间、基金来源和数目、目的与活动、资助的类型、资助范围与限制、出版物、申请要求、董事会成员、基金会雇用人数等。后附捐赠者、赞助类型、基金会名称等五种索引。

⑥《中国高等教育名录》（2004 年版）。本书由全国高等学校学生信息咨询与就业指导中心主编、中国统计出版社出版。

该名录收录了我国教育系统行政机构、省级招生和就业指导机构、普通高等学校及招生、就业部门、成人高等学校、港澳地区高等学校等的联系办法。资料内容截止期为 2004 年一季度。条目内容较为简单，包括单位名称、地址、电话、传真、邮编、网址、信箱等。

⑦《中国大名录：大中型企业卷》（上、下）。本书由机械工业出版社《名录》编辑部、北京云志信息咨询有限责任公司编，机械工业出版社出版，收录中国大陆28000余家企业。

⑧《香港企业10000家名录》（2002年版）。本书由中国技术监督情报研究所编、中国对外经济贸易出版社出版。

2. 人名录

人名录是传记资料中的常用工具书之一。随着国际交流活动的广泛开展，人们对人物方面的资料的需求逐渐增多。

这类工具书一般可分为三类：综合性的、国别或地区性的、专业或职业性的。每类通常又可以分为回溯性和当代人物性两种。前者文字较长，有描述和评论；后者仅提供事实，简明扼要。

（1）利用价值。

① 了解聘请来华讲学人员有关的学历、经历、著作、专长、政治倾向以及个人爱好等情况。

② 出国进修教师询问有关大学教授的情况。

③ 核实某人的生平、历史地位和作用等情况。

④ 与国外建立业务联系时需查找有关单位负责人员情况和通信地址等。

（2）列举。

①《国际名人录》。该名录收录当代在国际上比较显赫的人物，收录范围包括各国政治、经济、法律、外交、军事、教育、宗教、文艺科技界等著名人士。

②《科学家传记辞典》。该辞典是一部大型综合性传记工具书，收录自古代直到现代世界各国的已故著名科学家近6000人，介绍各个自然科学领域的著名科学家的生平及其科研活动与科研成果，史料比较完整。

③《当今名人传记》。该传记是一部收录当今名人传记的连续出版物，广泛收录世界各国最新知名人士传记，其中除美国政界有影响的人物外，全年只收一次，全年报道350位左右。

④《世界妇女人名录》。本书是20世纪70年代出版的一种新的国际性传记工具书，专门收录当今全世界著名妇女，有政治家、演员、歌唱家、音乐家、作家、教育家、医生、律师和科学家等。第5版收有1.1万多名，其中9000余名有照片。

3. 报刊名录和书目

报刊名录和书目用以报道某一时期、某一国家和地区、某一学科文献的种类，反映社会和科学文化发展的概貌。

（1）利用价值。

① 为书刊资料提供各种检索途径和文献信息，以供查阅。

② 指导选购图书期刊。

（2）检索示例。

Annual Review of Environment and Resources.（《环境与资源年评》，每年1期，定价920元）

［检索来源］《外文科技期刊征订目录2007》，上海，上海世界图书出版公司，2007。

［检索策略］期刊刊名索引→英文字顺（Annual Review of Environment and Resources）→刊号（W5805）；
流览目录→W5805→原文刊名及译名、期次、定价等。

［检索费用］免费。

（3）列举。

①《全国新书目》。此书由上海图书馆出版，按年发行。

②《教育部推荐大学生必读书目100本》。

③《2008年邮发报刊简明目录》。此书由湖北省邮政报刊发行局2007年9月出版。

（4）相关网站或数据库推荐。

① 万方系列数据库（http://www.wanfangdata.com.cn）。该系列数据库包括中国科学技术成果数据库，中国科技名人数据库，中国科研机构数据库，中国企业、公司及产品数据库，百万商务数据库。

② 中华大黄页（http://www.chinabig.com.cn）。该网站提供以中国大陆为主，包括中国港澳台地区在内的近310多万家工商企业信息，具有全面高度智能搜索、强大的关键词查询功能，可方便快捷地根据公司名称、产品分类、公司地址等多种方式进行查询，更可以用中文简体、中文繁体、英文三种版本随时转换查询。

③ 中国电信黄页（http://www.yellowpage.com.cn）。该网站由中国电信集团黄页信息有限公司负责开发、运营和维护，是中国电信最具专业性和权威性的黄页信息查询网站。人性化检索功能强大、分类科学、包罗万象，提供城市黄页、全球黄页、黄页书店等服务。

④ 中国网上114（http://www.china-114.net）。通过该网站不但能够查询全国乃至全世界各单位的电话号码，而且能够查询单位的名称、联系人、传真、邮编、职工人数、主要产品（或服务）、电子邮件地址及网站地址等详细资料。

⑤ 中国企业集成（http://www.jincao.com）。

⑥ 美国机构名录（http://dirline.nlm.nih.giv）。该名录由美国国家医学图书馆提供，主要搜集了美国约17000个政府机构、研究机构、公司、学术机构等信息。

⑦ 全球高校名录（http://univ.cc）。这是根据联合国教科文组织1997年的全球高校名单开发出来的一个在线数据库，由国际高校协会提供，最近于2004年10月28日更新数据。

（十）地理资料

地理资料广义上包括一切与地理学有关的文献。地理学是研究地表各种自然、人文现象的一门科学，也是介于社会科学与自然科学的交叉学科。词典、百科全书、手册等工具书都收录大量的地理资料。这里讨论的地理资料是狭义上的，包括地名、地图等。可用地名词典或地名录地图或地图集获取所需的地理资料。

1. 地名词典

地名词典对古今地名的位置、历史和特征给以不同程度的描绘和识别，对地名加以历史、文化、经济的叙述。地名词典根据所收地名的时间可分为历史地名词典和现代地名词典；从内容上还可分为综合性地名词典（跨时代、跨地域）和区域性地名词典等。

（1）利用价值。

① 查阅地名的起源、词义、演变及命名时的地理环境或历史条件。

② 挖掘历史文化方面内容。

（2）检索示例。

武汉市的“汉口”这一城市名称的历史来源

汉口，一名河口，即今湖北汉水入长江之口。隋开皇九年伐陈，杨俊督诸军屯此。唐刘长卿有“汉口夕阳斜渡鸟，洞庭秋水远连天”的诗句。

[检索来源]《中国历史地名大辞典》，广州，广东教育出版社，1995。

[检索策略] 主题词字顺→音序索引→按“汉口”的“han”字顺查阅音序索引。

[检索费用] 免费。

（3）列举。

①《韦氏新地名词典》（Webster's New Geographical Dictionary）。这是一部较常用的综合性地名词典。初版于1949年，1972年修订时书名中加一“新”字。该词典收48000多条目，以美国、加拿大地名为主，凡人口在500人以上的美国、加拿大城市都有收录。其他英语国家地名也是收录的重点，而中国只有人口在10万以上的城市才有收录。

②《中国历史地名大辞典》（1995年版）。该辞典由魏富山主编、广东教育出版社出版，该词典收录历史地名约9万余条。所收地名以我国文献记载为准，上起远古，迄于1949年。文中的现今地名以1990年我国行政区划为准。

③《中国地名词典》（1990年版）。该书由社科院民族研究所等编、上海辞书出版社出版。该书是建国后出版的第一部中型的中国地名工具书，共收录我国地名21240条，包括国名、省、自治区、直辖市，各省（区）市、县、旧市县、重要集镇，山脉、河流、湖泊，峡谷，海，港湾，岛屿、半岛及山间，关隘，山口，交通，水利，矿区，革命纪念地和名胜古迹等。以收录今地名为主，古地名一般不收。

2. 地名录

地名录是一种仅标注地名所在的国家、行政区、经纬度等具体方位的工具书。地图集后附的地图索引（Atlas-index）也属于地名录的范畴。

（1）利用价值。

① 提供大量地名的汇集，一般地名的社会经济、历史方面的资料。

② 提供地名所在方位。

（2）检索示例。

Leningrad 列宁格勒苏 N59. 55　E30. 15（地理坐标）

[检索来源] 萧德荣，周定国：《21世纪世界地名录》（上、中、下），北京，现代出版社，2001。

[检索策略] 罗马字顺 Leningrad。

[检索费用] 免费。

（3）检索示例。

Yumenguan 玉门关 N40. 3 E93. 9（地理坐标）

[检索来源] 萧德荣，周定国：《21世纪世界地名录》（上、中、下），北京，现代出版

社，2001。

［检索策略］汉语拼音字顺 Yumenguan。

［检索费用］免费。

（4）列举。

①《21 世纪世界地名录》（上、中、下）。该名录由萧德荣、周定国主编，现代出版社 2001 年出版。它是目前国内规模最大的一部世界地名录。分外国卷、中国卷和索引三部分，共收中外地名 30 多万条。其编排体例是：外国地名条目不分国家、地区一律按罗马字母顺序混合排列；中国地名条目则按汉语拼音字母顺序排列。外国地名一般包括罗马字母拼写名、中文译名、所在地域和地理坐标四项。中国地名一般包括汉语拼音、中文地名、地理坐标三项。

②《世界地名译名手册》。该手册由萧德荣主编、知识出版社 1988 年出版。根据《世界地名录》缩编而成，是查考外国地名的标准中译名的工具书，其首版称为《外国地名译名手册》，由中国地名委员会编、商务印书馆 1983 年出版，是十分常用的标准译名参考工具。

③《中华人民共和国地名录》。该名录由中国地名委员会编、中国社会出版社 1994 年出版。它是以全国地名普查、补查和资料更新的成果为基础资料，经规范化处理而形成的标准地名录。共收录全国乡镇以上各级行政区域名称、以乡镇人民政府所在地为主的居民聚落名称、山河湖海岛等自然地理实体名称、名胜古迹、纪念地、古遗址、水库、桥梁、电站等名称约 10 万条。行政区划资料截止于 1991 年底。提供的地名内容包括汉字书写、汉语拼音、行政隶属或地理位置。

④《古今地名对照表》。该对照表收有古地名 5000 多个，所用今地名和政区资料截止 1984 年底。

⑤《后汉书地名索引》。该索引由王天良编、中华书局 1988 年出版。

⑥《三国志地名索引》。该索引由王天良编、中华书局 1988 年出版。

3. 地图与地图集

地图多指单幅的挂图、地形图、平面图等。它是按照一定的投影方法和比例尺，将地表事物和现象标绘于平面上。地图按内容可分为普通地图和专题地图；按用途可分为教学地图、军用地图、交通地图等；按区域范围可分为世界地图、国家地图、省市区县地图等。

地图集则是在一定主题下将地图按一定次序汇编成册。少则几十幅，多达上百幅，可单独出版也可为其他出版物的附录。地图集一般有世界地图集、国家或区域地图集和各种专题地图集等类型。该工具书均按照地序法编列。

（1）利用价值。地图与地图集可用于教学、军用和交通。

（2）列举。

①《中华人民共和国行政区划沿革地图集》。该地图集由中国地图出版社 2003 年 10 月出版。

②《中华人民共和国地图集》。该地图集由地图出版社编制、1983 年出版，并于 1984 年出版缩印本。它介绍了我国地理面貌及经济建设成就，共收图 75 幅。各图均附有文字说明，并插有统计图表。其中省（区）图所附文字说明，简要介绍各省、市、自治 区的概况、地形、气候、农业、工业、交通、重要城市等。行政区划资料截止 1982 年。图集选取地名 32000 多个，书后有地名索引。

③《中华人民共和国分省地图集》。该地图集由地图出版社编制、1987 年出版，它是一部最新出版的中华人民共和国分省地图集。共收地图 50 幅。除省区地形图外，各图均附有文字说明。行政区划资料截止期为 1986 年 6 月。图集选取地名 2 万多条，书后有地名索引。

④《中国历史地图集》。该地图集由中华地图学社 1974 年出版。它反映了 1980 年以前中国各个历史时期的政区设置变迁和部族分布的基本情况。全书 8 册，每一册前均有一幅“中华人民共和国全图”，然后是本册各个时期的图幅。本图集从开始编绘到公开出版，历时近 30 年，是我国历史图史上的空前巨著。它反映历史地理全面、系统，地名的古今对照做得深入、细致，编绘时间距今较近，广泛吸收了前人的研究成果和当代的最新资料。

⑤《世界地图集》。该地图集由总参谋部测绘局 1974 年出版。它是一部大规模的世界地图集。全书共有地图 80 幅，除 3 幅世界总图“世界地形”、“世界政区”、“世界时区”外，其余均为分洲、分地区、分国图。每一图幅后，均有文字说明，介绍该地的概况、自然环境、自然资源、居民、经济概况和重要城市等。

⑥《泰晤士世界历史地图集》。该地图集由杰弗里·巴勒克拉夫主编，其中文版由邓蜀生编辑、三联书社 1982 年出版。该书是一部大型的世界历史地图集，自 1978 年 由英国伦敦泰晤士图书公司出版以来，已有英、德、意、法、荷、希伯来、中文等八种文字的版本。

▶ 知识卡片

地名知识

地理文献都涉及地名，而地名包括多方面的知识，即地名命名涉及地理环境、历史条件、政治、经济、民族、语言、社会风俗习惯等。现在已形成了一门专门研究地名的学科，即地名学（Toponymy）。地名从构成上可分解为专名和通名，任何一个地名都由专名和通名构成。专名是指某地理实体用以区分同类实体的专用词，通名是指地名的地理属性，如“杭州市” 中 的“杭州”为专名，“市” 为通名。

我国翻译外国地名的基本原则——约定俗成

（1）遵照名从主人、约定俗成的原则，即尊重主权国家官方使用的名称和书写习惯。如以前属中国的海参崴，现属俄罗斯，应据俄罗斯官方的命名转译为“符拉德沃斯托克”；又如西班牙、葡萄牙的中译名虽不甚规范，但已长期使用，约定俗成的名称就不再更正了。

（2）专名以音译为主，通名以意译为主，这是地名翻译的一个原则。例如，欧洲 30 多个国家的国名除冰岛外都是音译。

（3）对于少数地名拼写较长，本身又有明确含义的，也有意译的，如好望角、中途岛等。

（十一） 地方志

地方志简称方志，是一种以一定地域为中心的一个地方的全史，称得上是地方性的百科全书。凡属一地之政治、经济、学术、人物以及名胜古迹、风土民情等，都是地方志反映的内容。

由于地方志一般都是由地方官员负责聘请当地人编修，反映内容距写作时间不远，记述范围限于本地，所用资料多为当地征得的第一手资料，因此真实可靠。方志的编撰连绵不断，代代相传，前人修志，后人续修，各地历史资料由此得以系统保存。

我国是世界上地方志最丰富的国家。地方志是我国文化宝库中非常宝贵的历史遗产。它们与社会的政治、经济和文化息息相关，对这些文献进行研究和应用，将对社会政治、经济和文化的发展具有重要的促进作用。

1. 地方志类别

中国的地方志数量较多，总的来说可以划分为区域志、专志和杂志。

（1）区域志可分为大区域志、中区域志和基层区域志。大区域志即省志，如通志、总志、大志、全志、省图组等；中区域志一般指郡、府、厅、州、县等行政单位的志书；基层区域志一般是指县治以下各小型行政单位如乡、镇、村、里等的志书。

（2）专志是专门以某一特定事物为对象的方志。它涉及方方面面，只要有记述价值，任何事物都可以成为方志反映的对象。例如，山、水、城、关、寺、书院，甚至井、树等，都可以写成志书，如《庐山志》、《扬州水道记》、《长安志》、《山海关志》、《洛阳伽蓝记》、《白鹿洞书院志》、《黑盐井志》等。

（3）杂志一般是指私人随意记述的某些事物、某些内容的志书。这些书往往兼记天文、地理、古迹、物产、风俗、人物等，内容比较繁杂，如谢肇淛的《长溪琐语》、龚明之的《关中纪闻》等。地方志将一地方方面面的情况按一定形式、方法编写成书，其内容体现了作者的指导思想。

2. 包罗万象的内容

（1）天文现象。许多地方志往往把各地看到的自然现象如实记录下来，例如，清代山西《武乡县志》记有一段文字："乾隆三十五年七月二十二日红光，自戌至子照耀经天，观者无不惊怖。"

（2）自然灾异。在地方志的灾异（或祥异）栏目内，往往忠实地留有大量的珍贵记录，如水、涝、风、旱、寒、雹等许多自然灾害现象。

陕西省地方志中有关古代以来地震的记录非常系统。在上起公元前12世纪下至1936年的3000多年间，累计记录403次。其中破坏性地震62次。最大的一次是明嘉靖乙卯年十二月十二日（1556年1月23日）发生于华县的地震，影响九省，死亡人数"八十二万有奇"。

（3）工程建设。叹为观止的古代工程建设是构成古代物质文化的重要内容。例如，四川都江堰构思雄奇，鬼斧神工，2000多年仍然发挥重要作用。四川《灌县志》则记录了千百年来关于都江堰这一宏伟工程的各种资料。

关于建筑方面的成就，地方志中也有许多珍贵记录。例如明隆庆《赵州志》中，记述了隋朝建筑师李春与赵州桥的事迹。赵州桥是中国现存最早的石拱桥，跨度为37m，拱圈由28条并列巨石构成，坚固、美观，至今仍完好如初。

（4）农业生产。例如，清乾隆《罗江县志》中记述有耕地、施肥技术，还特别强调农业生产应"不违农时"，凡浸种宜趁清明节，播种宜趁谷雨节，插秧宜趁"芒种节前后五日或十日"，因为"五六月阳和之气所收必丰。稍迟则山雾飘，秋凉冷，五谷多不结实"。

（5）物产矿藏。在矿藏方面，例如陕西《华县县志》中有“秦岭南有地名金堆城，产金沙”的记载，清雍正《山西通志》亦有“山西府、州产铁之地十之八九，其不产地十之一二”的记载。在中药材方面，许多方志也有记载，如清乾隆《登封县志》中记述了何首乌、桔梗、天雄、天门冬等。

（6）民族史。元李京《云南志略》中说：“中庆、楚威、大理皆僰人，今转为白人矣”。这里所谓的“白人”，即今日的白族人民。该方志中还叙述了少数民族的生产和生活情况，“风土下湿上热，多起竹楼而居，山田薄少，刀耕火种，将收稻谷，悬于竹棚之下，日旋捣而食”。

（7）阶级斗争。在清乾隆《宝鸡县志》、《成县志》、《米脂县志》以及陕西、河南各地方志中，记述了李自成起义的资料；在民国《桂平县志》中记述了洪秀全起兵金田的细节；在《漳州县志》、《乐清县志》以及两广、江南各省方志中都记有太平天国的史料；在清光绪《永城县志》、民国《涡阳县志》中也都记有捻军起义的资料。

（8）民族斗争。明代中后期，倭寇骚扰、残害我国人民，我国东南沿海各族人民奋起抗倭，除汉族外，共同参战者还有侗族、土家族、苗族、瑶族、高山族等各族人民，在上海、浙江、江苏、台湾各地的方志中，都有这方面的记载；在民国《固安县志》、《礼陵县志》中有很多关于抗日战争的历史资料。

（9）文化艺术。有关当地文化艺术方面的资料在各地方志中都有较翔实的记录，如金石、古迹、艺术、歌谣、农谚、诗文等，种类繁多，数量巨大。例如，清乾隆《湘潭县志》中记有各种乐器图、乐舞图和舞谱。

这些历史记录是珍贵的，具有很高的史料价值。但是它也有局限的地方，如宣扬封建伦理道德、封建迷信；将农民起义污蔑为“匪”、“寇”、“盗”、“贼”，将镇压农民起义的刽子手称为“英雄”、“忠烈”；许多地方志对封建王朝及各级统治者歌功颂德、对亲朋故旧文过饰非，也存在不切实用、烦琐堆砌的现象。

3. 检索示例一

1949 年 5 月 16 日，中国人民解放军十二兵团一一八师进驻汉口。17 日上午，中国人民解放军第四十军一五三师进驻武昌。下午，江汉军区独立一旅进驻汉阳城区。至此，武汉三镇全部解放。连日来，三镇人民载歌载舞上街游行，欢庆解放。

[检索来源]《武汉方志》。

[检索策略] 浏览目录→大事记→武汉解放及中华人民共和国时期 1949 年 5 月 ~ 1985 年。

[检索费用] 免费。

4. 检索示例二

1949 年 7 月，接受意大利津贴的桥口孤儿院外籍修道人员紧闭门窗喷洒 DDT 灭蚊，致使室内 60 名婴儿死亡。

[检索来源]《武汉方志》。

[检索策略] 浏览目录→大事记→武汉解放及中华人民共和国时期 1949 年 5 月 ~ 1985 年。

[检索费用] 免费。

5. 检索示例三

1949 年 7 月 27 日，武汉市人民政府决定，将汉口的中正村改称人民村，中正大道改称解放大道，中正横街改称解放后街；其他改称西马二路、三路、四路、后路、小路；以“宪政”命名的路、巷改称前进一路、二路、三路、四路、五路，前进一巷、前进后路、前进右巷、后巷、四巷；林森路改称一元路；武昌中正路、中正桥改称解放路、解放桥。

[检索来源]《武汉方志》。

[检索策略] 浏览目录→大事记→武汉解放及中华人民共和国时期 1949 年 5 月 ~ 1985 年。

[检索费用] 免费。

6. 大型方志目录介绍

(1)《中国地方志联合目录》。该目录由中国科学院北京天文台主编、中华书局 1985 年出版，它是当前应用最广泛的书目之一。

《中国地方志联合目录》的收录范围包括 1949 年前所编的省志、府 志、州志、厅志、县志、卫志、乡志、所志、关志、岛屿志等各种志书，共 8200 多种。该套目录反映了 180 多个单位（图书馆、博物馆、文化馆）的收藏情况。对每种方志都注明书名、卷数、纂修人、版本、收藏单位、备注等项。其中版本项区别为单刻本、抄本、稿本、丛书本、影印本、胶卷、复印诸项。收藏单位一般著录简称。书后附《日本稀见中国方志目录》、《美国国会图书馆所藏稀见中国地方志目录》。

(2)《中国地方志总目提要》。该总目提要由金恩辉、胡述兆主编，台北汉美图书有限公司 1996 年以后陆续出版。

该书于 1987 年启动，集合了海峡两岸学者专家 200 余人，历时 8 年成稿，共收录方志 8577 种。该书不仅列出词目，还为各志都撰写了提要。该书所收新编方志从 1945 年 10 月开始，终止于 1999 年 9 月，总共收录全国正式出版的省、市、城区、地区、县、乡、镇等各级新编志书 3402 种。

(3)《中国地方志综录》。该综录由商务印书馆 1958 年出版，它是根据国内 41 个图书馆所收方志编定而成的。方志总计 7413 种，109143 卷。该书以表格形式反映了全国 28 个收藏方志的重点单位。对所收每种方志都著录书名、卷数、纂修者及版本。书后附有《书名索引》、《人名索引》。该书的问世为整理、利用我国方志，为后来编定《中国地方志联合目录》创造了有利的条件。

▶ 知识卡片

现存方志的类

区域志 15 类，包括通志、道志、司志、府志、直隶厅志、厅志、直隶州志、合志、卫志、县志、分县志、关志、镇志、土司志、乡土志。专志近 30 类，包括场志、里志、坊志、盐井志、山志、岳志、峰志、水志、湖志、堤志、塘志、河志、泉志、溪志、寺志、庙志、刹志、遗迹志、道志、路志、书院志、亭志、园志、楼志、阁志等。

方志的收藏地点

国家图书馆收藏方志6000多种；上海市图书馆收藏方志5400多种；天津市图书馆收藏方志3686种；中国科学院文献情报中心收藏方志4000多种；故宫博物院图书馆收藏方志2000多种；湖北省图书馆收藏方志1000多种。

高等院校图书馆也有收藏，其中收藏量较多的为北京大学图书馆、南京大学图书馆、北京师范大学图书馆、南开大学图书馆、复旦大学图书馆。

透过工具书丰富多彩的内容，我们可看到它们共同的本质，即它们中反映的事实和数据是已被整理的，是可靠的，且距离现今时间较远。最近的和正在发生的事实和数据还未来得及被整理（时间上有一个滞后），可能正在被一次文献报道。信息在网上发布速度也很快，其中有些文章可以找到，如日报中的文章，但并不是全部文章一经发表就可以在网上找到，有的要等到几周乃至一个月或者两个月后才能在网上发表，这时要特别关注相关出版物。

工具书资源或基于工具书资源的数据库提供的信息可靠可信，可直接使用，但年代较远，信息较旧。

原始文献资源报道的信息是新的，要想获取最新数据和事实信息必须从最新的文献中获取。

二、获取最新的事实和数据

最新的事实和数据来自原始文献。近期的期刊论文、学位论文、科技报告、专利说明书等是原始文献。

为了获取一个问题的答案，常常需要了解不同的原始文献资源特点以判断获取渠道。在实践中注意积累经验，建立正确的思维模式，少走弯路。根据占有资料的情况，我们可以从最近的资料入手、从数据库入手、从搜索引擎入手，或者请教、询问图书馆馆员。最后不要忘记记下有参考价值的文献的出处，或在全文数据库里获取原文，或在图书馆的报刊室里获取原文。

（一）寻宝有门路

1. 从最近的资料入手

利用本校图书馆的资源和距离最近的图书馆或信息检索机构资源。

高校图书馆的阅览室期刊一般都是针对学校所开的专业，结合教师学生需要而订购的。我们可以将某个专业内容当年、当月期刊集中起来，一起研究。采用这种方式的优点是可直接看到全文，缺点是有些期刊可能会有遗漏。

例如，环境保护方面的资料有《生态与环境》、《环境工程 》、《环境保护》 等。

2. 从数据库入手

每个数据库都有其独特的检索体系，选择合适的数据库，仔细阅读它们提供的使用说明，按照指定的方法去做。

3. 从搜索引擎入手

利用搜索引擎可以迅速引导我们到正确的位置获取更多的信息。

4. 请教、询问图书馆的馆员

可询问、请教图书馆馆员是否存有或知道有关的数据或数据来源。

（二）听听专家建议

（1）并不是所有的数据都是现成的，有些是自己分析得出的。而且数据不是总按照预想的方式分类的，因此必须对现有数据进行综合，然后再推导。

（2）确切了解被计算的对象。了解这些数字是针对一个国家、一个地区的，还是针对全世界的，了解这些数据是怎样算的和定义的，都包括些什么。

（3）当数字看上去不准确时，保留怀疑是好办法。切记要验证、验证、再验证。

（4）看起来似乎很简单的问题，有时却最难回答，对此我们要有足够的耐心。

（三）检索技巧

1. 总是关注自己的目标问题

若发现网站上没有所需要的信息，但罗列的信息可能会对你有所帮助。许多网站都是由不了解个人需求的人建立的，然而，可以利用一些标签得到有用的信息。可以试用下面的术语或链接：年度报告、公报、数据库、行业述评、图书馆、报告、统计、趋势。

2. 尽可能地使用词组检索

与别的检索方法相比，这种方法能够将检索范围缩窄到最相关的项目上。许多系统都规定要用引号界定词组，如“商业数据”。切记要查看规则，以使搜索引擎真正地查找词组。

3. 作好多次反复的准备

不要指望一次就能解决问题，要反复推敲，制定有效的检索策略。

可试用以下关键词：数据、市场份额、指数、市场研究、数字、财务数字、销售、预测、市场规模、消费额、支出、成本、行业述评、价格、年龄。

4. 当没有查找到足够的信息时，要扩大检索范围

可以利用参考文献、相关文献，可以更换检索词、出版物或其他检索资源。最新的信息有时较难得到，有时可能要在关键词中加上最新的年份。

（四）警惕陷阱

数字本身并不能说明什么问题，但在数字背后却隐藏了许多问题。美国著名经济学家、

1973 年诺贝尔经济学奖获得者里昂惕夫说："专业经济学杂志上充满了连篇累牍的数学公式，这将读者从一套似乎有理而完全是任意的假设引到精确的但都是无关的理论结论。"由于数据是原始的，它会优劣不等、参差不齐、鱼龙混杂，你必须有一双火眼金睛去判断、推测，确定这些原始文献提供的信息的真假，判断可用或不可使用。我们在获取信息特别是从一次文献资源中获取信息时需特别注意要透过现象看本质，仔细评价数据和描述数据时使用的语言，以免陷入误区。

1. 不可靠

论文报告、实验数据都是数据资源。但是这些都是研究人员和论文撰稿人提出的。要考虑提出问题的人所存在的偏差。

2. 权威性

我们总是强调考虑资源是否具有权威性。但是由一种可靠的资源产生的数据并不表示由作者做出的结论一定正确。

3. 用词带有欺骗性

如果说某市场有 10% 的食品都有质量问题，简直就太可怕了。但是如果说有 90% 的食品没有质量问题，情况就会好得多。

4. 定义不严谨

在计算时，被计算的事物有时符合这个定义，有时又符合另一个定义。例如，期刊广告商想知道会有多少人看他们的广告，而期刊出版社却一会儿说发行数，一会儿说阅览数，到底哪个数据是有效的呢?

5. 统计数据的虚假

有的统计中存在"玩数字游戏，搞数字腐败"的现象，使得一些虚假的统计数据在文章中出现；有的统计知识欠缺，夸大统计数据的功能和作用。数据来自哪里？是否权威?

6. 分析有缺陷

由于个人的偏好，将没有因果关系的事物使用因果关系联系起来。例如，有些人喜欢根据历史数据推理，但过去的情况不一定表明未来的情况；有人认为"国内生产总值（GDP）越高，则经济状况越好"和"高 GDP 意味着繁荣"，但实际情况并非如此。

7. 局部代表全部

用图形和表格表达某个数据时，提取某个范围的数字，使这个范围看起来像整个景象，就会扩大上升和下降的比例。

8. 方法上的缺欠

（1）样本太小。结果正是调查人员愿意看到的，但是，这些结果应该是无效的。

（2）样本不具代表性。样本必须精确代表被研究的总体。如果在调查妇女对婚姻法的态度时只调查生活在大城市里的妇女的态度，就不准确。

（3）使用的方法对结果有倾向性。使用电话调查方法，其科学性就难以令人信服。

（4）时间安排得不好。调查应当在没有影响事件发生的情况下进行。

9. 自我报告的偏差

无论在什么时候，由个人报告的有关自己或别人的事实或观点都存在着偏差。

偏差有时是由于报告人误解问题而造成的，有时是由于报告人出于某种目的故意夸大其词，或是为了回避窘境，或是为了给出“积极的”回答造成的，而有时是因为报告人的记忆力不好造成的。有时则是由于访问人出于同情而造成结果出现倾向性。

自我报告的准确性还在某种程度上受到措辞的影响。你能回答“常常”、“有时”和“很少”是什么意思吗？误解或者定义朦胧也可能造成结果倾斜。

三、获取数据和事实信息的宏观思考

了解数据和事实的资源分布后，接下来就要获取这些资源。如果我们把数据和事实的资源比喻为黄金，那么挖掘黄金的程序就十分重要。它决定着认识的正确与否，也决定认识的具体过程。

（一）从现象的变化中把握事物的发展规律

从数据和事实的资源分布我们可以发现，资源分布的重要因素之一与时间相关。距今时间越远的数据和事实，被工具书或数据库收录的可能性越大；距今时间越近，被工具书或数据库收录的可能性越小；最近发生的数据和事实还未被工具书或数据库收录。事实和数据收录情况与时间关系参见表4-1。

表4-1 数据和事实收录情况与时间的关系

距今时间	数据和事实的归属
很远	参考工具书资源
较远	参考工具书资源、数据库中参考工具书系列资源
较近	数据库中参考工具书系列资源最新报道
最近	一次文献的各种出版物以及出版物网站、数据库中一次文献资源最新报道

（二）选择基于需要，想清楚自己需要什么，然后再行动

1. 问自己

（1）我需要的数据或事实离现在时间较远、较近，还是正在发生中？

（2）所需的数据或事实是作论证还是参考之用？

（3）图书馆拥有的所有的工具书（资料）包含我要的内容吗？

（4）网上工具书数据库合适吗？

2. 初判断

判断所需事实数据发生的时间，以确定如何获取所需信息。大体而言，可分以下两种情况。

（1）一年前的可检索相关工具书及其数据库（前面已介绍）。

（2）一年内的应另谋出路。

① 检索综述。

② 检索原始文献即各种报告、专利文献、法律政策、报纸、期刊论文、学位论文、会议文献等。

【知识要求】 通过对本章的学习，使学生掌握数据和事实的概念，了解数据搜集的方法。熟悉各种数据和事实资源分布的特点。掌握数据和事实的获取方法，了解最新数据和事实信息的获取渠道和要注意的问题。

【关键术语】 数据　事实

【本章小结】 数据是作为普通名词的数据，即数值，事实表现了事情的一种客观存在。数据的类型有原始数据、百分数、指数、序数、平均数、概率等。数据搜集的方法有普查法、调查和调查表法、实验法等。

尘埃落定的数据与事实绝大多数被记录在三次文献中，它们的代表主要有综述、百科全书、手册、年鉴等。正在发生的数据与事实最大可能被记录在一次文献中，通过分析、校核后才能使用，主要代表有期刊论文、学位论文、学术报告、专利文献等。

【复习与思考】

1. 进入图书馆，在年鉴或学术期刊中找到一篇你感兴趣的综述文章进行学习。

2. 进入图书馆，查阅各种手册，记下相关专业的手册的名称、主要编辑名、出版地、出版社、出版日期。

3. 进入图书馆，找到一种百科全书，了解它的内容，记录你感兴趣的内容。

4. 进入图书馆，找到不同的年鉴，了解它们的内容，记录你感兴趣的内容。

5. 进入图书馆，找到法律文献，记录你感兴趣的内容。

6. 进入图书馆，找到地方志，了解它们的内容，记录你感兴趣的内容。

7. 在图书馆里找到与某专题相关的多种期刊，做一个有特色的个人数据库。

8. 在图书馆里浏览各种报纸，熟悉各种报纸的内容特点。

第五章 专利文献信息检索 ◎

2005年钱学森先生在病榻上向温家宝总理进言："现在中国没有完全发展起来，一个重要原因是没有一所大学能够按照培养科学技术发明创造人才的模式去办学，没有自己独特的、创新的东西。"

知识经济是道德经济、创新经济、全球性经济，它把人类推进了一个新时代。在这种经济下，人们需要知识，更需要灵活的综合运用知识的能力；需要个人奋斗的勇气，需要集体协作精神，需要精确的数字，更需要创新意识。

先后担任过马里兰大学副校长和"台湾中央大学"校长的刘全生教授在回答文汇报记者"对中国大学教育有什么建议"的问题时，指出当今中国的大学最需要的是"三创"，即创意、创造、创业。创意表现为新观念、新思想、新设计；创造指动手能力，有新发明、新突破；创业是指开创新事业。如果把创新型人才定义为"有创意、能创造、善创业"的人才，关于创新型人才的培养就不止是少数研究型大学的特权而是所有大学的使命，也是每个大学生的使命。

今天我们面临的是市场，是世界竞争的舞台。每天都有无数发明创造产生，而许多发明创造因专利制度的保护成为专利，世界上目前已有5000万件专利，最近几十年专利的数量急剧增长，其倍增周期不断缩短。

《中华人民共和国专利法》明确规定：发明是人类的智力劳动成果，是无形财产、无形商品。它具有使用价值，可以同有形财产一样使用、收益、处理、转让、继承和赠与。而且这种无形财产经过使用转化之后，可以变成巨大的有形财产，甚至可引起生产力的跳跃式发展和经济社会的巨大变革与进步。在人类社会发展史上出现的轧棉机、缝纫机、电话、电灯、电视机、蒸汽机、内燃机、电动机、发电机、自行车、汽车、飞机、静电复印机、晶体管、电子计算机、卫星、宇宙飞船、光导纤维、通信技术等，都是有巨大价值的重大专利发明。这一个个专利技术都在极大地改变着我们人类的生活方式、生产方式和世界的面貌。

专利是人类发明成果的保护神，是人类开拓未来的得力助手。它关系着科技的发展、经济的繁荣，关系到发明者的利益、现代企业的盛衰和国家的兴亡。专利是国家的大事、企业的大事、产业的大事，也是我们每个人的大事。因此发明者、现代企业经营者、产业和国家管理者、科技人员、有识之士及广大人民是万万不可不对其加以重视和研究的。

第一节　专利制度

在人类社会历史的长河中，最初的人类成群结伙地同自然界和野兽作斗争，以求得温饱。随着生产力的发展，出现了人类的社会分工和商品交换，继而出现了产品的市场竞争。在产品的市场竞争中，人们发现并认识到，技术发明能给产品带来一种特殊的竞争优势，因此应该给发明人一种特许权，以对其发明活动进行补偿。

专利制度就是依照专利法授予专利权的方式来保护发明、鼓励发明、推广发明的一种法律制度。专利法是调整发明者、发明所有人和发明使用者之间对发明的所有和使用行为关系的法律规范。

据历史记载，专利制度的萌芽起源于公元前，当时的雅典国王授予一个厨师独占使用他发明的一种糕点制作技术的特许权。1624 年，英国颁布了《垄断法》，该法不仅成为英国现代专利法的基础，而且还影响到其他越来越多的国家。世界上一些发达国家先后颁布了各国的专利法，如美国（1790 年）、法国（1791 年）、俄国（1814 年）、荷兰（1817 年）、西班牙（1820 年）、印度（1859 年）、德国（1877 年）、奥地利（1885 年）、瑞士（1888 年）等。专利制度自其诞生以来，人类社会因种种原因发生了变革，各国的政治和经济体制发生了些许改变，但专利制度却焕发出强大的生命力，几百年来从未间断地发展至今。到目前为止，全世界实行专利制度的国家和地区已达 175 个左右。

专利制度在世界各国的普遍实行标志着专利制度已开始向国际化方向发展。专利制度的国际化发展是指世界各国专利制度在实质内容和申请审批程序上逐步简化、一致和统一。专利制度的国际化发展的重要标志是签定了与专利相关的国际公约。例如，《巴黎公约》（1883 年）标志着专利申请国际化开始起步；《专利合作条约》（1970 年）标志着专利制度国际化发展在申请程序上的统一；《国际专利分类斯特拉斯堡协定》（1971 年）专业技术性协定的签订标志着专利法国际化统一；《欧洲专利公约》（1978 年）标志着一系列地区性专利公约在审批程序上的统一；《与贸易有关的知识产权协议》（1991 年）标志着专利保护标准趋向国际一体化。

我国于 1980 年成立中国专利局，1985 年 4 月 1 日正式施行专利法。我国专利法一生效，世界知识产权组织就向全世界发布新闻公报，并积极支持我国参加世界知识产权组织的各项立法、协调活动，吸收中国人员参加工作。中国专利局的有关领导多次当选为巴黎联盟大会主席、执行委员会主席。

1994 年我国成为《专利合作条约》的成员国。2001 年加入世界贸易组织（WTO），其管理的 TRIPS 也在我国生效。我国在专利工作方面取得与美、日、欧等发达国家和地区同等的地位。

专利制度的一个重要特点就是在法律保护下公开发明创造的内容。各国专利法都规定，申请专利的发明创造，必须将其内容写成完整而详细的说明书，由专利局按照法律规定的期限予以公布。通过专利公开通报这种方式，可使人类 90% 以上的最新技术信息在世界范围内广泛传播。这样，新的发明思想能尽快为公众所知所用，在此基础上研制出更新、更高技术水平的发明创造；同时其他有关生产使用单位通过专利途径可及时找到或引进所需要的技术，从而有利于新技术广泛而迅速的应用。

▶ 知识卡片

国际公约

《巴黎公约》的主要内容

1. 国民待遇

国民待遇是指《巴黎公约》的成员国必须把给予本国国民的工业产权保护也同样地给予其他成员国的国民。

对于非《巴黎公约》的成员国民，如果他们在成员国内有住所或者有“真实和有效的”工商营业所，也必须给予同样的国民待遇。

2. 优先权原则

优先权指一个特定申请人依据在某成员国提出的工业产权申请，在一特定期限内（6 个月或 12 个月）可以在其他成员国申请保护。其中在后的申请就被视为是在先申请的同一日提出。

3. 共同规则

《巴黎公约》规定了各成员国应遵守的关于专利的主要规则，具体如下。

（1）专利独立：一个成员国申请人发明专利，是不以其他国家就同一发明所授予的发明专利为转移的。

（2）强制许可：规定每个国家都可以采取立法措施加以规定。防止滥用发明专利独占权，如不实施或不充分实施。

（3）在展览会上的临时保护。

4. 行政和最终条款

《巴黎公约》成员国组成一个保护工业产权的“联盟”。联盟有三个行政机关：大会、执行委员会和国际局。

大会由斯德哥尔摩议定书行政条款约束的全体成员国组成。大会是联盟主要的领导机构，它享有制定政策的全权。大会每年召开一次例会，必要时大会召开临时会议。按照规则，大会决议要有 2/3 多数通过。

执行委员会是联盟较小的领导机构。它在两届例会之间履行大会的全部职责。它为召开大会做准备，采取必要措施保证计划的执行。

国际局是联盟的行政机关，执行有关联盟的全部行政准备。国际局的首长是世界知识产权组织的总干事。

通过建立联盟，形成了《巴黎公约》与各个议定书之间的行政联系。如今《巴黎公约》的四个不同议定书仍然有效。组成联盟可以使这四个不同的议定书具有实质上单一的行政管理制度、单一的计划和预算。

在《巴黎公约》的行政和最终条款中，除了对上述巴黎联盟的机构进行规定外，还有对财务、公约的修订、成员国间相互签订专门协定、参加公约、失效、退出公约、对公约解释或适用的争议方面作了规定。

《专利合作条约》的主要内容

1970 年 6 月 19 日，在美国华盛顿举行了外交会议并签订了《专利合作条约》（PCT），于 1978 年 1 月 24 日 生效实行。

该条约也是《巴黎公约》下的一个专门性条约，参加该条约的国家必须是《巴黎公约》成员国。

我国于1993年9月13日正式向世界知识产权组织提出了申请，成为PCT成员国。

依照《专利合作条约》的规定，一件国际专利申请可以在一个地方提出（即受理局采用一种语言、使用一种格式、支付一种货币的费用、提交一份申请即可以在其成员国内或地区专利组织内取得相当于国家或地区专利申请的效力）。

因此，《专利合作条约》主要是解决国际专利申请的受理、公布、检索问题，而未解决审查决定、授权等问题。通过简化国际间专利申请的手续、程序加快技术信息的传递、法律保护和利用。

《国际专利分类法斯特拉斯堡协定》

由于专利文献数量巨大，而且涉及所有技术领域，在专利文件上标明专利分类，对于专利局审查专利申请和公众查阅专利文献而言是必不可少的。

为了整理历年的专利文献，提供快速可靠的检索手段，早些时期各专利局均制定了不同的国家分类系统。例如，美国专利局、德国专利局、英国专利局、日本特许厅于19世纪，瑞士专利局于20世纪初分别制定了各自的国家专利分类法。各国分类法在编制原则、体系结构、分类原则等方面存在较大的区别，这给专利审查和公众查阅造成很大困难。

1971年3月，巴黎联盟成员国在法国召开了国际专利分类法斯特拉斯堡协定会议，签署了《国际专利分类斯特拉斯堡协定》（以下简称《斯特拉斯堡协定》），该协定于1975年生效实施。

这样，国际专利分类法就成了一个世界范围内由政府间组织执行的专利分类体系，具有世界性意义。截至2002年12月31日止其缔约国有53个。

我国自1985年专利法施行时起即在专利文件上使用这种分类法，并于1997年6月正式加入《斯特拉斯堡协定》。

第二节　专利文献

一、专利文献起源

1611年英国专利申请人斯特蒂文特自愿在专利申请书中附了一份描述其发明的文件，这可以说是专利文献的起源。

英国专利局将从1617年第1号专利开始的专利说明书编排序号正式印刷出版。现存第一份英国专利文献是1/1617号（1617年的第一件专利），即拉思伯恩和伯吉斯申请的专利“Engraving and Printing Maps，Plans. and C”。这份五页的专利文献说明了专利权保护范围，阐述了发明的实施方案。

“以技术公开换取法律保护”，专利文献首次有了明确的规定，它标志着专利文献的正式诞生，也代表着具有现代特点的专利制度的最终形成。相反，如果没有专利制度的保护，人们就不愿意将其发明内容公布出来，并且会在较长的时间里将技术内容保密封锁起来。

目前，世界上建立专利制度的国家和地区有的已出版全部专利文献，有的已出版部分专利文献，有的只出版题录式专利公报。

世界上许多重要的、对人类文明产生重要影响的发明都以专利文献形式公开并被授予专利权，如避雷针（弗兰克林，1752 年）、火车（斯蒂芬森，1812 年）、炸药（诺贝尔，1867 年）、留声机（爱迪生，1887 年）、内燃机（狄塞尔，1893 年）。现代的发明也有很多被授予专利权如电视（瓦瑞金）、喷气式推进器（惠特尔）、施乐静电复印术（卡尔松）、CT 扫描仪（雷德勒）、现代数字计算机（斯迪贝茨）等。

二、中国专利文献

1985 年 4 月 1 日，我国第一部专利法《中华人民共和国专利法》（以下简称《专利法》）付诸实施。我国的第一件专利文献出版于 1985 年 9 月 10 日，是一份发明专利申请审定说明书。其后出版的各类中国专利说明书随着专利审批程序的变化不断推陈出新，目前共有如下几种类型的专利说明书。

（1）发明专利申请说明书。

（2）发明专利申请审定说明书（1993 年后改称为发明专利说明书）。

（3）实用新型专利申请说明书（1993 年后改称为实用新型专利说明书。

（4）外观设计申请公告（1993 年后改称为外观设计授权公告）。

目前，各国的专利说明书一般都按照国际统一的格式印刷出版，并采用一致的识别代码标注详尽的著录项目，标有统一的国际专利分类号，查阅方便。

各国专利法都规定专利说明书应当对申请专利的发明作出足够清楚、完整、具体的描述，达到所属技术领域的普通专业人员能够理解和实施的程度。专利文献为科研人员在发明创造的过程中提供了充分的参考，为技术引进、生产使用提供了极大的方便。

三、专利说明书的组成

专利说明书由扉页、说明书、权利要求书或附图组成，有些国家出版的专利说明书还附有检索报告。这种统一的撰写风格与其他科技文章相比有很大的不同，它使专利文献的阅读更加方便。

（一）扉页

与一般书籍的标题页类似，专利说明书扉页相当于专利说明书的一览表。阅读说明书扉页可在几分钟内就了解一项发明的大致内容，比直接读全文节省很多时间。

扉页有统一的编排体例，结构大致相同，包括数据识别代码和著录项目、摘要、权利要求、附图（机械图、电路图等）等部分内容。

1. 数据识别代码和著录项目

专利说明书扉页中使用国际统一的数据识别代码和著录项目，引导用户寻找相关专利信息。

▶ 知识卡片

专利文献著录项目的INID代码

为了消除读者在浏览各国专利文献时的语言困惑，20世纪70年代初，各国专利局出版的专利文献开始标注由世界知识产权组织（WIPO）专利局信息检索国际合作委员会规定使用的专利文献著录项目识别代码，即INID码。这种代码由括号所括的两位阿拉伯数字表示，适用于发明、实用新型、补充保护证书的专利文献著录项目，在各国专利说明书扉页、专利公报以及其他检索工具中广泛应用。介绍如下：

[10] 文献标志

[11] 文件编号（例如专利号、公开号、公告号）

[12] 文献类型（是早期公开的，还是已批准的）

[13] 公布专利文献的国家或机构

[20] 本国（指所申请的国家）登记项目

[21] 申请号

[22] 申请日期

[23] 其他登记日期（例如呈交临时说明书后再交正式说明书的日期）

[24] 所有权开始生效日期

[30] 优先权情况

[31] 优先申请号

[32] 优先申请日期

[33] 优先申请国家或组织代码

[40] 提交公众应用日期

[41] 未经审查并在此日或之前尚未授权的专利说明书，向公众提供阅览或复制的日期。

[42] 经过审查并在此日或之前尚未授权的专利说明书，向公众提供阅览或复制的日期。

[43] 未经审查并在此日或之前尚未授权的专利说明书的出版日期。

[44] 经过审查并在此日或之前尚未授权的专利说明书的出版日期。

[45] 获准专利权的说明书的出版日期。

[46] 专利申请中权利要求公布出版的日期。

[47] 获准专利权的说明书，向公众提供阅览或复制的日期。

[50] 技术信息项目

[51] 国际专利分类号

[52] 本国专利分类号

[53] 国际十进制分类号

[54] 发明题目

[55] 关键词。

[56] 引用文献（已发表的有关文献）

[57] 发明摘要和专利权项
[58] 检索范围（查新范围）
[60] 与申请的专利有法律关联的文件
[61] 被增补的专利（载明原专利的申请号等）
[62] 被分案的专利（载明原专利的申请号等）
[63] 被接续的专利（载明原专利的申请号等）
[64] 被再公告的专利（载明原专利的申请号等）
[70] 与专利有关的人事项目
[71] 申请人（载明姓名或企业名称及地址）
[72] 发明人（载明姓名及地址）
[73] 受让人（即专利权所有者，载明姓名或企业名称及地址）
[74] 专利律师或代理人（申请人聘请的专利律师，负责办理专利申请手续和法律诉讼等）
[75] 发明人兼申请人的姓名（载明姓名及地址）
[76] 发明人兼申请人和受让人的姓名（载明姓名及地址）
[80] 国际组织有关项目
[81] 专利合作条约（PCT）指定的国家
[82] 选定国
[84] 欧洲专利公约（EPO）指定的国家
[86] PCT 国际申请的申请数据。即国际申请日期、国际申请号及最初提交国际申请公布的任意语种。
[87] PCT 国际申请公布数据。即国际公布的日期，国际公布的文献号及国际申请公布的任选语种。
[88] 检索报告公布的日期。
[89] 相互承认保护文件协约的起源国别及文件号

2. 摘要

摘要是说明书技术内容的概要。它一般写明发明创造的名称和技术领域，并清楚地反映所要解决的技术问题、解决该问题技术方案的要点及主要用途。化学方面的摘要还应有最能说明发明创造主题的化学结构式。

我国规定摘要字数在 300 字以内。读者可通过阅读摘要判断是否需要查阅全文说明书。

3. 权利要求

权利要求表述请求法律保护的范围。

4. 附图

附图一般是一幅最能说明发明创造技术方案主要技术特征的图形。

（二）说明书

说明书即专利说明书正文。《专利法》规定："说明书应对发明或实用新型作出清楚、完整的说明，以所属技术领域的技术人员能够实施为准，必要的时候，应当有附图。"

说明书具有法定的文体结构，从发明创造名称、所涉及的技术领域和背景技术，到发明内容、附图说明和具体实施方式等，每项内容都有具体的撰写要求和固定的顺序，并严格限定已有技术与发明内容之间的界限。

中国专利说明书包括下列内容。

1. 技术领域

写明要求保护的技术方案所属的技术领域。

2. 背景技术

写明对发明或实用新型的理解，检索、审查有用的背景技术，尽可能地引证反映这些背景技术的文件。

3. 发明内容

写明发明或实用新型所要解决的技术问题以及解决其技术问题采用的技术方案，并对照现有技术写明发明或实用新型的有益效果。

4. 附图说明

说明书有附图的，对每幅附图作简略说明。

5. 具体实施方式

详细写明申请人认为实现发明或实用新型的优选方式。必要时，举例说明；有附图的，对照附图。

6. 附图

附图是说明书中的一部分。附图和说明书一起构成权利要求的基础。附图包括示意图、顺序图、流程图、数据图表、线路图和框图等。化学结构式并不作为附图单独刊载，而是随着对发明创造内容的描述出现在说明书中相应的部位。

（三）权利要求书

权利要求书是专利申请人请求专利保护的范围。《专利法》规定，权利要求书用于说明发明创造的技术特征，清楚、简要地表述请求保护的范围。当发明创造授予专利权之后，权利要求书就是确定该发明创造专利权范围的依据，也是判断他人是否侵权的依据。权利要求书具有直接的法律效力。

权利要求书与说明书之间有着密切的关系，权利要求书应当以说明书为依据，说明要求专利保护的范围。权利要求分为独立权利要求和从属权利要求。中国专利说明书的独立权利要求从整体上反映发明或者实用新型的技术方案，记载解决技术问题的必要技术特征。从属权利要求用附加的技术特征对引用的权利要求作进一步限定。

权利要求书的撰写对于发明创造取得有效保护至关重要。如果撰写不好，一项有价值的专利申请会由于权利要求没有覆盖所有新的实质性特征或表述不当而得不到保护。

（四）检索报告

检索报告是专利审查员通过对现有技术进行检索，反映检索结果的文件。相当于一份与专利申请所述发明创造有关的相关文献清单，通常与专利申请说明书一起出版或单独出版。检索报告对于评价发明创造的新颖性和创造性、决定是否授予专利权十分有用。申请人可根据检索结果对权利要求进行删改。对于申请人的竞争对手或任何人而言是预测该申请能否授权的参考依据。

检索报告有两种形式，一种是独立的检索报告，另一种以专利文献著录项目刊登在说明书扉页上。我国采用著录项目形式刊出。

四、专利文献信息

专利说明书是原始文献，是最重要的专利文献。专利申请在审批的不同阶段处在不同的法律状态中，其专利说明书的形式也有所不同。在专利申请审查过程中还产生各种公告、文摘、索引等，它们都是专利文献。

专利文献的出版有各种形式，2004 年起中国专利说明书出版载体采用光盘，全年共出版中国专利说明书光盘 52 期（每周一盘），同时还出版文摘数据光盘、公报光盘等多种专利文献光盘。

国家知识产权局政府网站（http://www.sipo.gov.cn）一方面按法定出版日期向公众公布（公告）发明、实用新型和外观设计专利信息，另一方面为了公众能更好地从政府网站上获取其他知识产权信息，进行了多次改版，增加了许多内容。

国家知识产权局很重视专利文献和非专利文献的搜集与资源利用。仅 2004 年就搜集了 30 个国家及国际组织的全文专利说明书光盘 40 种、约 100 多万件的专利说明书，28 个国家及国际组织的 40 种专利公报，40 种专利检索数据的光盘（可检索 88 个国家及国际组织专利信息）。同时，向 20 个国家寄送中国专利文献，并应一些国家专利局和国际专利组织要求寄送其所需的中国专利说明书。向 20 个国家和国际组织寄送了 2003 年的《中华人民共和国国家知识产权局年度报告》。对于搜集交换所得的专利文献信息数据进行了积极、有效的利用。应审查工作需要，2004 年度继续增加《全文网络查询系统》中的数据，其中日本专利说明书全文约 91 万件，美国发明专利说明书全文近 26 万件。2004 年在原有基础上更新了《中国期刊全文数据库》和《中国重要报纸全文数据库》等中文数据库以及《化学文摘数据库》（美国 Chemical Abstracts）和《医学文摘数据库》（荷兰 EMBASE）等外文数据库。另外，搜集的印刷刊物包括 118 种中文期刊和 185 种外文期刊，购买了近 1 万册中文图书和外文图书，进一步丰富了国家知识产权局非专利文献的信息资源。

第三节　专利文献信息的利用

［**例 5-1**］　世界知识产权组织的统计表明，专利涉及的发明创造内容十分丰富，上至基因技术、纳米技术、鱼雷、导弹、潜艇等高科技和军事技术领域，下至针、线、纽扣等日用生活物品，无所不有。

世界上每年发明创造成果的 90% ~95% 可以在专利文献中查到。专利文献的出版量约占世界每年各种图书期刊总出版量的 1/4。专利信息是世界上数量最大的信息源之一。但是，在全世界每年出版的专利文献中，只有约 1/3 的专利文献记载原始发明创造，其余约有 2/3 的专利文献报道的是重复的技术内容。

启 示

专利涵盖了从小到大、从简到繁的人类生活的各个领域，我们每时每刻都在享受着专利给我们带来的生活便利。专利文献记载了人类取得的每一个技术进步，文献数量大、学科范围广。

知识点

（一）我国专利种类

我国专利的种类包括发明专利、实用新型专利和外观设计专利三种。世界上其他国家与我国类似。

1. 发明专利

按照《专利法》的规定，发明是指对产品、方法或者其改进所提出的新的技术方案。所谓产品是指工业上能够制造的各种新制品，包括有一定形状和结构的固体、液体、气体之类的物品。所谓方法是指以原料进行加工、制成各种产品的方法，如药品的制造方法等。

2. 实用新型专利

同发明一样，实用新型专利也是一个新的技术方案，我国采取对实用新型授予专利权的方式保护小发明。它与发明专利存在差别，有所不同。

发明专利对所有新的产品和方法都给予保护，而实用新型仅限于保护有一定形状或结构的新产品，不保护方法以及没有固定形状的物质。实用新型的保护期限较短。

3. 外观设计专利

我国专利法实施细则规定，外观设计是指对产品的形状、图案或者其结合以及色彩与形状、图案的结合所作出的富有美感并适于工业应用的新设计。

（二）早期公开延迟审查的专利审批制度

早期公开延迟审查的专利审批制度又叫延迟审查制或请求审查制。其做法是：在专利申请通过 18 个月后，公开出版未经专利审查且尚未授予专利权的专利申请说明书。只有申请人在一定期间内提出实质审查请求，专利局才予以实质审查。过期不提出实质审查请求的，视为撤回其申请。

（三）专利文献重复出版的原因

1. 审批制度使得同一发明的文献多次出版

对于发明专利，许多国家采用早期公开延迟审查的专利审批制度，在不同的专利审批程序中，需要分别出版不同的说明书。如申请通过 18 个月后，出版专利申请说明书；在授权或审定公告时，还需出版其经过专利性审查的专利说明书。有些国家还根据专利审查程序的要求，第二次出版经过复审、异议或无效等程序后的专利说明书。这种对同一发明创造专利说明书的多次出版，造成了大量专利文献的重复。

对实用新型、外观设计，多数国家采取形式审查方式。在批准的专利中有些与他国的同类专利技术近似或者大同小异，这也造成了专利文献的重复。我国的实用新型专利中也有类似现象。

2. 地域性保护

一个申请人将其发明创造在多个国家申请专利时，会出现一件发明创造有多个国家出版的说明书，从而造成重复出版。

[**例 5-2**]　小西六是日本一家著名的照相机公司，该公司于 1958 年 1 月底研制成功了一种带有电池消耗量检测装置的 8mm 摄像机。生产图纸于 2、3 月份全部完成，但未及时申请专利。无独有偶，日本雅西卡公司几乎在同时也完成了相同的摄像机的发明，并于 1958 年 2 月 3 日向日本专利局申请了专利，于 1960 年 4 月 3 日在日本专利局的专利公报上予以公布。小西六公司见后一时慌了手脚，因为再申请专利已经晚矣！于是小西六公司向日本地方裁判所提出在先使用权的申请，但未获批准。雅西卡公司终于以侵权为由将小西六公司诉至东京地方法院。小西六公司以具有在先使用权为由进行抗辩，遭到拒绝。驳回理由是，完成设计不等于已经作好了生产必要准备，因此法院最后判决小西六公司不准再生产该产品。小西六公司为自己研制成功后未及时申请专利而后悔莫及。

[**例 5-3**]　英国专利局于 1969 年 6 月 25 日把人造茜素的发明专利授予了德国的克虏伯公司，因为德国克虏伯公司在英国的专利申请日比英国工业家威廉的专利申请日仅早一天，使德国的人造茜素产品占领英国市场达 14 年之久（英国的发明专利保护期为 14 年）。德国克虏伯公司垄断市场 14 年，决定于短短的一天。

启 示

先下手为强。发明创造一旦完成，申请专利就要争分夺秒。

知识点

《专利法》采用先申请原则，两个以上的申请人申请同样的发明申请专利的，专利权授予最先申请的人。

根据这一规定，我国的单位或个人在完成发明创造后，应当及时提出专利申请，过晚提出申请，就有可能被他人抢先提出专利申请而失去取得专利权的机会。2004 年 3 月 12 日我国国家知识产权局开通了专利电子申请系统。

目前，世界上大多数国家都实行先申请原则。多数国家以“日”计时，个别国家（如法国）以“小时”计时。现只有美国、菲律宾实行在先发明原则，即发明创造授权授予最先发明的人，但美国对于国外的在先发明证明一般是不予认可的。

［**例 5-4**］　著名的专利数据提供商汤姆森科技公司最新的研究认为，专利文献中记载的 70% ~90% 的发明创造从未在其他刊物上发表过。欧洲专利局（EPO）将这一数字精确为 80% 。

世界上一些著名的案例表明，在专利文献中公布的重要发明比在其他形式的报道的时间要早。例如，电视专利文献公布时间为 1923 年，在其他文献第一次公布时间为 1928 年；喷气发动机专利文献公布时间为 1936 年，在其他文献第一次公布时间为 1946 年；聚合催化剂专利文献公布时间为 1953 年，在其他文献第一次公布时间为 1960 年。

启　示

许多发明成果仅通过专利文献公开，专利信息是许多技术信息的唯一来源。如果在其他科技文献上报道其科研成果，也是五六年以后，专利文献是报道新发明创造最快的信息源。

知识点

《专利法》规定，发明专利、实用新型的授予条件是必须具备新颖性、创造性和实用性。

新颖性是指在申请日以前没有同样的发明或实用新型在国内外出版物上公开发表过、在国内公开使用过或以其他方式为公众所知，也没有同样的发明或实用新型由他人向国务院专利行政部门提出过申请并且记载在申请日以后公布的专利申请文件中。新颖性是专利保护的首要条件，它要求申请专利的发明和实用新型必须是新的、前所未有的。

创造性是指同申请日以前已有的技术相比，该发明或实用新型有突出的实质性特点和显著的进步。创造性也称非显而易见性。一件发明或实用新型具备了新颖性，不一定就有创造性。新颖性主要侧重判断某一技术是否是前所未有的，而创造性侧重判断的是技术水平的问题。

实用性是指该发明或实用新型能够制造或者使用，并且能够产生积极的效果。

《专利法》规定，授予专利权的外观设计，应当同申请日以前在国内外出版物上公开发表过或者国内公开使用过的外观设计不相同和不相近似，并不得与他人在先取得的合法权利相冲突。

［例 5-5］ 中国专利的统计信息显示，1985～2004 年 9 月，我国公布的发明专利总量约为 52.7 万件，其中国内申请约 22.4 万件，占 42.5%；国外申请约 30.3 万件，占 57.7%，国外申请高于国内申请。截止到 2004 年 9 月，高新技术领域国外发明专利申请所占比例分别为计算机 59%、医药（除中药外）61%、通信 78%、半导体 76%。

启 示

这些数据表明我国重大技术领域专利申请被外国人占领的形势十分严峻，这对我国民族工业的发展及科研造成了极大的压力。

知识点

专利权人在规定的时间内对该项发明享有专有权。专有权有专有性、地域性、时间性三个特点。

专有性也称独占性，是指专利权人对其发明创造所享有的独占性的制造、使用、销售、许诺销售和进出口的权利。

专利权的地域性特点是指一个国家依照其本国专利法授予的专利权，仅在该国法律管辖的范围内有效，对其他国家没有任何约束力，外国对其专利权不承担保护的义务。

如果一项发明创造只在我国取得专利权，那么专利权人只在我国享有专利权。如果有人在其他国家和地区生产、使用或销售该项发明，则不属于侵权行为。搞清楚专利权的地域性特点是很有意义的。我国的单位或个人如果研制出有国际市场前景的发明，不仅要及时申请国内专利，而且还应不失时机地在其他国家和地区申请专利，否则国外的市场就得不到保护。

时间性是指专利权人对其发明所拥有的专有权只在法律规定的时间内有效，期限满后专利权人对其发明就不再享有专有权。原来受法律保护的发明就成了社会的公共财富，任何单位或个人都可以无偿使用。《专利法》规定的保护期限自申请日算起，发明专利 20 年、实用新型专利 10 年、外观设计专利 10 年。

［例 5-6］ 北大方正发明人王选教授等人发明了有关汉字激光的照排技术。在进行该项发明的研究之前，他们整整用了一年的时间检索和研究相关的世界专利文献，及时了解到当时的照排技术已经发展到第四代，是当时正在研制但尚未取得成功的技术，具有广阔前景。他们直接研制激光照排技术并于 1978 年申请了一项欧洲专利 EP955360（当时中国的专利制度还没建立），1985 年 4 月 1 日，正值《专利法》实施，王选教授在这件欧洲专利的基础上，又申请了 2 项中国专利：照排机和印字机共享的字形发生器和控制器（CN85100275）、高分辨率汉字字形发生器（CN85100285）。此后在这两件专利的基础上，又申请了 7 项相关专利。在中国专利中，有关汉字照排技术的专利并不多，北京大学就申请了 9 项。

启 示

每一件专利说明书都详细记载了解决技术课题的最新技术方案，专利是提供技术信息的最佳信息源。在研发活动中遇到技术难题查阅专利文献，可以收到事半功倍的效果。绝大多数专利说明书是公开出版的，技术信息的充分公开大大压缩了创新成本。

每一项专利包含的发明创造都使技术向前迈进了一步，同时又成为新技术发展的一个起点。利用专利信息还可以开阔思路，激发灵感，在别人的基础上作出新的发明创造、产生新的专利信息。

知识点

专利号由国家代码、申请年、专利种类特征数字和顺序号组成，并按从左到右顺序排列。例如，高分辨率汉字字形发生器的中国专利号为 CN85100285。其中排列在时间“85”右边的是中国专利种类特征数字：“1”表示发明专利，“2”表示发明实用新型专利，“3”表示外观设计专利。自 1985 年中国开始受理专利申请以来，对专利的编号曾作过修改，但基本内容不变。

[例 5-7]　上海的有关专家在微波炉专利情报分析的课题中，对世界各国微波炉专利的申请情况作了调查，按一定方法对专利申请人进行了排序，找出了当时世界微波炉技术的专利申请主要集中在日本，拥有一半专利申请量的松下和东芝可被确认为主要竞争者，而韩国的金星和三星则是次要竞争者。

启 示

为了全面保护自己独特的产品和技术，明智的企业通常会提出一系列的专利申请。

知识点

(1) 在进行专利信息分析时，可绘制出专利数量变化曲线（以年度为横坐标，专利数量为纵坐标）对某行业技术发展的各阶段进行分析，预测各项技术的发展速度及前景。

(2) 巴黎联盟成员国在法国签署的《国际专利分类斯特拉斯堡协定》于 1975 年生效实施。于是《国际专利分类法》就成了一个世界范围内由政府间组织执行的专利分类体系，具有世界性意义。《国际专利分类法》是组织专利文献科学的方法，同一类别的专利文献高度集中，专利最多的类别往往就是技术开发的热点。通过对某一技术领域的国际专利分类的定量分析，可以展现某一技术领域里最先进技术的全貌。

(3)《国际专利分类法》适用于对发明专利和实用新型专利的分类，第四版以后将全部专利技术分为八大部分，用八个大写拉丁字母表示。各部表示的内容如下所示。

A 部　生活需要

B 部　作业；运输

C 部　化学；冶金

D 部　纺织；造纸

E 部　固定建筑物

F 部　机械工程；照明；加热；武器；爆破

G 部　物理

H 部　电学

1999 年以后，《国际专利分类表》在电子环境中也可有效地使用。基本版适用于专利文献收藏，每 3 年修订一次，高级版适用于国际专利文献检索，每 3 个月修订一次。

《国际外观设计分类法》仅适用于对外观设计专利的分类、它由 32 个大类、209 个小类组成。

▶ **知识卡片**

国际专利分类法（IPC）

1. IPC 的分类原则

国际专利分类法是按照专利文献的技术主题设立类目。专利文献技术主题一般可分为：新产品、新方法、新用途。这种技术主题的分类位置可划分为功能分类位置和应用分类位置。

对于面向功能的发明，由于这类发明主要涉及事物内在的性质或功能，而不依赖于具体的运用，这类发明应优先分在功能分类位置。例如，单向阀自身结构上的改进应分入 F16K15/00（单向阀）。

对于面向应用的发明，由于这类发明涉及一种产品或方法的特殊使用领域，这类发明应优先分在应用分类位置。例如，专门适用于嵌入人工心脏之中的机械阀应分入 A61F2/00（人体各部的人造代用品或取代物）。

国际专利分类法的分类原则是功能分类与应用分类相结合，以功能分类为主。这一原则适用在发明技术主题分类时，应注意以下两点。

（1）如果技术主题虽然指明了某物在某方面的特殊应用，但这种应用并不构成该主题的本质特征，此时应尽可能进行功能分类；当指明是多种应用时，一般也要进行功能分类。

（2）如果技术主题的本质特征既与某物的本身特性或功能有关，又与其对某个更大系统的特定运用、改进或组合有关，则一般应同时进行功能性分类和应用性分类。

2. 混合系统

为了避免某个领域中分类位置上文献量过多，造成检索困难，从第四版开始在分类表的特定地方引入了混合系统概念。

具体做法是在混合系统中对一个技术主题除了在分类时给出分类号外，然后用引得码对这一分类号表示的信息进行补充或限定，使其含义更准确、完整，反映出技术主题的实质内容和综合特征。缩小检索的范围。

3. 分类表的编排和等级结构

国际专利分类表（IPC）的内容设置包括了与发明创造有关的全部技术领域，将不同的技术领域概括分成八个部分，每一个部分定为一个分册，用英文大写字母 A ~ H 表示。IPC 分类体系是由高至低依次排列的等级式结构，按不同的技术范围设置成部、大类、小类、大组或小组，由大到小的递降次顺序排列。

部名概要地指出该部所包括的技术范围，对部名的技术范围不做精确的定义。八个部分所涉及的技术范围如下。

A 部　生活需要

B 部　作业；运输

C 部　化学；冶金

D 部　纺织；造纸

E 部　固定建筑物

F 部　机械工程；照明；加热；爆破

G 部　物理

H 部　电学

（1）大类。

每一个部按不同的技术领域分成若干个大类，每一大类的类名对它所包含的各个小类的技术主题作一个全面的说明，表明该大类所包括的主题内容。每一个大类的类号由部的类号和在其后加上两位数字组成。

例如，大类 E01 表示“道路、铁路或桥梁的建筑”。

（2）小类。

每一个大类包括一个或多个小类。通过各小类的类名，并结合小类的有关参见或附注尽可能精确地定义该小类所包括的技术主题范围。每一个小类类号由大类类号加上一个英文大写字母组成。

例如，“E01B 铁路轨道；铁路轨道附件；铺设各种铁路的机器”。

（3）组。

每一个小类细分成若干个大组或小组（大组和小组统称为组）。

1）大组。大组的类号由小类类号加上一个 1 ~ 3 位的数字、斜线（/）及数字“00”组成，大组的类名明确表示可以分类、可以检索的发明技术主题范围。

例如，“A47C3/00 以结构为特征的椅子；能旋转或可垂直调节座位的椅或凳”；“G07F1/00 硬币入口装置；专用于操纵投币机构的硬币”。

2）小组。小组是大组的细分，大组可以细分成若干个小组。每一个小组的类号由大组号加上一个 1 ~ 3 位的数字、斜线（/）及一个除“00”以外的至少有两位的数字组成。小组的类名明确表示可检索属于该大组范围之内的一个技术主题范围。

（4）圆点。

小组的类名前加一个或几个圆点表示该小组的等级位置，即表示一个小组是它上面，离它最近的，又是比它少一个圆点的那个小组的细分类。因此对一个小组技术主题的理解，即在读出一个小组类名时，必须同时考虑它所从属的并受其限制的那个组的类名。

（5）完整的分类号。

一个完整的分类号由代表部、大类、小类、大组或小组的符号结合构成。

国际专利分类表（样页）

E 固定建筑物（注：部）

E01 道路、铁路或桥梁的建筑（隧道入 E21D）（注：大类）

E01B 铁路轨道；铁路轨道附件；铺设各种铁路的机器

（脱轨或复轨器，轨道制动器或减速器入 B61K）（注：小类）

小类索引

轨道结构

一般结构…2/00

道碴，横向或纵向轨枕…1/00，3/00

一般用途的钢轨或转辙器…5/00 至 13/00，26/00

特种用途的钢轨或道岔…21/00 至 26/00

防护装置…15/00 至 19/00

道床或轨道的铺设、养护、翻新或取出…27/00 至 37/00

铁路或电车道的轨道结构

1/00 道碴层；支承轨枕或轨道的其他设备；道碴层的排水（采用沟槽、涵洞或管道排水入 E01F5/00）（注：大组）

2/00 轨道的一般结构（铁路网入 B61B1/00；路面基础人 E01C3/00；一般基础入 E02D）（注：大组）

3/00 横向或纵向轨枕（用于转辙器或交叉的入 7/22）；直接放在道碴层 上支承轨道的其他设备（注：大组）

3/02·木制的（干燥或浸横处理入 B27 K）（注：小组）

3/04··防止开裂的用具（注：小组）

3/06···防止开裂扒钉（注：小组）

3/08···箍紧轨枕的皮带或带（现场箍紧木枕的用具入 31/28 ）（注：小组）

[例 5-8]　我国某公司与日本曹工程株式会社等工厂签订乙二醇生产合同时，用 100 万美元买下了 22 个专利权。事后详细检索专利文献方才得知，在签订合同时，已有 7 项专利权过期失效、2 项专利权仅差几个月即过期、5 项属无用的催化剂专利。我方为此多支出费用 64 万美元。

启 示

在引进技术中，专利技术占有相当的比重。有关部门统计，我国 1973 ~ 1979 年进口的成套设备中，有 80% 的项目支付了专利使用费。有关部门对近年我国机械、化工系统的随机抽查的 10 项技术引进合同作了调研，发现全部引进技术均包含专利技术，并支付了专利使用费。

因为有效专利与无效专利的转让价格有天壤之别，所以一定要判断专利技术的有效性。这充分体现了专利信息在引进技术过程中的突出作用，同时可以利用专利信息评估引进技术的先进性水平，在引进技术时做到货比三家，心中有数。

知识点

大多数国家的专利法规定，专利自申请日算起保护20年。有时在一个专利许可合同中，可能包括多项专利，而每项专利的有效期不可能相同。此时，计算使用费的数额就应根据有效期的长短分别计算。当专利期满后，该专利即失去法律效力而不受法律保护。

应当注意的是，各国所授予的专利权的绝大部分可能提前终止或失效了，并没有达到规定的最高年限。原因是专利保护期限虽未届满，但专利权人认为保护价值已经不大，便自动放弃了。近些年来，随着技术更新周期的缩短，专利保护期限尚未届满时专利权人便自动放弃或提前终止其专利权的比例也随之加大。在专利技术贸易中应注意卖方所拥有的专利权的法律状况，以免对过期失效的专利支付不应支付的费用。

[**例5-9**] 世界上第一台VCD数字视盘机是由中国人发明的，诞生于中国的安徽万燕公司。1992年，在美国举办的国际广播电视技术展览会上，美国C-CUBE公司曾展出了一项图像解压缩技术，时任安徽现代集团总经理的姜万勤受其启发，想到用此技术将声音和图像同时存储到一张小光盘上。在1993年，他出资57万元研制出了物美价廉的VCD。同年，与美籍华人孙燕生共同投资1700万元成立了万燕公司生产VCD。第一批VCD上市了，结果国内各家电企业纷纷解剖仿制，一分钱未投入的仿制者坐收渔利。到1996年，万燕公司又被后来居上的国外DVD挤出了市场。

启 示

万燕公司VCD的市场经历给我们以沉痛的教训。本来VCD一研制出来，就应该申请中国专利，甚至多国专利。那样，中国市场甚至世界市场将在自己的掌握之中。然而一失足成千古恨，万燕公司没有拿起专利的武器，忽略了知识产权，为此付出了沉重的代价。

因此，要大力提高我国企业的专利意识，尤其是企业领导人的专利意识，加强对知识产权保护的认识，拿起专利武器保护我们的产品、我们的企业。

第四节 专利文献信息检索

专利文献信息检索是实践“根据一项数据特征，从大量的专利文献或专利数据库中挑选符合某一特定要求的文献或信息”的过程。中国专利检索方式主要分为手工检索、计算机检索两种。具体采用哪种方式取决于用户最方便获取的专利信息资源。

一、专利信息资源

（一）印刷型专利文献

专利文献是一种标准化连续出版物。我国的专利文献出版包括专利说明书、专利公报和各种索引。专利说明书与专利公报每周同期出版，索引定期出版。

专利说明书分为发明专利申请公开说明书、发明专利说明书和实用新型专利说明书。

专利公报分为《发明专利公报》、《实用新型专利公报》和《外观设计专利公报》。

索引分为《分类年度索引》、《申请人、专利权人年度索引》和《申请号、专利号年度索引》等。

（二）电子载体的专利信息

专利局（或工业产权局、知识产权局）负责用光盘出版本国专利文献（专利说明书、公报、文摘及索引等）。光盘已成为各国专利文献出版和进行国际交换的首选载体，并且开始升级到 DVD-ROM。

值得一提的是《中国失效专利数据库》，该数据库光盘收录了 1985 ~ 2006 年所有的失效专利数据。其中包括在专利审批程序中，申请公布后，被驳回的或视为撤回的专利申请及主动撤回的专利申请；在授予专利权后，专利权被撤销、终止的专利技术和专利有效期届满的专利技术，共计近 70 万条，是迄今收录最全、最准确的失效专利数据库光盘。它可作为发明人的参考资料，也可为中小型企业的技术更新改造思路、发掘新项目、开发新领域提供参考依据。

（三）网络环境下的专利数据库

通过计算机网络远程获取和共享数据库的信息已成为时尚，其获取渠道主要有三种：一是直接与数据库的生产商联系；二是厂商将数据库卖给商业性主机，然后用户与商业性主机联机；三是上互联网。

各国专利局在自己的官方网站上提供可免费检索的专利数据库，通过互联网免费采用联机上网，用户在需要时联通相关主机，获得使用这些信息权利即可。

这里推荐几个查找中国专利信息的网上数据库，供大家参考。

（1）中华人民共和国国家知识产权局（http://www.sipo.gov.cn）。

（2）中国知识产权网（http://www.cnipr.com）。

（3）中国专利网（http://www.cnpatent.com）。

（4）专利信息服务平台试验系统（http://pub.cnipr.com/pubpisfts/index.do）。

二、检索方法

（一）基本检索方法

基本检索是一种基于某一特定检索字段进行的简单检索，即检索人利用已知的、确定检索词，输入到某一个检索入口（数据库）或找到对应的“专利索引”（印刷型）查找所需专利信息。基本检索可分为主题检索、人名检索和号码检索。

1. 主题检索

通过分析技术主题可以查出该主题对应的分类号或代表技术特征的关键词，利用这两个检索字段分别检索。也就是说，主题检索实际是分类号检索或关键词检索。可以将技术主题所对应的分类号输入到分类号入口（数据库）或用“分类索引”（印刷型）进行检索；也可以将代表其技术特征的关键词，输入到关键词入口进行检索。

2. 人名检索

利用已知的专利权人、专利受让人、专利申请人或发明人作为检索字段，输入到相关入口（数据库）或利用“申请人、专利权人索引”（印刷型）进行检索。

3. 号码检索

号码检索所涉及的号码有申请号、优先权申请号和文献号（专利号）等。可以用申请号查专利号，以便索取专利说明书；可以用专利号查申请号，以便了解专利的法律信息；还可以用优先权申请号查同族专利的信息。

（二）综合检索方法

在基本检索不能满足需求时，就需要利用两个或两个以上的检索字段在专利数据库进行检索。目前专利数据库系统流行且经常用的信息检索技术之一是布尔逻辑检索。用逻辑算符“or”、“and”、“not”将两个以上的提问词按照一定的逻辑关系组成检索提问式，并遵照专利数据库系统中的规则，将检索字段有机地结合起来，以达到检索的目的。

三、检索示例

（一）检索有关“含有蚂蚁的治疗风湿病的药物”的中国专利

1. 三个阶段

（1）准备阶段。

了解检索目的：为开发新药，想在中国专利文献里找到资料作为参考，中药、西药不限。

确定主题：“风湿病”、“类风湿”、“关节炎”等，“蚂蚁”及其同义词、近义词。

（2）实施阶段。记录日志见表5-1。

表5-1　记录日志（含有蚂蚁的治疗风湿病的药物）

日期	活动记录	结果	备注计划
2007-10-18	进入“中国知识产权网”→登录（专利检索栏目下点击）→逻辑检索（专利检索栏目下点击）。设置时间段为“1985～”，关键词为“蚂蚁”、“风湿病”，采用检索提问式“蚂蚁 and 风湿病”检索	找到15篇文献	文献较少，下一步试用“风湿病”的近义词

（续表）

日期	活动记录	结果	备注计划
2007-10-18	进入中国知识产权网，在专利逻辑检索界面下检索信息。设置关键词“蚂蚁”、“关节炎”，采用检索提问式“蚂蚁 and 关节炎”检索	找到58篇文献	重新组织检索策略为“（关节炎 or 风湿病）and 蚂蚁”
2007-10-18	在中国知识产权网，在专利逻辑检索界面。选择保存检索表达式后输入检索表达式“（关节炎 or 风湿病）and 蚂蚁”	命中记录69条	阅读相关专利信息，发现了出现频率较多的国际专利分类号。考虑用“A61K35/78”和“A61K35/64”查找
2007-10-18	利用《国际专利分类表》查找相对应的类名	A61K35/78：来源于植物的医用配置品；A61K35/64：来源于虫的医用配置品，例如“王浆”	上面分类号“A61K35/64”的类名与相对应主题内容更加贴切，但是考虑到开始用关键词查找的结果中分类号“A61K35/78”用得很多，为了避免查漏，用“A61K35”进行查找
2007-10-18	在中国知识产权网，在专利逻辑检索界面。选择保存检索表达式后输入检索表达式“A61K35/”	内容较多，有25999条信息	内容太多，重新制订检索提问式，再试查
2007-10-18	在中国知识产权网，在专利逻辑检索界面。选择保存检索表达式后输入检索表达式“@1and @2”	找到有关文献54篇	@1表达式为“（关节炎 or 风湿病）and 蚂蚁”，@2表达式为“A61K35/”，浏览查找到的专利条目和文摘，分析后，希望将酒内容去掉
2007-10-18	在中国知识产权网，在专利逻辑检索界面。选择保存检索表达式后输入检索表达式“@1not 酒”	.找到有关文献40篇	此时的@1表达式为“（关节炎 or 风湿病）and 蚂蚁 and A61K35/”，浏览专利条目，比较满意，准备作好总结

（3）整理阶段。将结果整理为题录，如下所示。

CN200410041715.8　一种治疗类风湿关节炎的中药及其制备工艺
CN200410066462.X　玄驹灵仙胶囊（畲药）
CN02156946.0　虫蚁胶囊
CN02135261.5　治疗类风湿、风湿性关节炎、强脊炎的蚂蚁双参通痹丸
CN99121662.8　一种中药蚂蚁治疗风湿病药物及其制作方法

CN99101699.8　　蚁蝎蠲痹丸
CN96104099.8　　复方蚂蚁壮阳制剂及其制备工艺
CN96101653.1　　纯天然蚂蚁胶囊及其加工方法
CN96118390.X　　蚁蚣丸
CN94113387.7　　一种治疗风湿四病的药物组合物
CN93100740.2　　蚂蚁丸及其制造方法
CN93110592.7　　蚂蚊类风湿灵

2. 检索收获

通过对本课题的查找，了解有关“含有蚂蚁的治疗风湿病的药物”在我国的专利申请情况：44项全部为发明专利。

通过对名称和文摘浏览发现申请专利的药物包括：制剂、胶囊、药酒等，还有许多制作方法和工艺。

可以利用已经得到的申请（专利）号到专利文献馆获取专利原文或选择提供全文免费数据库下载。

获取发明原文后可进一步学习，将对开发新药有很大的启发。

通过实际操作，本课题用关键词和分类号结合使用效果较好，中国知识产权网数据库提供的保存检索表达式大大提高了检索效率。

（二）检索有关“家用太阳能热水器”方面的中国专利

1. 三个阶段

（1）准备阶段。

了解检索目的：太阳能在家用热水器方面的开发状况。

确定主题：太阳能、热水器。

（2）实施阶段。记录日志见表5-2。

表5-2　记录日志（太阳能在家用热水器方面的开发状况）

日期	活动记录	结果	备注计划
2007-10-11	选择中华人民共和国知识产权局专利数据库，时间段选为“1985～”，检索项目中选择“名称”，在关键词中输入“太阳能热水器”，然后确定	找到含有“太阳能热水器”检索词的条目共2907项，其中发明专利267项、实用新型专利2321项、外观设计专利314项	内容太多，准备浏览后选择其中一条合适的信息，找到它的分类号
2007-10-11	浏览上面查到的条目，选择一条比较合乎要求的专利信息点击它的发明名称如“新型家用太阳能热水器”	在弹出检索结果界面，可以看到“新型家用太阳能热水器”的著录项，其中分类号为“F24J2/048”或“F24J2/04”	用“F24J2/48”或“F24J2/04”试查

（续表）

日期	活动记录	结果	备注计划
2007-10-11	利用《国际专利分类表》查找相对应的类名	F24J2/48，F24J2/04	“F24J2/48”或“F24J2/04”相对应的类名比较贴切，用其查找
2007-10-11	在专利数据库检索界面上，用分类号“F24J2/48”、“F24J2/04”作为已知条件分别填空并重复上面的步骤	用“F24J2/48”查到发明专利67条、实用新型180条，用“F24J2/04”查到发明专利122条、实用新型501条	内容比较多，检查并修改检索策略，将“家用”二字包含查找
2007-10-11	在专利数据库检索界面上，检索项目中选择“摘要”，在关键词中输入“太阳能家用热水器”，然后确定	共得到专利信息2条	浏览后感觉比较少，准备修改检索策略
2007-10-11	在专利数据库检索界面上，检索项目中选择“名称”，在关键词中输入“太阳能家用热水器”，然后确定	共得到专利信息39条，其中发明专利信息2条、实用新型专利信息36条、外观设计专利信息1条	浏览后感觉比较合适，准备看看全文
2007-10-12	打开中华人民共和国知识产权局专利数据库的检索界面，在检索界面的左侧，检索项目中选择“名称”，在关键词中输入“外飘窗家用太阳能热水器”，确定后就会列出该项专利的简单信息，点击该专利名称，弹出该专利的文摘性介绍	有参考价值	获取全文
2007-10-12	在专利的文摘性介绍界面上，点击申请公开说明书全文项的“共7页”处，便弹出该专利全文的下载界面，选择下载本地硬盘的地址，点击“保存”按钮，这时“外飘窗家用太阳能热水器”说明书的第一页下载到预先建立的地址，然后点击下一页，直到全文下载完毕		

（3）整理阶段。

发明专利共查有2项，见表5-3。

表 5-3 发明专利

序号	发明名称	申请（专利）号	发明人
(1)	外飘窗家用太阳能热水器	200510069587	王四田
(2)	新型家用太阳能热水器	91107442	王仲辰

实用新型专利共查有 36 项，其中 1986 ~ 1990 年 16 项、1991 ~ 2000 年 14 项、2001 ~ 2004 年 6 项，举例见表 5-4。

表 5-4 实析新型专利举例

序号	发 明 名 称	申请号
(1)	家用太阳能热水器	86209774
(2)	阳台悬挂式Ⅱ型家用太阳能热水器	87212826
(3)	高效组合式家用太阳能热水器	88215344
(4)	家用太阳能热水器	89206557
(5)	闷晒式家用太阳能热水器	90213916
(6)	封闭式家用太阳能热水器	91228303
(7)	家用太阳能热水器调节装置	92219553
(8)	一种自动调温的家用太阳能热水器	93234362
(9)	水箱式家用太阳能热水器	96208164
(10)	抗压组合倾斜式家用太阳能热水器	97235498
(11)	家用太阳能热水器	98220450
(12)	高热型组合倾斜式家用太阳能热水器	00216029
(13)	家用太阳能热水器进水自控阀	01207178
(14)	热交换式家用太阳能热水器	03277781
(15)	轻型组合倾斜式家用太阳能热水器	02216979
(16)	窗披型组合式家用太阳能热水器	200420107879

外观设计专利共查有 1 项，见表 5-5。

表 5-5 外观设计专利

序号	发明名称	申请（专利）号
(1)	家用太阳能热水器	00309187

2. 检索收获

通过对本课题的查找，了解家用太阳能热水器在我国的专利申请情况：发明专利 2 项；实用新型专利共查有 36 项，其中 1986 ~ 1990 年 16 项、1991 ~ 2000 年 14 项、2001 ~ 2004 年 6 项；外观设计专利只有 1 项；共计 39 项。

通过对家用太阳能热水器专利的名称浏览发现申请专利的热水器有水箱式、闷晒式、列管式、组合式、倾斜式、悬挂式、可吊挂式、微循环式、封闭热交换式、自动调温式等。可以得知发明人的研究动向，也对该产品的形式有所了解。如果想进一步作结构研究，可以利用已经得到的申请（专利）号到专利文献馆获取专利原文或者在网上专利数据库下载全文。

本课题在查找的过程中感到最困难的问题是确定对应的分类号。国际专利分类号是针对发明专利和实用新型专利，而国际外观设计分类号是针对外观设计专利的。因此，熟悉《国际专利分类表》和《国际外观设计分类表》是很重要的。

通过实际操作，发现各种检索方法可以结合使用。首先用关键词得到相关专利文献，浏览相关专利文献条目从中找到符合要求的一条信息，打开它得到适合的分类号，再用该分类号作为已知条件在中国专利数据库中进行检索。

在网上查找的速度很快，但是专利说明书要选择提供全文的免费数据库才能获取。中华人民共和国知识产权局专利数据库提供全文免费下载，只是在下载全文之前需按该数据库要求安装浏览器。

四、心得共享

（一）专利文献检索基本思路

（1）我们查找专利文献是有目的的，目的中就包含了已知的条件。

（2）将我们已知的条件转化为可以检索的条件。

（3）用可检索的条件找到系统提供的相对应的检索字段。

（4）后面的检索按照数据库系统或检索工具的要求进行。

（二）如何了解某单位或某人的中国专利的申请状况

已知条件为申请人，检索入口即为申请人，确定时间范围。由于中国专利有 3 种，因此需要分别查找发明专利、实用新型专利、外观设计专利。

（三）已知号码可作检索条件

当我们已知某产品的号码如专利申请号、公开号或专利号时，可以将该号码作为已知条件找到对应的检索入口查找专利数据库或索引，得到相关信息。

（四）实施阶段中的检索是一个动态过程

一般情况下，查找某个专业技术方面的专利可考虑将某专业技术主题内容转换为分类号。发明专利和实用新型专利的文献是按国际专利分类法组织文献，外观设计专利是按外观设计专利分类法组织文献的。

（1）初检。根据自己选择的反映主题的词，组成初步检索提问式进行检索。

（2）在初检获得文献中找到更确切的反映技术主题的词或同义词、近义词。

（3）从初检获得文献中找到相关的国际专利分类号。

（4）修改初步检索提问式，确定完整的检索提问式并进行检索。

（5）深入分析检索结果，浏览其文摘，进行扩大检索。

（五）加深理解专利概念

（1）专利的概念是指一段时间内在主权国家里取得法律保护的发明创造，它一般有三种含义：一是指取得专利权的发明；二是指专利权；三是指专利文献。

（2）每种专利所处状态的概念是指一项发明正在申请或公开或审查中，或已批准。对应专利所处的状态有相应的号码，如申请号、公开号、专利号等。

【知识要求】了解专利制度的起源、专利文献的诞生。知道专利说明书的内容和国际专利分类法。了解申请、审查程序、授予条件、专利权特点。理解专利概念，掌握中国专利的种类和专利号特征。掌握用主题、人名、号码检索中国专利。掌握按照三个阶段，即准备、实施和整理检索结果。

【关键术语】专利制度　专利文献　新颖性　创造性　实用性

【本章小结】专利制度是依照专利法授予专利权的方式来保护发明、推广发明的一种法律制度。世界上许多重要的、对人类文明产生重要影响的发明都被授予专利权并以专利文献形式公开。

专利有三层意思：一项发明、专利权、文献。专利审批的实质条件为：新颖性、创造性、实用性。国际专利分类法将技术领域分为八大部分。

我国实行早期公开、延期审查、先申请制的专利审批制度。中国专利有发明专利、实用新型专利、外观设计专利三种，其专利号由“1”、“2”、“3”三个特征数字分别表示。

专利说明书是最重要的专利文献，它由扉页、说明书、权利要求书或附图组成，有些国家出版的专利说明书还附有检索报告。在专利申请审查过程中还产生各种公告、文摘、索引等。

中国专利文献信息由国家知识产权局公开发行，有说明书、公报（公告）和年度索引等形式。

检索示例演示了课题文献信息检索的三个阶段：准备阶段、实施阶段、整理阶段。

【复习与思考】

（一）选择以下任一课题，查找中国专利，按照检索三阶段进行检索并参考以下问题进行检索总结。

① 通过本课题的检索，得到了哪些信息？

② 本课题在查找的过程中感到最困难问题的是什么？

③ 通过实际操作，总结你的检索经验。

④ 有什么问题还需要进一步讨论？

1. 彩色电视机显像管。
2. 节能电动机。
3. 电冰箱保护器。
4. 机械手。
5. 农用薄膜。
6. 白酒酿造工艺。

7. 自行车防盗装置。
8. 仿瓷涂料。
9. 五笔字型输入法。
10. 果汁饮料生产工艺。

（二）查找以下单位在中国申请专利状况。

1. 索尼公司。
2. 摩托罗拉公司。
3. 柯达公司。
4. 武汉钢铁公司。
5. 海尔公司。
6. 第二汽车制造厂。
7. 湖北工业大学。
8. 江汉大学。
9. 华中科技大学。
10. 武汉大学。

第六章 最新知识资源的检索与利用 ◎

现代大学文明应该发展创新文化，营造有利于创新的学习环境，使学习能够转化为创造。但是我们经常忽视一个显而易见的事实，学校总是以过去的知识告诉人们如何应对未来的挑战，这种知识与未来的现实之间存在着时间上的差距。

前人探索与创造的成果构成了教材的主要内容，这些成果受到当时环境条件和人类活动水平的制约，当它们成书的时候，世界已经发生了变化，最新的成就无法纳入其中。当我们作为学生在校园里学习它们的时候，世界又发生了变化，人们永远无法得到完全满足未来需求的知识。教科书以及文献在产生和发展过程中所形成的一次文献、二次文献、三次文献构成了知识资源系统。三次文献提供的是传统、可靠的知识，而想获取最新知识必须跟踪最新信息。这一章将着重介绍最新知识资源（一次文献资源）的检索和利用，运用它们所提供的知识解决相关问题。

最新知识资源主要有期刊论文、学位论文、各种报告、专利文献、学术专著等。作为原始文献，它们有各自的发表和公告方式。目前的信息机构有针对性地搜集和组织了各种类型的文献信息，形成了有特色的知识资源库。与我们密切相关的有论文的撰写、研究课题的立项、产品专利的申请、发明创造的构思等。

第一节 从综述的参考文献看最新知识资源的利用

综述是一种论文，但它是三次文献。它的产生建立在搜集大量知识资源的基础上，在阅读了一定量的资料的基础上，抓住其主要观点和结论，对掌握的资料进行分析、综合。综述重点是分析和评价已经存在的研究和问题，并在趋势预测和改进建议两部分中，提出作者个人的思想观点。

无论我们有无想法，有何种想法，只要用心去分析综述，就会有所收获，如同在聆听一位高水平的专家讲话，会顿时感到视野开阔、茅塞顿开。

当我们有一个科研或创新任务时，阅读相关综述更是首选。它提供研究现状，展示发展趋势，帮助建立正确思维模式。特别是年鉴中的综述，都由权威机构的权威人士撰写，更是值得阅读。

我们从综述的参考文献中可以体会到作者搜集、阅读和利用相关文献状况。现在追踪《仿壁虎机器人研究综述》的参考文献对最新知识资源的利用进行探讨。

一、参考文献状况

该文参考文献共25篇。其中期刊论文15篇、会议论文4篇、网上公告5篇、报纸文章1篇。

1. 期刊论文

选自《机器人》、《机床与液压》、《华中科技大学学报（自然科学版）》等，标题罗列如下（按时间顺序）。

（1）《履带式爬壁机器人磁吸附单元的磁场及运动分析》（2006）。

（2）《一种全方位移动爬壁机器人系统设计》（2006）。

（3）《仿生机器人的研究进展》（2005）。

（4）《生物机器人的研究现状及其未来发展》（2005）。

（5）《爬壁机器人的现状与发展》（2005）。

（6）《微型爬壁机器人研究的关键技术》（2005）。

（7）《基于仿生研究的步行机缓冲型腿机构设计》（2005）。

（8）《仿生机器人的研究》（2004）。

（9）《球面移动机器人机构研制》（2003）。

（10）《磁性爬壁喷涂机器人》（2002）。

（11）《具有轮换移动机构的爬壁机器人研究》（2002）。

（12）《机器人仿生学研究综述》（2002）。

（13）《仿生机器人的研究状况及其未来发展》（2001）。

（14）《气动擦窗机器人的控制和环境检测》（2001）。

（15）《日本磁吸附爬壁机器人的研究现状》（1994）。

2. 会议论文

选自有关机器人的国际会议录，标题罗列如下（按时间顺序）。

（1）A robot that climbs walls using micro-structured polymer feet（2006）（选自《爬行机器人第8次国际会议录2006年》）。

（2）Gecko inspired surface climbing robots（选自《IEEE机器人和仿生学国际会议录2004年》）。

（3）Gecko，a climbing robot for walls cleaning（选自《在服务机器人进展方面的第1次国际会议录2003年》）。

（4）Using biological inspiration to build artificial life that locomotes（选自《从智能到仿生环境机器人的国际会议录》）。

3. 网上公告

标题罗列如下。

（1）《壁虎式机器人》（http://www.vieartificielle.com）。

（2）《美国开发出壁虎式机器人可吸附在墙上行走》（http://tech. sina. com. cn/d/2006-05-19）。

（3）《多刺的虫网页》（http://bdml. Stanford. edu/twiki/bin/ view/Main/SpinyBot.）。

（4）《来自实验室的生物启示》（http://polypedal. berkeley. edu/twiki/bin/view/PolyPEDAL）。

（5）《生物科学》（http://www. darpa. Mil/dso/thrust/ techthr. htm）。

4. 报纸文献

标题为《日本最新机器人：一个遥控蟑螂》（Associated Press，2001. 07）。

二、参考文献分析

（1）围绕研究课题，作者同时使用了不同信息源的信息。网上公告反映了实验室的研究信息，国际会议反映了世界上相关的学科的研究趋势，期刊论文反映了各个国家研究部门的研究成果等。

（2）获取知识资源的时间按照需要决定。从期刊论文可以清楚看到，从 2001～2006 年每年的相关文献都被利用。从时间和内容结合可以看出该课题的研究过程、发展情况。

（3）从参考文献的标题可以推断使用的关键词是“机器人”、“爬壁机器人”、“仿生机器人”。

（4）参考文献的特点全部是原始文献，也就是新的信息。可以看出通过知识资源数据库系统获取是可靠和迅速的。

（5）可以通过多种途径获得原始文献。如直接从期刊里获取，从报纸浏览得到，还可从网上搜索引擎搜索等。

三、相关知识

（一）知识检索

Internet 上的信息呈现指数级的增长趋势，信息呈爆炸式发展，人们处于信息迷航与信息过载的困境之中。传统的基于关键词的信息检索技术已经不能满足用户的信息需求。高速发展的社会、信息过剩的困境，使用户急切地想寻找到一种能够快速而又准确地检索到所需信息的检索技术。于是知识检索应运而生。

知识检索是将信息或知识按照一定的方式组织、存储，并根据用户的需求找出相关信息和知识的过程。在这个过程中，被检索的对象是知识资源、知识库。知识检索就是采用一种从语义上标引文章的技术，形成知识库，再从知识库中查询用户所需的信息。

（二）综述撰写须知

运用文献资料撰写的文章可以是文献综述、学术论文或专著等。一般来讲，论文的撰写大同小异。

1. 发现并提出问题

文献综述的题目不宜过大，越具体越容易搜集资料，从某一个侧面入手容易深入。选题来源于与实际工作或科研工作有关的、较为熟悉的问题，从大量文献中选择近年来发展较快的、某学科的新理论、新技术或新动向的题目。

2. 阅读搜集的资料

选择文献应先看近期的（近 3 ~ 5 年），后看远期的。在广泛阅读资料的基础上，再深入阅读几篇有代表性的文章。必须找到原文阅读，权威性的文章尤其应细读。并做记录日志，为撰写综述准备资料。

3. 整理资料

综述不是众多文献资料的堆积，而是在阅读了一定量的资料的基础上，抓住其主要观点和结论，对掌握的资料进行分析、综合。先列出提纲，再依次写出各级的大小标题。

大小标题的一般格式如下。

（1）一级标题：一、二、三……

（2）二级标题：（一）、（二）、（三）……

（3）三级标题：1、2、3……

（4）四级标题：（1）、（2）、（3）……

（5）五级标题：①、②、③、……

（6）六级标题：A、B、C……

（7）七级标题：a、b、c……

也可以用以下格式。

（1）一级标题：一、二、三……

（2）二级标题：1、2、3……

（3）三级标题：1. 1、2. 1、3. 1……

（4）四级标题：1. 1. 1、2. 1. 1、3. 1. 1……

然后将观点相同的资料分别归入有关问题并排好顺序。综述要如实反映原作者的观点，不能任意改动，但对引用的资料要加以选择，不可能也不应该把搜集到和阅读过的所有资料都写进去，应有所取舍。

4. 写作

根据写作提纲，逐项展开内容，注意观点与内容的一致。可随时调整结构和补充内容。论述观点时，作者可有倾向性，但不同观点也应列出。初稿写出后，要反复修改和补充，包括内容增减、结构统一、数据核对和文字润色等。

5. 格式

（1）文章题名要简明、具体、贴切，能概括文章的特定内容，一般不超过 20 个字。

（2）作者署名应注明真实姓名。

（3）摘要要客观地反映文章的主要内容信息和作者特别强调的观点，应包括目的、方法、结果、结论，字数一般在400字以内。

中文摘要的书写要合乎语法、结构严谨、表达简明、语义确切，一般不分段落，用第三人称的写法。采用“对……进行了研究”、“报告了……现状”、“进行了……调查”等记述方法标明一次文献的性质和文献主题。

英文摘要的字数以250个实词为宜，尽量使用短句。用过去时态描述所进行的工作，用现在时态叙述结论，避免使用长系列形容词或名词来修饰名词，尽量地用主动语态代替被动语态，用重要的名词开头，避免使用短语或从句开头，避免使用第一人称为主语的句子。

（4）关键词。从文献标题、摘要和正文中，直接抽取出来的能表述文献主题的有实质意义的词汇。它虽不受任何词表控制也未经过规范化处理，但是也不要用一般的、通用性的词汇或意义太广的词。一般应选3～8个。

（5）中图分类号。按照《中国图书馆分类法》（第4版）对文章标引分类号。

（6）前言。其内容包括：提出问题，即立题依据和综述目的；介绍有关概念、定义或背景材料。引言不宜过长，文句要简练，重点要突出。

（7）主体部分。这部分是综述的主要内容，应由浅入深、广泛而系统地综述所涉及的各个方面，有层次地逐步展开。叙述的方法由一般到具体、由远及近比较各专家学者的论据，结合作者自己的经验和观点，从不同角度来阐明有关问题的历史背景、现状、发展方向和解决办法。

撰写主体部分时应注意下列几点。

① 一般根据主题和内容列出若干个小标题，分成几个问题分别论述。

② 将不同学术观点写进去，对有关该综述主题的所有重要学术观点、不同的观点和见解都加以论述。

③ 一般只引用主要研究结果和结论性观点，不详细列举具体细节如研究材料、方法、过程等。凡属于新的、创造性的方法和观点应多引用；重复的、陈旧的应少引用；属于研究发展阶段中未定论的观点只需归纳提及即可。

（8）小结。对本文的主要内容扼要地作出总结，与前言内容相呼应。同时，作者应提出自己的观点、见解和评论性的意见，对有争议的学术观点用词要恰如其分和留有余地。此外，可对今后的研究提出建议或展望。

（9）参考文献是作者引用（含直引、意引等）与借鉴他人成果中的理论、观点、资料与方法的标记。它表示引用文献的依据，为读者深入探讨有关问题提供了文献线索。同时表示对被引文献作者的尊重。

第二节　利用知识资源写研究论文

写毕业论文是大学阶段学业的最后一个环节，目的在于总结学习专业的成果，培养综合运用所学知识解决实际问题的能力。从文体而言，它也是对某一专业领域的现实问题或理论问题进行科学研究探索的具有一定意义的论说文。论文从选题到文章的构思都需要参考大量的资料。利用好知识资源，论文就写好了一半。下面将撰写研究论文的参考资料获取过程用一个实例推荐给大家。

一、为论文撰写获取资料的三个阶段

（一）准备阶段

（1）选题：图书馆空气质量的研究。

（2）课题背景：目前独立院校蓬勃发展，为了迎接高校质量评估，独立院校图书馆建设被提到议事日程。空气质量关系到读者的身心健康，是一个值得关注的问题。

（3）将课题所涉及的各方面问题列出，并判断每个问题属于哪个方面的问题。下列为与“图书馆空气质量的研究”相关的五个问题。

① 室内空气质量的概念是什么？（概念性问题）

② 室内空气质量由哪些指标决定？各项指标怎样测定？有无国家标准？（标准问题）

③ 有关“图书馆空气质量测定与分析”方面的专题有没有人研究？（研究问题）

④“图书馆空气质量对读者的影响”专题有没有人研究？（研究问题）

⑤ 有没有人对上述问题发表过看法？都有哪些看法？（研究问题）

（二）实施阶段

记录日志见表6-1。

表6-1 记录日志（图书馆空气质量的研究）

日期	活动记录	结果	备注计划
2007-11-14	在江汉大学文理学院图书馆的借阅室按图书分类找到环境类（X类）图书进行选择	在《环境、污染、治理》一书中获取有关“室内污染”的概念性内容	查找有关标准
2007-11-14	打开Baidu搜索引擎，在空格中输入“室内”、“空气质量”、“标准”，点击“百度搜索”按钮进行搜索	找到《环境空气质量标准》（GB 3095—1996），《室内空气质量标准》（GB 18883—2002）等	继续寻找“图书馆空气质量标准”
2007-11-14	进入标准信息网（http://www.stdinfo.org.cn），点击“标准查询”、在“主题词”处的空格中输入“图书馆”然后点击“查询”按钮	得到《图书馆、博物馆、美术馆、展览馆卫生标准》（GB 9669—1996）的信息	到中国知识资源总库获取其他文献信息
2007-11-15	进入中国知识资源总库（http://search.cnki.net）	得到有关图书馆环境方面论说的论文标题和文摘：①《略论改善图书馆室内空气质量的措施》，四川图书馆学报，2005年第02期；②《室内空气质量指标综述（2）》，制冷技术，2007年，第02期	阅读论文标题和文摘后，准备找到对应期刊或在CNKI的期刊全文数据库中获取原文

（续表）

日期	活动记录	结果	备注计划
2007-11-15	到江汉大学文理学院图书馆寻找文献的出处，四川图书馆学报2005年第02期和制冷技术2007年第02期，结果没找到；但发现了与本课题相关的期刊《图书馆学刊》、《图书馆工作与研究》、《图书馆理论与实践》、《图书情报工作》、《图书馆界》、《图书馆建设》、《科技情报开发与经济》等，阅读大量的文章	发现不少与本课题相关的文章，标题如下：①《人性化生态化科学化——数字化时代图书馆建筑的构想》（论文）；②《图书馆内空气质量问题不容忽视》（论文）；③《浅谈新世纪图书馆环境建设》（论文）；④《高校图书馆建筑环境的人文精神创造》（论文）；⑤《高校图书馆室内空气质量与读者》（论文）	希望到中国期刊全文数据库中能获取论文《略论改善图书馆室内空气质量的措施》和《室内空气质量指标综述（2）》的全文
2007-11-15	输入江汉大学文理学院网址（http://www. jdwl. edu. cn），在“江汉大学文理学院”网页上找到“图书馆”并点开。在“图书馆”页面中找到“CNKI数据库”，并点开 输入用户名、密码，然后选择“中国期刊全文数据库” 在中国期刊全文数据库页面的检索项选择“标题”并在空格处输入《略论改善图书馆室内空气质量的措施》，时间段为“2000年以后”等。点击“检索”后，显示《略论改善图书馆室内空气质量的措施》文献的信息，继续点击标题处，显示文摘，然后选中“下载阅读→保存”（按要求操作）并打开全文进行阅读 将另一篇文章标题作为检索项，继续重复上面的步骤，按数据库要求操作	得到《略论改善图书馆室内空气质量的措施》和《室内空气质量指标综述（2）》全文	阅读后得到许多启发，下一步筛选出有用文献并按文摘格式进行整理

（三）整理阶段

[1] 高校图书馆室内空气质量与读者［J］. 刘芬（山东理工大学东校区图书馆）. 科技情报开发与经济，2006,16（22）：98-99（CNKI）.

中国标准化协会调查结果显示，当前68%的疾病是由室内空气污染造成的，室内空气污染已成为危害人类健康的隐形杀手。高校图书馆开馆时间每天至少10～12小时，读者在图书馆的平均时间为3～6小时。空气质量好坏对人体健康影响相当大。

[2] 环境、污染、治理［M］. 吴泳. 北京：科学出版社，2004.

从所依存的生态环境入手，介绍大气、水、土壤、食物与居住环境污染及危害的有关知识，并介绍如何着手防治环境污染的方法，以便使我们都能共同生活在洁净、健康的环境中。

[3] 略论改善图书馆室内空气质量的措施 [J]. 唐莉（四川师范大学图书馆）. 四川图书馆学报，2005（2）（CNKI）.

虽然环保部门很少检测图书馆室内空气质量，但图书馆的环境现实却引起图书馆人的警觉：由于通风不畅、湿度偏大，不少图书馆书库中的书籍散发出一股霉味。

[4] 室内空气质量指标综述（2） [J/DB]. 唐良士（上海一冷开利空调设备有限公司）. 制冷技术，2007（02）（CNKI）.

介绍了我国现行室内空气质量标准、室内空气有害物质限量标准，并介绍一些治理室内空气污染的措施。

[5] 网络时代图书馆服务环境与服务质量的研究 [J]. 易志亮（西北第二民族学院图书馆）. 科技情报开发与经济，2007（10）（CNKI）.

图书馆环境面貌是文明程度的直观体现，因此图书馆必须空气流通、窗明几净。宽敞的门厅、典雅的风格、柔和的灯光、相宜的色调，使读者一踏进图书馆就感觉赏心悦目。

[6] 西安市既有图书馆建筑室内环境调查与评价研究 [D/DB]. 张改景，王智伟（西安建筑科技大学）. 中国优秀博硕士学位论文全文数据库，[2007-08-01]（CNKI）.

对西安市图书馆进行了室内空气品质的现场测量和室内热环境、光环境、声环境、空气环境和空间环境的主观满意度调查，分析和比较了客观测试和主观调查的结果，发现高校图书馆这种特殊公共场所的室内空气品质不容乐观。

二、检索结果利用——撰写研究论文

重视图书馆空气质量，改善图书馆读书环境（节选）

杨 × ×

（江汉大学文理学院 武汉 430056）

文摘：阐述了室内空气质量的标准。分析了高校图书馆室内空气质量的影响因素，提出了改善高校图书馆室内空气质量的措施。

关键词：高校图书馆 空气质量 读者

室内环境质量对人的身心健康的影响已引起人们广泛的关注。中国标准化协会日前提供的调查结果显示，当前人的68%的疾病是由室内空气污染造成的，室内空气污染已成为危害人类健康的“隐形杀手”。

高校图书馆属于特殊公共场所。读者集中、外来的污染源和书刊滋生的挥发物共同污染室内环境。图书馆的环境面貌如何，一方面是文明程度的体现，一方面关系到读者的健康，因此研究图书馆室内空气质量有着重要意义。

1 室内空气质量的标准

2003 年 3 月 1 日我国首部《室内空气质量标准》实施，标准中引入了国际通用的“室内空气质量（IAQ）”的概念，并明确提出了“室内空气应无毒、无害、无异常气味”的要求。

1.1 《环境空气质量标准》（GB 3095—1996）规定了环境空气质量功能区划分、标准分级、污染物项目、取值时间及浓度限制、采样分析方法及数据统计的有效性规定。标准适用于全国范围的环境空气质量评价[1]。

1.2 《室内空气质量标准》（GB 18883—2002）规定了室内空气质量参数及检验方法，适用于住宅和办公建筑物，其他室内环境可参照本标准执行。

1.3 《图书馆、博物馆、美术馆、展览馆卫生标准》（GB 9669—1996）规定了图书馆可吸入颗粒物应≤0.15 mg/m^3。

2　室内污染源及对室内环境的评价

室内污染源十分广泛，如尘埃、吸烟造成的污染、从煤气炉中产生的CO和NO_2、家具上散发出来的有机溶剂（如甲醛）、氡气、地毯、洗涤剂、除虫剂、清新剂、家用电器散发出来的电子烟雾、细菌、螨虫、真菌、病毒以及植物花粉等。室内有害气体的浓度通常可超出外界五倍至数十倍之多，装修的有机涂料发出的有毒物质甚至可以夺人性命。室内空气污染已经成为越来越严重的问题。

室内环境由热环境、光环境、声环境、空气环境和空间环境组成。对室内环境的评价应是对这几个方面的综合评价。如热环境可用温度、湿度、风速来评价，光环境可用作业面照度的平均值和均匀度来评价，声环境可用工作中的噪声等来评价，空气环境可用甲醛、可吸入微粒物、挥发性有机物（VOC）等室内污染物的浓度来评价，空间环境则可以用人均占地面积、顶棚高、盆栽植物密度和办公用具的布置结构等来评价。

3　图书馆空气质量的现状

3.1　对西安40所大学图书馆进行了调查。

对西安40所大学各个图书馆进行了室内空气品质等方面的测试。得到的结论是：西安市高校图书馆室内环境不容乐观，有些图书馆室内空气品质处于重污染等级，最严重的污染物是有机化合物和可吸入颗粒物[2]。

3.2　学生极易疲劳是因为图书馆自习教室空气质量下降

人大附中在图书馆室内通风和不通风两种情况下对空气质量进行了评估，并测定了学生视敏度、反应速度等疲劳指标。大量数据表明，在不通风的情况下，CO_2浓度高出通风良好时的4倍，此时学生相应的视敏度、记忆广度、瞬时记忆力、反应速度、注意力集中的下降速度为通风时的1.5倍、2.5倍、5.3倍、2倍和1.25倍。

3.3　据专家测试结果显示，在较集中的阅览室开放1小时，空气的细菌含量就高于室外45%以上，空气中的悬浮颗粒物浓度高于室外60%以上；开馆超过9小时后，两者竟都超出室外9倍；而CO_2的浓度最高时可达室外的4倍。采用了中央空调的图书馆，空气污染更严重。

4　影响图书馆空气质量的主要因素

4.1　建筑缺陷引起的污染。

4.2　采用中央空调系统又因经费原因长时间不启用空调和排风系统，馆内空气不流通。

4.3　图书纸张的污染。

4.4 图书印刷的缺陷。

4.5 图书馆的书刊挥发物和浮尘影响空气质量。

4.6 电子电磁尘埃污染。

4.7 高校图书馆开馆时间长，读者集中[3]。

5 改善图书馆室内空气质量的措施

5.1 保证室内净高度。高度不低于3.2m，综合效益最佳指标为3.6m左右。

5.2 保证足量的自然风和外墙窗的开启面积。窗的开启面积不小于窗面积的1/2。

5.3 搞好绿化以改善室内环境，在室内放置绿色植物，净化空气，消解读书的疲劳感。

5.4 馆内定期消毒，并对归还的图书进行消毒，切断病毒传播渠道。

5.5 重视对电子电磁尘埃污染的防治。经常开门窗或排气风扇，减少或消除污染[4~5]。

5.6 加强宣传。

主要参考文献

[1] 曲建翘，薛丰松. 室内空气质量检验方法指南［M］. 北京：中国标准出版社，2002.

[2] 张改景，王智伟. 西安市既有图书馆建筑室内环境调查与评价研究［D/DB］. 中国优秀博硕士学位论文全文数据库，［2007-08-1］. http://search.cnki.net.

[3] 刘芬. 高校图书馆室内空气质量与读者［J］. 科技情报开发与经济，2006,16(22)：98-99.

[4] 唐良士. 室内空气质量指标综述（2）［J/DB］. 制冷技术，2007（02）［2007-11-15］. http://search.cnki.net.

[5] 吴泳. 环境、污染、治理［M］. 北京：科学出版社，2004.

三、相关知识

（1）一般论文必须包括以下内容：标题、作者和单位、文摘、关键词、正文、参考文献。文摘的要求与综述中的要求一致。

（2）参考文献著录格式按照《文后参考文献著录规则》（GB/T 7714—2005），一般采用顺序编码制，序号（阿拉伯数字）置于方括号内。在文内的引文处按引用文献在论文中出现的先后顺序连续编码，文后参考文献表的排列顺序以正文中出现的先后为准。参考文献表放在文末。表上以“参考文献”（左顶格）作为标志。序号左顶格，用阿拉伯数字加方括号标志，每一条目的最后均以实心点结束。

▶ 知识卡片

各类文献的著录格式

1. 专著

［序号］主要责任者. 题名：其他题名信息［文献类型标志］. 其他责任者. 出版地：出版者，出版年：引文页码［引用日期］. 获取和访问路径.

2. 专著中的析出文献

［序号］析出文献主要责任者．析出文献题名［文献类型标志］．析出文献其他责任者//专著主要责任者．专著题名：其他题名信息．出版地：出版者，出版年：析出文献的页码［引用日期］．获取和访问路径．

3. 连续出版物

［序号］主要责任者．题名：其他题名信息［文献类型标志］．年，卷（期），卷（期）．出版地：出版者，出版年［引用日期］．获取和访问路径．

4. 连续出版物中的析出文献

［序号］析出文献主要责任者．析出文献题名［文献类型标志］．连续出版物题名：其他题名信息，年，卷（期）：页码［引用日期］．获取和访问路径．

5. 专利文献

［序号］专利申请者或所有者．专利题名：专利国别，专利号［文献类型标志］．公告日期或公开日期［引用日期］．获取和访问路径．

6. 电子文献

［序号］主要责任者．题名：其他题名信息［文献类型标志/文献载体标志］．出版地：出版者，出版年（更新或修改日期）［引用日期］．获取和访问路径．

文献类型标志

《文后参考文献著录规则》规定电子文献的“文献类型标志”是必备项．非电子文献的“文献类型标志”可为任选项．文献类型标志如下：普通图书 M，会议录 C，汇编 G，报纸 N，期刊 J，学位论文 D，报告 R，标准 S，专利 P，数据库 DB，计算机程序 CP，电子公告 EB。

电子文献载体类型标志如下：磁带 MT，磁盘 DK，光盘 CD，联机网络 OL。

联机网上数据库 DB/OL，磁带数据库 DB/MT，光盘图书 M/CD，磁盘软件 CP/DK，网上期刊 J/OL，网上电子公告 EB/OL。

四、心得共享

（1）论文选题必须有价值，有意义。没有价值的选题是不值得讨论的。

（2）选题确定后，就必须对所选择的问题进行分解，实际上就是对问题进行分析，把一个大问题分解成许多相互联系的小问题，从而找到解决这个问题的步骤及其相关的联系。

（3）在选择资料时不能过于简单，简单的资料不能为课题研究提供全面、深入的信息。有的时候，一本书所提供的内容比粗糙的网页介绍更有用。我们不能仅考虑用起来方便，还要看课题是否要求使用更权威、更完整的资料，而不是能从网上获得什么就用什么。

（4）只有大量阅读资料，才能使自己的头脑充实起来。

（5）对自己的课题充满激情，多思考，反复地推敲修改。

五、特别推荐

（1）清华同方数据库：http://search. cnki. net, http://www. cnki. net, http://www. dlib. cnki. net。

（2）维普知识资源总库：http://www. cqvip. com。

（3）万方数据资源系统：http://www. wanfangdata. com. cn。

（4）全国报刊索引数据库：http://bksy. clcn. net. cn: 8080。

（5）书生之家数字图书馆：http://www. 21dmedia. com。

（6）中国科技论文在线：http://www. paper. edu. cn。

（7）金报兴图报纸全文数据库：http://www. goldennews. com. cn。

第三节　利用知识资源，为相关部门提供文献信息服务

一、为提供文献信息服务获取资料的三个阶段

（一）准备阶段

（1）任务：有关部门需要东湖文化的文献。

（2）任务背景：2007 年 3 月 19 日，东湖面向全球征集概念规划方案。长江日报提出搜集东湖的历史故事以宣传东湖文化。问题由此而发，希望对有关东湖的文献进行搜集检索，将相关的文献信息提供给有关部门。只需要文献的题录进行参考。

（3）将以下的内容作为主要搜集对象：东湖文化、西湖文化、东西湖文化比较。

（二）实施阶段

记录日志见表 6-2。

表 6-2　记录日志（东湖文化）

日期	活动记录	结果	备注计划
2007-11-5	进入清华同方数据库（http://search. cnhki. net），输入关键词“东湖文化”	1000 多篇	内容太多太杂，将范围限制在标题内。
2007-11-5	在上面的结果中继续搜索“东湖文化”（标题） 在上面的结果中继续搜索“武汉东湖”（标题）	5 篇（期刊论文 3 篇、报纸 2 篇） 249 篇（湖水研究的技术性文章）	学术性太强，考虑用 Baidu 搜索引擎。

（续表）

日期	活动记录	结果	备注计划
2007-11-5	打开 Baidu 搜索引擎，输入关键词“武汉东湖”，然后输入“武汉东湖文化”（在结果中）继续搜索	近 20 篇相关文献	从中挑选合适的文章
2007-11-5	进入清华同方数据库，输入关键词“西湖文化”	30 多篇	内容比较切题
2007-11-5	打开 Baidu 搜索引擎，输入关键词“西湖”、“东湖”	近 50 篇相关文献	从中挑选合适文章

（三）整理阶段

东湖文化的题录有 10 条，如下所述。

［1］免费东湖 PK 免费西湖［J］. 袁华明. 观察与思考，2007（7）.

［2］东湖屈原文化馆新妆初成［N］. 冯爱华，董宇彬. 长江日报，2007-06-11.

［3］武汉东湖梅园将扩建成为全国最大梅花中心［N］. 赵辉，唐闻. 中国花卉报，2007-03-21.

［4］要补“历史文化课”——东湖文化启动观察（上）［N］. 冯爱华，王南方. 长江日报，2007-03-12.

［5］武汉东湖亮出屈原文化牌 重塑东湖之“魂”［N］. 冯爱华. 长江日报，2006-05-28.

［6］文谷与光谷齐飞 武昌东湖西岸凸现文化集群［N］. 杨耕耘，张云宽. 湖北日报，2006-04-11.

［7］秀水·灵山·文化——游武汉东湖风景区［J］. 安东，舒晴. 经济月刊，2001（1）.

［8］东湖 西湖 吴山——“城隍阁”方案异议［N］. 董楚平. 杭州师范学院学报，1999（2）.

誓叫东湖超西湖，当时武汉人对此很有信心，其理由有二：一是东湖面积比西湖大几倍；二是武汉人口比杭州多，人力物力比杭州大。现在，武汉人清醒了，东湖是不可能超西湖的，因为西湖有文化，东湖没有文化。

［9］东湖指日胜西湖［J］. 志坚. 中国审计，1997（3）.

这是朱老总的结论。中国的大城市，湖区占城区面积比较大的莫过于湖北的武汉了。武汉的东湖之大，占了市区面积的三分之一，有 35 平方公里水面。

［10］东湖风景区文化建设咨询座谈会于 5 月 17 日在东湖碧波山庄召开［J］. 傅正兴. 华中建筑，1989（2）.

西湖文化的题录有 10 条，如下所述。

［1］山水人居，金石联盟——与刘江先生的西湖文化探源［J］. 丁晓红. 楼市，2007.

［2］明末清初西湖小说与西湖文化精神［J］. 胡海义. 甘肃理论学刊，2007（1）.

［3］《西湖文化》为新西湖立传［N］. 欧燕萍，祝荣生. 钱江晚报电子版，2006-02-10.

[4] 我国申报世界文化遗产的条件与对策——西湖案例研究 [J]. 周永广. 经济地理, 2006.

[5] 西湖, 恒久的文化议题——专家学者解读西湖文化 [J]. 福田伸男. 大美术, 2006 (6).

[6] 论龙井茶的自然文化与杭州 (西湖) 的渊源 [N]. 黄志根. 浙江大学学报 (人文社会科学版), 2006 (1).

[7] 珍惜瑰宝 保护遗产——杭州西湖龙井茶申报世界文化景观遗产综述 [J]. 周建萍. 中国茶叶, 2005 (6).

[8] 构筑西湖群山文化景观廊道 推动杭州旅游经济向纵深发展 [N]. 吕雄伟. 中共杭州市委党校学报, 2003 (2).

[9] 西湖南线浓浓文化情 [J]. 赵菲. 文化交流, 2002 (6).

[10] 苦涩的文化探寻——余秋雨《西湖梦》评赏 [J]. 汪政, 晓华. 名作欣赏, 1994 (2).

二、相关知识

(1) 利用知识资源为相关部门提供文献信息服务实际上是信息部门对用户提供的一项信息咨询服务。

(2) 本文介绍的获取文献信息和组织文献信息的方法存在普遍意义。

第四节 科技查新充分体现知识资源的利用

随着国家中长期科技发展规划和国家"十一五"发展规划的提出，科技创新已经作为国家战略深入人心，科技创新活动和科研成果也日益增多。为了得到权威机构公正的评价和认可，也为了避免损失和浪费，科技查新在社会上受到了极大重视，一些单位和企业已经将查新事宜提上日程。

那么，什么是查新？它有哪些内容？作为企业的代表，应该做些什么？企业期望查新机构提供的工作内容有哪些？当把以上问题弄清楚后，我们就能付诸行动。你现在获得的知识将伴随着你的工作生涯，对你的学习和研究都大有益处。

一、什么是查新？它有哪些内容？

查新是科技查新的简称，是指查新机构根据查新委托人提供的需要查证其新颖性的科学技术内容，按照《科技查新规范》，检索相关数据资源，并根据检索结果做出查新结论。

为了公正、公平、准确地评价科研课题和科技成果，借鉴专利查新的经验，20 世纪 80 年代末，我国开始对科研成果实行查新。20 世纪 90 年代，原国家科委先后公布了 38 个科技信息机构为一级查新单位。

新颖性是指在查新委托日以前查新项目的科学技术内容部分或者全部没有在国内外出版

物上公开发表过。科技查新就是提供文献依据。

查新作为科研立项的前期工作，为立项是否恰当提供客观依据；为科研成果的鉴定、评估、验收、评审、奖励及推广应用提供可靠的客观依据；查新还有助于科研人员调整自己的研究和开发方向，保证科研开发处于高起点，避免低水平或重复研究。

（一）科技查新与课题查询的异同

1. 相同点

两者都是以文献信息资源为基础，根据用户的文献需求，运用各种检索手段，为用户提供相关信息。

2. 不同点

（1）目的。科技查新是作为鉴定资料为科研立项、科技成果鉴定、评估、验收、转化、奖励等提供客观依据，不但要对相关文献进行检索，还要对检索出的文献和数据的结果进行综合、分析，再与查新课题相比较，通过对比来判别查新项目的新颖性。文献检索只是用户利用检索工具查找与某项专题相关的文献记录的一个过程，只提供文献和原始资料作为参考即完成任务。

（2）期望。科技查新更强调文献检索的准确性，期望不要查到与查新课题内容相似的文献。只要出现一篇与查新课题主要技术指标相近或优于查新课题的文献，即对查新课题构成否定作用，其他检索就不是很重要了。而文献检索则期望查到与课题密切相关的内容。

（3）时限。查新一般应从查新委托之日起前推10年，但也可根据不同的学科特点和技术产品、工艺和专利的成熟程度，缩短和延长检索年限。而文献检索没有硬性规定，只需根据课题要求决定检索范围和时间即可。

（4）查新责任。查新报告作为科技鉴定资料，查新人员要对查新结论所产生的一切后果负相应的法律责任。文献检索只是向用户提供检索到的文献信息，检索人员没有法律责任。

（二）科技查新与专家鉴定的异同

科技查新作为科技鉴定的资料与专家评审有相同之处，但也有不同于专家评审之处。专家评审是专家根据自身对专业知识的掌握和实践经验，从主观上对评审对象做出结论，而科技查新是信息人员对文献信息进行有针对性的检索，并将检索结果进行综合分析，从而判别查新项目的新颖性。同时也为专家的评审从文献方面提供一个客观的事实依据，使科技评价更加公平、公正。

二、作为企业的代表，当我们着手进行这项工作时，应该做些什么？

（一）了解查新机构对查新委托人的要求

查新机构对查新委托人的要求如下。

（1）应当据实、完整地提供下列查新所必需的资料。

① 查新项目的科学技术资料。

② 查新项目的技术性能指标数据。

③ 查新机构认为查新所必需的其他资料。

（2）应当尽可能提供下列查新所需要的资料。

① 参考检索词。包括中英文对照的查新关键词（含规范词、同义词、缩写词、相关词）、分类号、专利号、化学物质登记号等。关键词应当从查新项目所在专业的文献常用词中选择。

② 国内外同类科学技术和相关科学技术的背景材料。

③ 参考文献。列出与查新项目密切相关的国内外文献（含著者、题目、刊名、年、卷、期、页），以供查新人员在检索时参考。

（3）查新委托人所提交的资料应当真实可靠，用词准确，能够满足完成查新事务的需要。

（二）对课题进行文献检索，并作如实的记录

为了按查新机构的要求提供资料，作为企业的代表（查新委托人），应该在对查新机构提出查新要求之前做好准备工作。按照文献检索的方法对准备查新的课题进行文献检索调查，特别是国内外专利文献的检索调查。

通过对文献的初步检索决定对该课题是否委托查新，如果在初步检索（企业自主进行）时就发现有与课题内容相同、相近文献，那么课题委托查新的意义不大，应该考虑停止或采取其他策略。如果在初检时没有发现类似的文献，委托查新可以继续进行。

三、企业对查新机构的期望

为了圆满完成企业交给的任务，明确表达企业的愿望和要求，了解查新机构的工作程序和查新报告非常重要。

（一）了解查新委托人对查新机构的查新要求

查新委托人对查新所提出的要求或具体愿望，一般分为以下四种情况。

（1）希望查新机构通过查新证明在所查范围内国内外有无相同或者类似研究。

（2）希望查新机构对查新项目分别或者综合进行国内外对比分析。

（3）希望查新机构根据分析对查新项目的新颖性作出判断。

（4）查新委托人提出的其他愿望。

（二）了解查新程序

《科技查新规范》对整个查新工作进行了全面的规范，包括基本术语、基本原则、查新委托人、查新机构、查新合同、查新人员、查新咨询专家、检索、查新报告、查新过程中可能出现的争议、查新档案管理、查新程序和附则共13个部分。

科技部在制定《科技查新规范》时，总结了一套查新程序供人们参考：查新委托→受

理委托与签订合同→检索准备→选择检索系统及数据库→检索策略制定→实施检索→查新报告撰写→提交查新报告。

▶ 知识卡片

查新程序

1. 查新委托

查新委托的单位或个人在提出处理委托事物之前，首先自我判断查新项目是否属于查新范围，再根据查新项目的专业内容、科学技术特点、查新目的以及查新机构所能受理的专业范围自主选择查新机构，并据实、完整地向查新机构提供查新必需的相关技术资料和有关材料，包括项目的科技资料、技术性能指标、中英文对照的检索词、参考文献、国内外同类科学技术和相关学科的背景资料等。

2. 受理委托与签订合同

《科技查新机构管理办法》和《科技查新规范》规定了科技查新机构的查新范围，查新机构在受理查新时首先考虑委托课题是否属于自己的受理范围，然后根据委托人提供的相关资料确定是否可以受理。如果可以接受委托，就根据《科技查新规范》中查新合同的要求与委托人签订查新合同。

查新合同是具有法律效力的，合同一旦成立，双方就要为此承担相应的法律责任。因此查新人员不仅要具有熟练掌握有关查新方面的技术，而且要熟悉相关的科技法律制度，如国家科技进步法、技术合同与技术市场的立法、关于国际科技合作与交流方面的相关法律制度等。

3. 检索准备

在实施查新之前，查新人员要进行课题分析，仔细阅读委托人提供的相关资料，了解委托人查新的目的和对查新的具体要求，并尽可能多地了解课题的研究情况，必要时还要进行专家咨询。检索准备应包括根据查新课题选择主题和确定相应的工具书。

4. 选择检索系统及数据库

检索工具选择得是否恰当会直接影响检索结果，选择数据库要本着能够全面覆盖查新课题范围为原则。

（1）首先要选择综合性的数据库，如 SCI、EI、INSPEC 等，这些数据库不仅收录的学科全、范围广、年限长，且收录的期刊及其他类型的文献资料均为各学科领域的研究前沿出版物，对一些跨学科的查新项目尤其重要。

（2）专业数据库的特点是收录本学科的资料全，因此在必查之列。另外现在各研究领域之间相互交叉与渗透，理论和应用涉及多学科，因此内容相关的其他专业数据库也要列入检索的范围。

（3）国内外专利数据库。

（4）如是重大课题，有必要对一些重要期刊（如 Nature 和 Science Online）进行专门检索。

（5）其他网络资源。检索工具在类型上要兼顾目录型、题录型、文摘型、全文型；在检索手段上要以计算机检索为主，而手工检索作为机检的补充也不能忽略。

5. 检索策略制定

检索策略制定包括检索词、检索提问式、检索界面选择和检索功能的运用。

（1）检索词选择。检索词是一个广义的概念（有的检索系统叫检索项），包括能够反映查新课题主题或主要技术特征的关键词、主题词、分类号、作者、作者单位等。检索词的提取要考虑同义词、近义词等形式，一般包括单复数、词尾变化的同根词等。要尽量应用系统的布尔逻辑、位置逻辑和截断算符功能。

（2）组配检索提问式。组配检索提问式就是用一个式子来描述检索要求。首先，应把检索词分成若干组，组与组之间用 and 算符，同一组内的检索词用 or 算符。词尾变化的各种同根词用截断算符代替。

（3）检索界面选择。现有检索系统一般都有快速检索、初级检索（又称基本检索、简单检索等）和高级检索（又称专家检索、精确检索等）等检索界面，可根据具体需要和情况选择，但专业查新人员最好选择高级检索，有助于提高检索效率。还有，要特别注意利用检索界面上的限制选择功能，如学科分类、二次检索、时间范围、文献类型、语种等来缩小检索范围，提高查准率。

6. 实施检索

当制定好检索策略后，要根据检索策略实施检索。实施检索中，要根据检索结果情况，不断优化检索策略。如果遇到检索结果太多或为零、检索到的结果与查新课题不相关等情况，就需要通过增加、减少、调整、修改检索词的方法来修改检索策略，有时要反复多次，才能得到满意的结果。

7. 查新报告撰写

查新报告是查新机构用书面形式就查新事务及其结论向查新委托人所作的正式陈述，是体现整个查新工作质量和水平的重要标志。查新报告包括相关文献分析和检索结论的撰写，筛选出与查新课题内容相关的文献。这些文献要能够反映其研究水平、技术指标、参数要求，与查新课题有较高的可比性。查新人员要对查新课题内容及查新点与检索到的结果（即相关文献反映出的现有研究或技术水平）进行比较，实事求是地做出文献评述论证结论。报告应包括以下内容。

（1）基本信息：查新报告编号，查新项目名称，查新委托人名称，查新委托日期，查新机构 的名称、地址、邮政编码、电话、传真、电子信箱，查新员和审核员姓名，查新完成日期。

（2）内容信息：查新目的、查新项目的科学技术要点、查新点和查新要求、文献检索范围、检索策略、检索结果、查新结论、查新员与审核员声明，并包括与查新课题密切相关的原文在内的各种附件。

8. 提交查新报告

查新机构完成报告后，按照查新合同的约定向查新委托人提交查新报告和相应的附件。

鉴于查新人员对各种科技领域的发展的了解有一定的局限性，即使是专业非常对口的查新 人员，对本专业研究情况及发展趋势也难做到了如指掌，在查新过程中很多时候需要咨询有关专家，以便了解与课题相关的领域目前的研究与开发状况，委托人可以提出不适合××做本次查新咨询专家的名单，作为查新人员的参考，而查新人员对查新咨询专家的意见及咨询结果也应不予公开。

（三）一个具体查新实例

1. 课题名称

教学用微型磁共振成像仪。

2. 查新的目的

为成果鉴定，希望对用于教学的微小型磁共振的国内外研究和开发状况进行查询。

3. 选择检索系统及数据库

本课题从学科分类上归属于物理大学科，但却应用广泛，因此在选择数据库时既要选择专业数据库，还要特别注意一些综合性数据库以及跨学科数据库。

从技术上讲，磁共振成像仪实用性非常强，检索专利数据库必不可少，会议论文常常会报道一些前沿技术，也应在检索之列。中英文数据库也应涉及全文库。

4. 检索策略制定

根据委托人提供的检索词和课题的主题内容制定检索策略。

委托人所提供的检索词有“磁共振成像仪”（Magnetic Resonance Computerized Tomography），“小型化”（Mini Type）、“教学仪器”（Teaching Apparatus）。

教学用磁共振成像仪的特点就是小型化，因此在检索策略中要保留；磁共振成像仪为课题的核心内容，当然是必不可少，该成像仪是用于教学，在检索策略中也要反映出来，因此初始的检索策略为：

mini type and magnetic resonance computerized tomography and teaching apparatus

但在预检索时发现有关小型的说法还包括 minimize、mini、micro；成像仪也还有 magnetic resonance imaging apparatus 和 magnetic resonance tomography；教学的相关词 education 也有用；另外要磁共振成像仪有各种表述的缩写，而 computerized 有不同的拼写 computerized。

因此补充检索词，当检索词补充相对完整后的检索策略为：

(miniature or mini or mini type or micro*) and (magnetic resonance tomography or magnetic resonance imaging or magnetic resonance computeri?ed tomography or MRCT or MRT or MRI or NMR) and (teach* or educat*)

用调整后的检索策略在选定的数据库中实施检索，并对检索结果进行分析，与查新委托课题进行技术方面的比较，最后编制出相应的查新报告。

报告编号：××××××××××

科技查新报告

课题名称：教学用微型磁共振成像仪

委 托 人：×××

委托日期：××××年××月××日

查新机构（盖章）：

查新完成日期：××××年×× 月×× 日

中华人民共和国科学技术部

××××年制

查新项目名称：（中文）教学用微型磁共振成像仪

（英文）×××××××××××

查新机构名称：××××××

通信地址：××××××　　　　邮政编码：××××××

负 责 人：×××　　电话：××××××　　传真：××××××

联 系 人：×××　　电话：××××××

电子信箱：××××××

一、查新目的

成果鉴定。

二、查新项目的科学技术要点

核磁共振成像已广泛应用于医学、化学、生物、石油等领域，但一台实用的成像仪需几百万美元，本课题为解决教学而进行的研究，研制出微型磁共振成像仪，其原理与指标与大型仪器相当，价格只有十几万人民币。主要工作如下所述。

（1）小型化，缩小成像区为∮35mm。

（2）用永磁体代替超导磁体，并克服了永磁体温度漂移问题，磁铁采用稀土金属。

（3）图像的空间分辨率可达0.5mm，达到一般大型成像水平。

（4）实用于教学。本成像仪不仅可显示最后处理出来的核磁共振成像，而且对成像过程中每一个中间过程的数据和曲线均显示出来，学生可自己处理这些数据。

主要技术指标：磁场强度　0.65T

磁场不均匀度$\leqslant 20\times10^{-6}$

工作区　∮35mm×17.5mm

分辨率≤0.5mm

三、查新点与查新要求

对国内外有关微型磁共振成像仪在教学方面的研究和开发进行文献方面的查询，以证明本课题的研制水平。

四、文献检索范围及检索策略

中文检索词及检索策式：

（微型＋小型＋迷你型）×（磁共振成像＋核磁共振成像）×教学仪器。

检索的中文数据库：

1. 中文科技期刊数据库（1989～）
2. 中国科学引文数据库（1989～）
3. 万方数据—中国科技成果数据库（1985～）

4. 中国专利数据库（1985～）
5. 中国期刊网（1994～）
6. 万方数据—中国科技论文引文数据库（1985～）
7. 中国学位论文数据库（1989～）
8. 中国学术会议论文数据库（1986～）

英文检索词及检索策式：

(miniature or mini or mini type or micro*) and(magnetic resonance tomography or magnetic Resonance imaging or magnetic resonance computeri? ed tomography or MRCT or MRT or MRI or NMR) and(teach* or educat*).

检索的英文数据库：

1. PaperFirst(1985～)
2. Proceeding First(1985～)
3. Artical First(1985～)
4. Conference Papers Index(1985～)
5. MEDLINE(CSA)(1985～)
6. Electronics and Communications Abstracts (CSA)(1985～)
7. NTIS(1985～)
8. Derwent Innovations Index(1985～)
9. SCI (Web of Science)(1985～)
10. Ei (Compendex Web)(1985～)
11. INSPEC(1985～)
12. ISTP(1985～)
13. ProQuest Digital Dissertation(1985～)
14. General Science Abstracts/Fulltext(1985～)
15. New Scientist (1985～)

五、检索结果

通过网络数据库、国际联机检索，查找数据库中有关物理、生物医学等相关学科文档，上述中文检索式没有查到相关文献。用上述英文检索式，检索结果为15篇，排重后有11篇文献。经分析有1篇文献与查新课题相关，文献信息如下：

Title: A mini NMR imaging system for teaching and traning.

Author: Placido Reyes, Juan Jose Vaquero, Manuel Rivera, Andres Santos, Pablo Perez, Francisco del Pozo.

Source: 18th Annual International Conference of the IEEE Engineering in Medicine and Biology Society, Amsterdam 1996.

六、查新结论

经分析有1篇文献与查新课题相关，该文献为用于教学和实习的袖珍型核磁共振成像系统，由一个永久磁铁、RF电子标准组件系统、获取信号的子系统和一台计算机组成，所有这些组成部分可以独立操作。手动交互，带有各自的模块，是一个完全的开放系统，学生可以处理NMR信号获取的每一个参数，实时显现不同的效果。该系统磁铁采用的是铁氧体，磁场强度为0.1211T，系统需放在4m×5m的房间中，而查新课题磁铁采用的是稀土金属，磁场强度为0.65T，磁共振成像仪放在1.5m×0.8m的台面上即可。

综上所述，本次检索未查到主要技术指标与查新课题相当、永磁体采用稀土金属、用于教学的微型磁共振成像仪。

特此证明。

查新员（签字）：×××　　　查新员职称：×××

审核员（签字）：×××　　　审核员职称：×××

（科技查新专用章）

××××年××月××日

七、查新员、审核员声明

(1) 报告中陈述的事实是真实和准确的。

(2) 我们按照科技查新规范进行查新、文献分析和审核，并作出上述查新结论。

(3) 我们获取的报酬与报告中的分析、意见和结论无关，也与报告的使用无关。

查新员（签字）：×××　　　审核员（签字）：×××

××××年××月××日　　　××××年××月××日

八、附件清单（略）

九、备注（略）

【知识要求】 通过对这一章的学习，使学生了解最新知识资源（一次文献资源）的利用价值，知道科技查新的定义和如何办理科技查新的手续，掌握一般论文必须包括的内容，掌握参考文献著录格式，掌握获取和整理文献信息的三个阶段，学会利用各种知识资源数据库获取文献信息。

【关键术语】 最新知识资源　参考文献　查新

【本章小结】 这一章从四个方面阐述了最新知识资源（一次文献资源）的利用价值，它们是：综述的参考文献、撰写论文资料的获取、专题信息服务和查新工作。在撰写论文资料的获取、专题信息服务中记叙了获取的最新知识资源三个阶段，给出具有实际参考价值的示例。查新内容从大家关注的就业的角度出发说明了文献信息检索与查新工作的关联，介绍了查新工作程序，使我们进一步体会到文献检索技能是社会的需要，是大学生必须掌握的知识，同时也唤醒我们对科技创新和企业命运的关注。

【复习与思考】

1. 对一篇综述文献进行研究，学习其标准格式。

2. 找一篇学术论文，看其参考文献的格式，区分不同的文献记录内容。

3. 找到国家规划的课题或者公开招标的课题，推荐给他人。

4. 做一个专题题录数据库（10条以上）。

5. 学写一篇论文，按标准要求如实记录参考文献。论文的内容、要求及评价参见表6-3。

表 6-3　论文内容、要求及评价参考表

项目	内容	要求	等级（按优、良、中及格、差进行评价）
课题的选取（课题来源）	（1）自选课题 （2）毕业设计课题 （3）本课老师提供课题	（1）根据国家的各种计划提出、根据市场需要提出、来自企业的课题 （2）得到老师的认可	
完成形式	（1）独立完成 （2）合作完成	合作是在讨论和协作的基础上，每人独立完成一个部分	及格：按要求完成信息的获取和整理
获取信息过程（作记录）	时间；地点；手段；检索工具名、数据库、网址等；获取信息条数；有无全文等	（1）记录真实 （2）叙述清楚	
信息整理	（1）制作题录：序号；标题；作者；出处 （2）制作文摘：序号；标题；作者；出处；文摘	（1）挑选的信息有参考价值 （2）记录完整 （3）排列有序	中：按要求完成信息的获取和整理。对小结中内容（至少1个）阐述基本清楚、真实
索取原文（全文）	（1）中文：标题、出处、文摘、全文 （2）外文：不少于 5000 字符的原文	阅读中文全文；将至少1篇外文译为中文	
小结	（1）对所使用的工具（检索工具、数据库等）或某种期刊（中外）进行评价：①你使用过的工具哪些适合本课题，简要说明它包含学科的基本内容；②使用的“检索途径”有哪些？说明查本课题选择的“检索点”（具体词、号） （2）对查到的与课题有关的文献进行评价：①总共查到多少文献，它们分别是什么类型（论文、专利、报告、综述等）；②文献中分别谈到课题的哪些内容 （3）对课题本身进行讨论：①课题的基本概念、包含的基本内容；②国内外研究状况、关键问题、相关技术、发展的有利条件、不利条件等；③你认为本课题目前处于何种状况，发展前景如何？提出对课题研究方向的看法和建议 （4）效果分析：①学习方式；②信息意识；③能力及其他	（1）至少选择一个内容 （2）选择多个内容 （3）内容真实 （4）叙述清楚	良：按要求完成信息的获取和整理。对小结中内容（至少2个）阐述基本清楚、真实 优：在良的基础上有新意有见地
结果利用	根据获取的信息撰写一篇论文	叙述清楚格式规范	

第七章　走进数据库园地 ◎

随着人类社会逐步迈入信息时代，文献信息出现数量迅猛增长、载体形式多样、类型增加、语种扩大、分布分散等特征。我们的耳边出现了“海量信息”、“信息爆炸”等名词，“信息污染”也随之产生。

据美国科学基金会、凯斯工学院基金委员会和日本国家统计局的调查数据，一个科研人员的研发工作时间如图 7-1 所示。

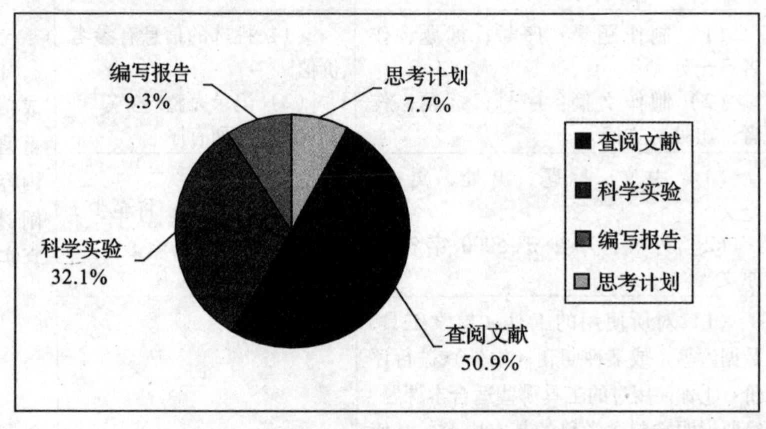

图 7-1　一个科研人员的研发工作时间

如何在纷繁复杂的信息中及时、准确、全面、快捷、高效地查寻所需要的信息？让我们走进数据库园地，在这里，也许你会有踏破铁鞋无觅处，得来全不费功夫的感觉。

第一节　基本检索技术

一、布尔逻辑检索

当你利用数据库进行检索时，你需要熟悉“布尔逻辑检索”。通过布尔逻辑算符，你可以指定那些希望和不希望出现在结果中的关键词。例如，如果你输入关键词“united”和“states”，查到的结果是同时包含“united”和“states”这两个词的信息资源。这就是布尔逻辑检索中的“逻辑与”，大多数数据库在同时输入多个词时自动在词间加入了逻辑算符“and”。常用的逻辑算符还有“or”和“not”。

规定检索词之间逻辑关系的算符称为布尔逻辑算符。主要的布尔逻辑算符有：逻辑与

(and)、逻辑或（or)、逻辑非（not)，其一览表见表 7-1。

表 7-1　布尔逻辑运算一览表

名　称	符　号	表 达 式	功　能
逻辑与	* 或 and	A * B	同时含有提问词 A 和 B 的文献，为命中文献
逻辑或	+ 或 or	A + B	凡是含有提问词 A 或 B 的文献，为命中文献
逻辑非	- 或 not	A - B	凡是含有提问词 A 但不含有 B 的文献，为命中文献

（1）逻辑与（*：and)。逻辑算符“and”也可以写做“*”。逻辑与用来组配不同的检索概念，其含义是检出的记录必须同时含有所有的检索词。组配方式为“A * B”，表示数据库中必须同时含有 A、B 两词的文献为命中文献。其作用是增加限制条件，即增加检索的专指性，以缩小提问范围，减少文献输出量，提高查准率。

（2）逻辑或（+：or)。逻辑算符“or”也可以写做“+”。逻辑或用来组配具有同义或同族概念的词，如同义词、相关词等，其含义是检出的记录中至少含有两个检索词中的一个。组配方式为“A + B”，表示数据库中凡含有检索词 A 或 B 或者同时含有检索词 A 和 B 的文献均为命中文献。使用逻辑或相当于增加检索主题的同义词、近义词和相关词，其作用是放宽提问范围，增加检索结果，起扩检作用，提高查全率。

（3）逻辑非（-：not)。逻辑非算符“not”也可写做“-”。逻辑非用来排除含有某些词的记录，即检出的记录中只能含有“not”算符前的检索词，但不能同时含有其后的词。组配方式为“A - B”，表示数据库中含有 A 词而不含有 B 词的文献为命中文献。其作用是排除不希望出现的检索词，它和逻辑与的作用相似，能够缩小命中文献范围，增强检索的准确性。

用文氏图表示的布尔逻辑关系如图 7-2 所示。

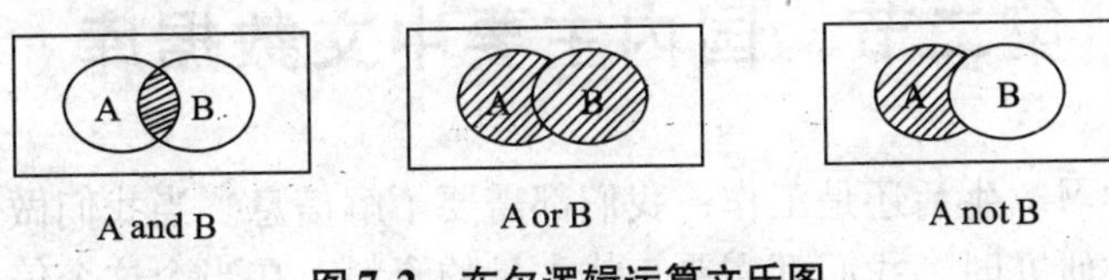

图 7-2　布尔逻辑运算文氏图

三种布尔逻辑算符的优先级从高到低为逻辑非、逻辑与、逻辑或，同一组检索提问中既含有“or”，又含有“and”时，必须用优先算符“()”。可以用优先处理算符来提高布尔逻辑算符的优先级，将“or”前后的词放入括号中，计算机将优先运算括号内的算符，例如，“(financial or monetary) and bonds and not (chemical or atomic)”。布尔逻辑检索是计算机检索中一种被广泛采用的匹配方式，其优点是简单明确，易于理解，符合人们的思维习惯。大多数数据库的“高级检索”都支持布尔逻辑检索的“*”、“+”、“-”，以帮助提高检索效率。

二、截词检索

截词检索也称模糊检索，指在检索式中用专门符号（截词符号）来表示检索词的某一部分允许有一定的词形变化，即加前缀和后缀，检索词的不变部分加上由截词符号所代表的任何变化式所构成的词汇都是合法检索词，结果中只要包含其中任意一个即为满足检索要求。主要目的是提高文献检索的查全率，不同的数据库和搜索引擎有不同的截词符号，DIALOG 系统中用“?”，搜索引擎中用“*”，ORBIT 系统中用“+”，万方数据资源系统中用“$”。截词检索的类型有以下三种。

（1）右截词。又称后截词、前方一致，它允许检索词的词尾有若干变化。右截断主要用在：词的单复数；年代；作者；查同根词。例如“comput *”将检索出 computer、computin9、computerised、computerized、computerization 等结果。

（2）中间截词。又称中间一致，它允许检索词中间有若干变化。中间截断是为解决有些单词的英美国家拼写方式不同，或者有些词在某个元音位置上出现的单复数的不同拼写。例如“worn*n”将检索出 woman、women 的结果。

（3）左截词。又称前截词、后方一致，它允许检索词的词前有若干变化。例如“*physics”就可检索到 physics、astrophysics、biophysics、chemicophysics、geophysics 等词的结果。

除此之外，还有字段检索、位置算符检索等，面对复杂的检索工具，只要你越来越频繁地使用网络查找研究领域的信息，就会越来越熟悉这些专业检索工具，从而达到事半功倍的效果。

▶ 试一试

在学术期刊网中，输入检索词“资源节约型 环境友好型”利用“初级检索”检索，在“高级检索”中，在检索词“资源节约型”、“环境友好型”之间分别选择“并且”、“或者”、“不包含”的逻辑关系进行检索，比较四种检索结果有何不同。

第二节　国内主要中文数据库

无论是日常的学习、生活还是工作，我们都需要了解信息。当我们做作业、写论文、做课题和进行各种科学研究时，我们都需要查找大量的资料。在当今这个信息时代，除了使用传统的方法，即到图书馆查找图书和期刊报纸、杂志外，就是在网上检索信息了，数据库无疑是最佳选择。纵览我国大学图书馆网站，可以发现 CNKI、维普、万方和超星数字图书馆作为我国大学图书馆数字化建设的核心资源，是高校图书馆文献保障系统的重要组成部分。由于中文数据库的检索方法大同小异，本书以 CNKI 等为例，介绍中文数据库的检索方法。不同数据库的独特检索规则和检索途径可以通过各自的在线帮助或使用说明了解，各图书馆的网页上也会介绍本馆数据库的使用方法。

一、CNKI（中国知网）

CNKI（China National Knowledge Infrastructure）工程，即中国知识基础设施工程，原名为 CNKI 中国期刊网，2004 年 10 月 1 日改名为中国知网。该工程由清华大学、清华同方发起，清华同方光盘股份有限公司、中国学术期刊电子杂志社等联合承担。

获取方式：文摘免费获取、全文限制获取。

资源地址 **URL**：http://www. cnki. net。

（一）CNKI 数据库的主要特点

（1）海量数据的高度整合，集题录、文摘、全文文献信息于一体，实现一站式文献信息检索（One-stop Access）。

（2）参照国内外通行的知识分类体系组织知识内容，数据库具有分类导航功能。

（3）设有包括全文检索在内的众多检索入口，用户可以通过某个检索入口进行初级检索，也可以运用布尔运算符等灵活组织检索提问式进行高级检索。

（4）具有引文链接功能，除了可以构建相关的知识网络外，还可用于个人、机构、论文、期刊等方面的计量与评价。

（二）CNKI 的重要数据库

CNKI 的重要数据库包括中国期刊全文数据库（CJFD）、中国重要报纸全文数据库（CCND）、中国博士硕士论文全文数据库（CDMD）、中国重要会议论文集数据库（CPCD）、CNKI 政府知识仓库、CNKI 中等教育知识仓库。

（三）CNKI 数据库的检索方法

进入 CNKI 数据库，打开单库检索首页，选择要检索的数据库名进入各数据库的检索页；也可以点击“跨库检索首页”按钮进入跨库检索首页，选择多个数据库同时检索。单库检索首页如图 7-3 所示。

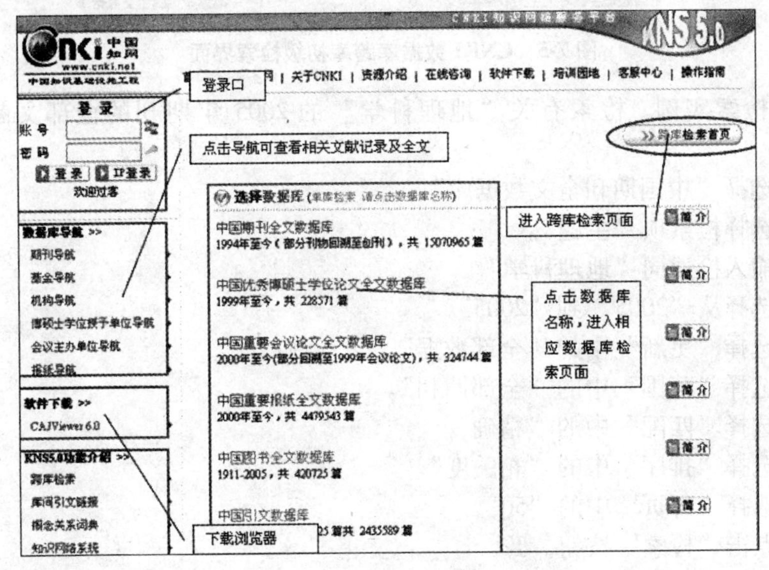

图 7-3　CNKI 数据库首页

单库检索和跨库检索都提供初级检索、高级检索、专业检索三种检索途径。

1. 初级检索

初级检索是一种简单检索，只需输入检索词，点击“检索”按钮，系统即可在默认的

"主题"（题名、关键词、摘要）项内进行检索，任一项中与检索条件匹配者均为命中记录。

在单库初级检索中也可以实现多项单词逻辑组合检索、词频控制、最近词、词扩展等较复杂的功能。

多项单词逻辑组合检索中的"多项"是指可选择多个检索项，通过点击"逻辑"下方的"+"增加逻辑检索行；"单词"是指每个检索项中只可输入一个词；"逻辑"是指每一检索项之间可使用逻辑与、逻辑或、逻辑非进行项间组合。

（1）单库初级检索。单库初级检索界面如图 7-4 所示。

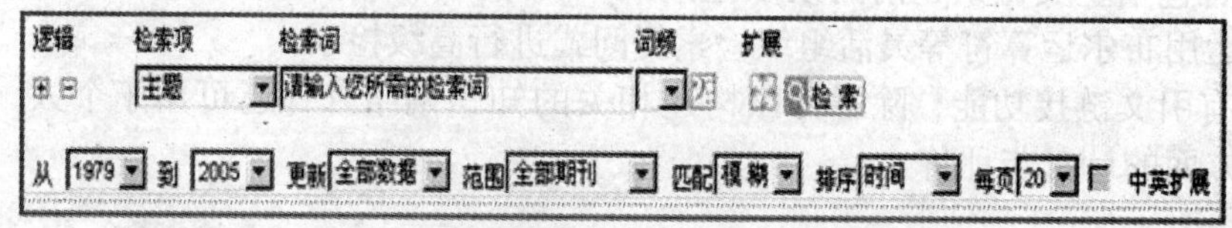

图 7-4　CNKI 数据库单库初级检索界面

（2）跨库初级检索。跨库初级检索界面如图 7-5 所示。

跨库初级检索
检索项：题名　检索词：　检索
从 1979 到 2005 排序：无　匹配：精确　中英文扩展
选中的数据库
中国期刊全文数据库　中国优秀博硕士学位论文全文数据库
中国重要会议论文全文数据库　中国重要报纸全文数据库

图 7-5　CNKI 数据库跨库初级检索界面

（3）初级检索实例。检索有关"地理科学"的 2005 年期刊的全部文献，如图 7-6 所示。

第一步：选择"中国期刊全文数据库"。
第二步：选择检索项"主题"。
第三步：输入检索词"地理科学"。
第四步：选择从"2005"到"2005"。
第五步：选择"更新"中的"全部数据"。
第六步：选择"范围"中的"全部期刊"。
第七步：选择"匹配"中的"精确"。
第八步：选择"排序"中的"相关度"。
第九步：选择"每页"中的"50"。
第十步：点击"检索"按钮。

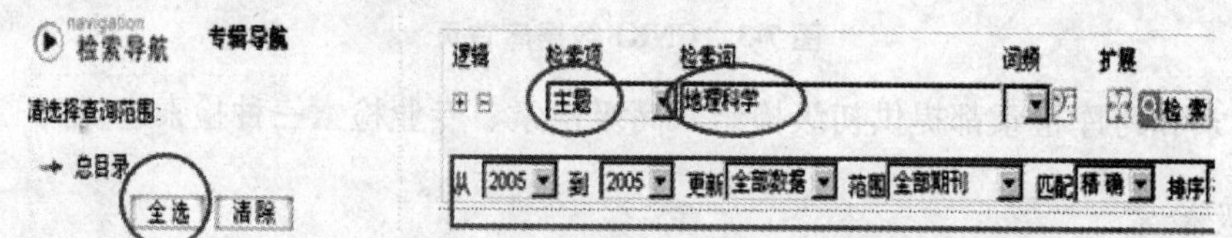

图 7-6　CNKI 数据库单库初级检索条件选择示例图

2. 高级检索

高级检索是一种比初级检索要复杂一些的检索方式，但也可以进行简单检索。高级检索特有的功能是多项双词逻辑组合检索和双词频控制。

多项双词逻辑组合检索中的“多项”是指可选择多个检索项；“双词”是指一个检索项中可输入两个检索词（在两个输入框中输入），每个检索项中的两个词之间可进行五种组合：并且、或者、不包含、同句、同段，每个检索项中的两个检索词可分别使用词频、最近词、扩展词；“逻辑”是指每一检索项之间可使用逻辑与、逻辑或、逻辑非进行项间组合。

（1）单库高级检索。单库高级检索界面如图 7-7 所示。

图 7-7　CNKI 数据库单库高级检索界面

（2）跨库高级检索。跨库高级检索界面如图 7-8 所示。

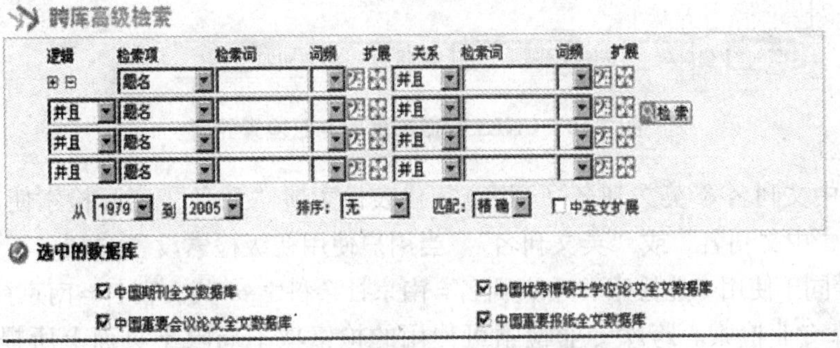

图 7-8　CNKI 数据库跨库高级检索界面

（3）高级检索实例。要求检索 2005 年发表的篇名中包含“地理科学”，且不包含“进展”、“综述”、“述评”的期刊文章，操作步骤如图 7-9 所示。

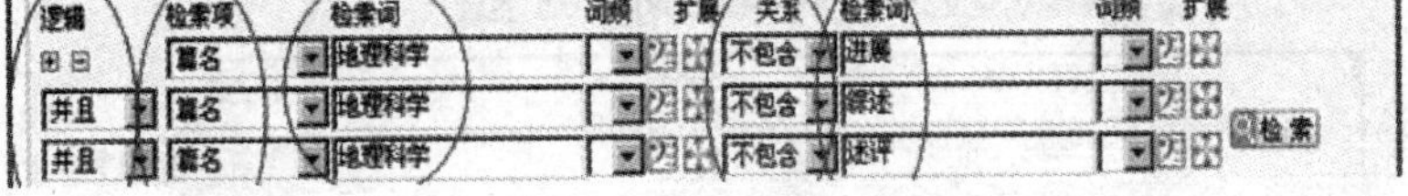

图 7-9　CNKI 数据库跨库高级检索条件选择示例图

第一步：在专辑导航中点“全选”按钮。

第二步：使用三行逻辑检索行，每行均选择检索项“篇名”，输入检索词“地理科学”。

第三步：选择“关系”下的“不包含”。

第四步：在三行中的第二检索词框中分别输入“进展”、“综述”、“述评”。

第五步：选择三行的项间逻辑关系（检索项之间的逻辑关系）为“并且”。

第六步：选择从“2005”到“2005”。

第七步：点击“检索”按钮。

3. 专业检索

专业检索比高级检索功能更强大，但需要检索人员根据系统的检索语法编制检索式进行检索，适用于熟练掌握检索技术的专业检索人员。

单库专业检索执行各自的检索语法表，跨库专业检索原则上可执行所有跨库数据库的专业检索语法表，但由于各库设置不同会导致有些检索式不适用于所有选择的数据库。

（1）单库专业检索。单库专业检索表达式中可用检索项名称见检索框上方的“可检索字段”，构造检索式时应采用“( )”前的检索项名称，而不要用“( )”括起来的名称。“( )”内的名称是在初级检索、高级检索的下拉检索框中出现的检索项名称，如图 7-10 所示。

图 7-10　CNKI 数据库单库专业检索界面

例如，“中文刊名 & 英文刊名（刊名）”代表检索项“刊名”实际检索使用的检索字段为两个字段：“中文刊名”或“英文刊名”。当用户使用初级检索设置“刊名”为“南京社会科学”时，等同于使用专业检索“中文刊名 = 南京社会科学 or 英文刊名 = 南京社会科学”。

（2）跨库专业检索。跨库专业检索可使用的检索项不局限于页面上所提供的检索项，原则上，构造跨库检索式可使用所选数据库的全部检索项，如图 7-11 所示。但由于各库结构设置不同，同一检索项所支持的功能也有可能不同，因此，在使用超过所列检索项构造跨库检索式时，需仔细阅读各数据库专业检索语法表（见表 7-2）。

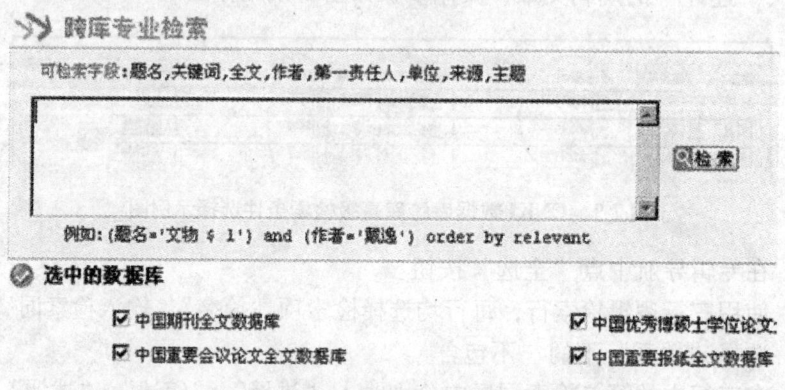

图 7-11　CNKI 数据库跨库专业检索界面

表 7-2　跨库专业检索语法表

检索项	运算符/式	检索功能	检索含义	备　注
年 期 ISSN ISBN CN	= value	精确	与检索词完全相同，不区分大小写	运算符“=”前后不能空格
	= value?	前方一致	与检索字/词前方一致	
	= value1？ = value2	前方一致 字距	与检索字/词 1 前方一致 且词 1 与词 2 隔 1 个字	
	= value1?…? value2		与检索字/词 1 前方一致 词 1 与词 2 间的“?”表示间隔字数	
	= value1 * value2		与检索字/词“1”前方一致 词 1 与词 2 隔任意字数	
作者 单位 来源 基金 第一作者	= str	精确	与检索字/词完全相同	运算符“/SUB”大写，前后至少空 1 字符
	= ‘str /SUB N’	序位精确	第 *n* 位与检索字/词完全相同	
	% str	包含	包含检索字/词	
	% ‘str /SUB N’	序位包含	第 *n* 位包含检索字/词	
题名 摘要 全文 主题 关键词 参考文献	= str	包含	包含检索词	运算符“#”、“%”、“$”、“/NEAR”、“/PREV”、“/AFT ”、“/SEN ”、“/PEG ”前后都至少有 1 个空格
	% str	模糊	包含检索词及其词素	
	= ‘str1#str2’	词距	同句	
	= ‘str1%str2’ …		同句，按词序出现	
	= ‘str1 /NEAR N str2’ …		同句，间隔小于 *N* 词	
	= ‘str1 /PREV N str2’ …		同句，按词序出现，间隔小于 *N* 词	
	= ‘str1 /AFT N str2’ …		同句，按词序出现，间隔大于 *N* 词	
	= ‘str1 /SEN N str2’ …		同段，间隔小于 *N* 词	
	= ‘str1 /PEG N str2’…		全文，词间隔小于 *N* 段	
	= ‘str $ N’	词频	检索词出现的次数	

单库根据各库所设检索项情况，系统分别提供各数据库的检索语法表，在此不一一列举，检索需要时可查阅数据库的操作指南或在线帮助。跨库专业检索项部分功能及示例见表 7-3。

表 7-3　跨库专业检索项部分功能及示例

检索项	功能	运算符/式	示例
题名	逻辑	and、or、not	检索钱伟长在清华大学以外的机构工作期间所发表的，题名中包含“流体”、“力学”文章 题名 = ‘流体#力学’ and（作者 = 钱伟长 not 机构 = 清华大学）
	包含	= star	检索题名中包含“文物保护”的文章 题名 = 文物保护
		= ‘str1%str2’	检索题中包含“木材表面”、“分析”，并且两词顺序出现的文章 题名 = ‘木材表面%分析’
		= ‘str1 /NEAR N str2’	检索题名中包含“偏微分方程”、“物理学”并且两词间隔 2 个词以内的文章 题名‘偏微分方程 /NEAR 2 物理学’
		= ‘str1 /PREV N str2’	检索题名中包含“物理学”、“偏微分方程”，两词间隔在 2 个词以内，并且顺序出现的文章 题名 = ‘物理学 /PREV 2 偏微分方程’
		= ‘str1 /AFT N str2’	检索题名中包含“偏微分方程”、“现代数学”，并且两词间隔超过 2 个词的文章 题名 = ‘偏微分方程 /AFT 2 现代数学’
	词频	= ‘str $ N’	检索题名中“偏微分方程”出现 2 次以上的文章 题名 = ‘偏微分方程 $ 2’
摘要	逻辑	and、or、not	检索钱伟长在清华大学期间发表的、题名包含“物理”，或者摘要中包含“流体力学”的文章 作者 = 钱伟长 and 机构 = 清华大学 and（题名 = 物理 or 摘要 = 流体力学）
	包含	= str	检索钱伟长在清华大学期间发表的、题名包含“物理”、摘要中包含“流体力学”的文章 作者 = 钱伟长 and 机构 = 清华大学 and（题名 = 物理 or 摘要 = 流体力学）

专业检索符号的书写格式如下所述。

① 字符：所有符号和英文字母都必须使用英文半角字符；按真实字符（不按字节）计算字符数，即 1 个全角字符、1 个半角字符均算 1 个字符。

② 逻辑关系符号：逻辑关系符号“and”、“or”、“not”前后要空 1 个字节。

③ 同句、同段、词频：使用“同句”、“同段”、“词频”时，用一组西文单引号将多个检索词及其运算符括起，如“‘流体#力学’”；运算符前后需要空 1 个字节，如“‘流体#力学’”。

（3）专业检索实例。在“中国期刊全文数据库”中检索钱伟长在清华大学以外的机构工作期间所发表的，题名中包含“流体”、“力学”的文章，操作步骤如图 7-12 所示。

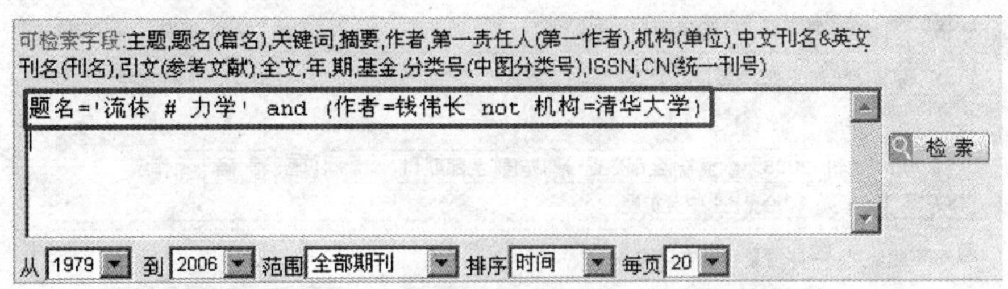

图 7-12　CNKI 数据库单库专业检索式构建示例图

第一步：选择进入“中国期刊全文数据库”。

第二步：选择页面上方的“专业检索”。

第三步：在检索框中输入检索式“题名 = ‘流体#力学’and（作者 = 钱伟长 not 机构 = 清华大学）”。

第四步：点击“检索”按钮。

4. 在结果中检索

在结果中检索又称为二次检索，它是在当前检索结果内进行的检索，主要作用是进一步精选文献。当检索结果太多，想从中精选出一部分时，可使用二次检索，二次检索界面如图 7-13所示。

图 7-13　CNKI 数据库专业检索中的二次检索界面

第一次检索：要求检索 2005 年有关“地理科学”的期刊文章。

第一步：选择“中国期刊全文数据库”。

第二步：选择检索项“主题”，在“篇名、摘要、关键词”中检索。

第三步：输入检索词“地理科学”。

第四步：选择从“2005”到“2005”。

第五步：选择“更新”中的“全部数据”。

第六步：选择“范围”中的“全部期刊”。

第七步：选择“匹配”中的“精确”。

第八步：选择“排序”中的“相关度”。

第九步：选择“每页”中的“10”。

第十步：点击“检索”按钮。

检索结果为 119 条，数量太多。

二次检索（在结果中检索）：重新选择检索项“篇名”，输入检索词“地理科学”，在检索结果页面上勾选“在结果中检索”，再点击“检索”按钮，检索结果为 13 条，如图 7-14所示。

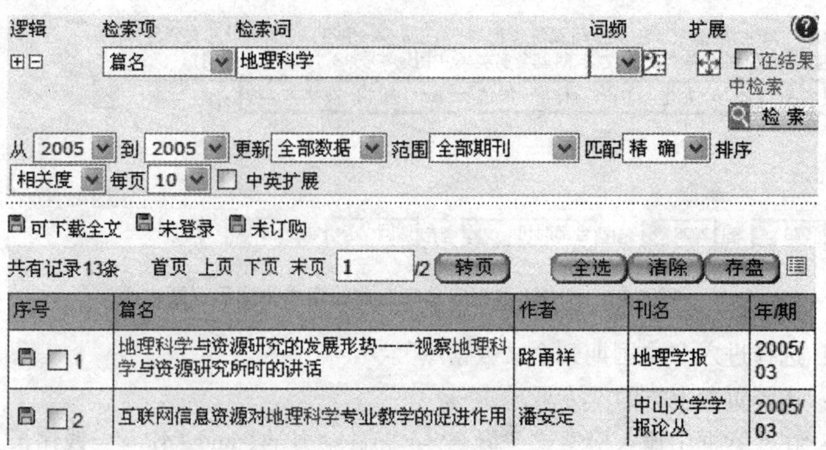

图 7-14 CNKI 数据库专业检索中二次检索示例图

5. 单库检索控制项说明

单库检索所提供的检索控制项包括逻辑检索行、检索项、词频、最近词、词扩展、词间关系、数据更新、期刊范围、匹配、排序等，如图 7-15 所示。

图 7-15 CNKI 数据库单库检索控制项界面

（1）逻辑检索行。点击“⊞”增加一逻辑检索行；点击“⊟”减少一逻辑检索行。

（2）检索项。检索项名称在下拉列表中显示。

（3）词频。指检索词在相应检索项中出现的频次，可从下拉列表中选择，如图 7-16 所示。词频为空，表示至少出现 1 次；如果为数字，例如“3”，则表示至少出现 3 次，以此类推。

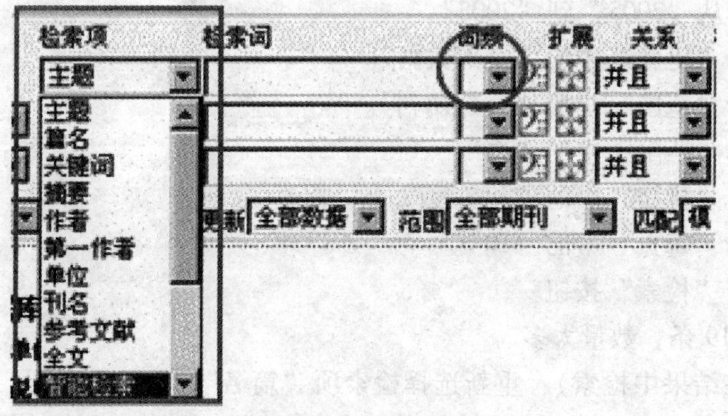

图 7-16 CNKI 数据库单库检索控制项中“词频”的位置

(4) 最近词。在未输入任何检索词的情况下，点击图标▣，将弹出一个窗口，记录本次登录最近输入的10个检索词。点击所需要的检索词，则该检索词自动进入检索框中，如图7-17所示。

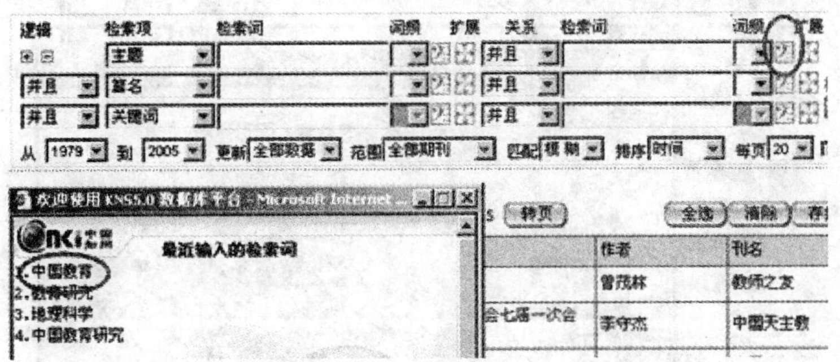

图7-17　CNKI数据库单库检索控制项中“最近词”的位置

(5) 词扩展。点击图标▣，将弹出一个窗口，显示以输入词为中心的相关词。相关词可以三种方式自动添加到检索框中：单词自动增加、多词自动增加、相关词取代原输入词。

① 单个词自动增加到检索框。在弹出窗口中，勾选一个相关词前的□，再点击“确定”按钮，则该相关词自动以“逻辑与”的关系增加到检索框中，如图7-18所示。

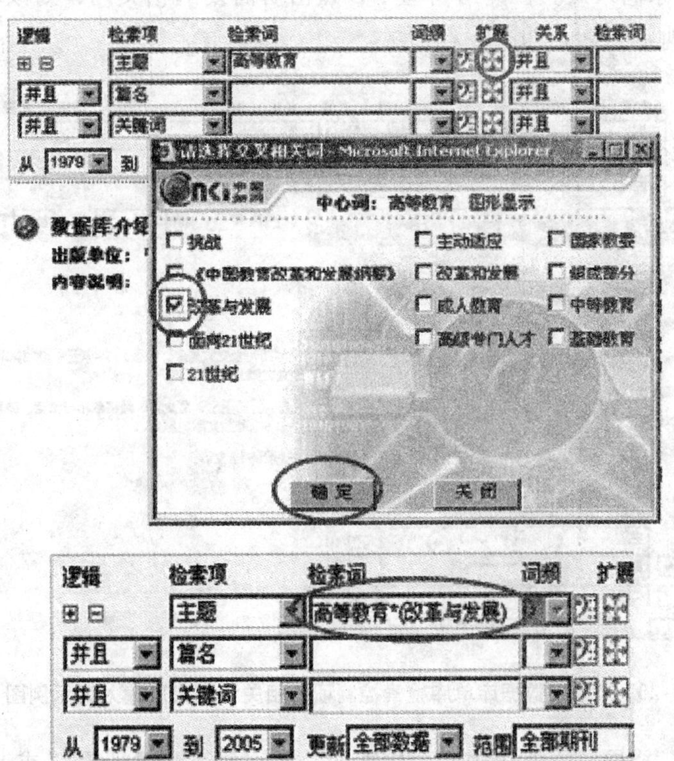

图7-18　CNKI数据库单库检索控制项中单个词自动增加到检索框示例图

② 多个词自动增加到检索框。在弹出窗口中，勾选多个相关词前的□，再点击“确定”

按钮，则该多个相关词之间以“逻辑或”的关系增加到检索框中，如图 7-19 所示。

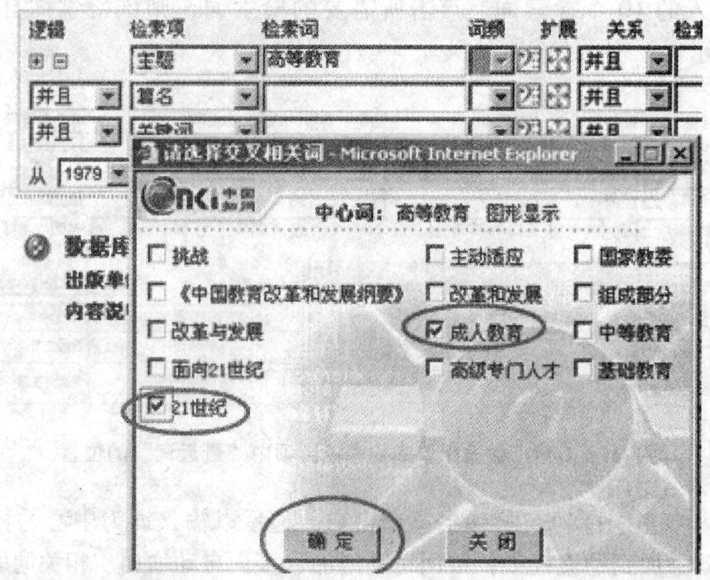

图 7-19　CNKI 数据库单库检索控制项中多个词自动增加到检索框示例图

③ 相关词取代原输入词。在弹出窗口中，点击所需要的相关词，则该相关词自动进入检索框并取代原先所输入词，如图 7-20 所示。

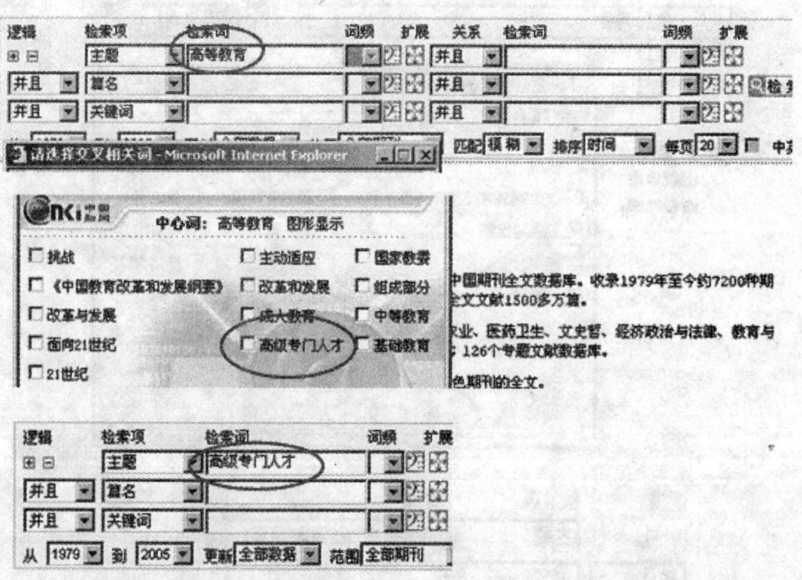

图 7-20　CNKI 数据库单库检索控制项中相关词取代原输入词示例图

（6）词间关系。指同一检索项中两个检索词的词间关系。可选择“或者”、“不包含”、“并且”逻辑运算以及“同句”、“同段”等关系（如图 7-21 所示）。其中“同句”指两个标点符号之间，“同段”指 5 句之内。

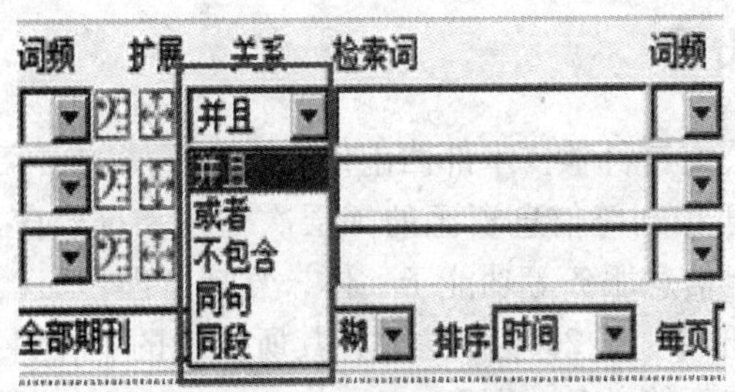

7-21 CNKI 数据库单库检索控制项中“关系”项展开图

(7) 数据更新。可选择“全部数据”、“最近一月”、“最近一周”、“最近三个月”、“最近半年”。

(8) 期刊范围。仅在“中国期刊全文数据库”设有此项，包含“全部期刊”、“EI 来源期刊”、“SCI 来源期刊”、“核心期刊”等选项。

① 全部期刊：库中收录的全部期刊。

② EI 来源期刊：库中收录的期刊中被 EI 收录的期刊。

③ SCI 来源期刊：库中收录的期刊中被 SCI 收录的期刊。

④ 核心期刊：库中收录的期刊中被《中文核心期刊要目总览》收录的期刊。

(9) 匹配。含有“精确”和“模糊”两个选项。

① 精确：检索结果完全等同或包含与检索字/词完全相同的词语。

② 模糊：检索结果包含检索字/词或检索词中的词素。

(10) 排序。含有“时间”、“无”、“相关度”三个选项。

① 时间：按文献入库时间的逆序输出。

② 无：按文献入库时间的顺序输出。

③ 相关度：按词频、位置的相关程度从高到低的顺序输出。

6. 关于全文浏览器

若初次使用 CNKI 数字图书馆，须下载 CAJ 全文浏览器或 PDF 浏览器（在 CNKI 主页下载），其中任何一个浏览器都可以，建议下载最新版本。

现以 CAJ 浏览器为例，介绍文本拾取的方法。从 CNKI 下载的文章，有文本格式和非文本格式两种。

(1) 如果是文本格式，可以单击浏览器工具栏中的图标“选择文本”或“纵向选择文本”图标，用鼠标选中所需要的文章内容，复制粘贴到文本编辑器中即可。

(2) 如果是非文本格式，则“选择文本”图标不可用，可以单击浏览器工具栏中的“文字识别”图标，用鼠标选中所需要的文章内容，点击鼠标右键，选择“文字识别”，这样识别出来的结果就可以进行编辑，对识别结果进行修改，再将识别结果复制粘贴到文本编辑器。

二、维普资讯网

重庆维普资讯有限公司是科学技术部西南信息中心下属的一家大型专业化数据公司，自1987年以来，一直致力于报刊等信息资源的深层次开发和推广应用，集数据采集、数据加工、光盘制作发行和网上信息服务等功能于一体，囊括了理、工、农、医、文史哲的全部专业。公司网站“维普资讯网”于2000年建成，其所依赖的中文科技期刊数据库是科研工作者进行科技查证和科技查新的必备数据库。

获取方式：限制获取。

信息类型：全文。

资源地址 URL：http://www.cqvip.com。

（一）中文科技期刊数据库的特点

（1）同义词检索：以汉语主题词表为基础，编制了规范的关键词用代词表（同义词库），实现高质量的同义词检索，提高查全率。

（2）复合检索表达：例如，要检索作者“汪洋”关于“林业”方面的文献，只需利用“a = 汪洋 and k = 林业”这样一个简单的检索式即可实现。

（3）个性化的“我的数据库”功能：用户可以通过注册个性化的标志名，使用“我的数据库”功能，实现包括期刊定制、关键词定制、分类定制、保存检索历史及查询电子书架等功能。

（4）期刊范围选择：包括全部期刊、重要期刊、核心期刊、EI 来源期刊、SCI 来源期刊、CA 来源期刊、CSCD 来源期刊、CSSCI 来源期刊八个期刊范围。

（5）提供按参考文献格式下载题录信息，方便论文撰写。

（二）中文科技期刊数据库的检索方式

中文科技期刊数据库提供快速检索、传统检索、高级检索、分类检索、期刊导航等文献检索方式，提供题名、作者、关键词、题名或关键词、刊名、第一作者、机构、文摘、分类号、基金资助、栏目信息和作者简介等共14个检索入口，方便用户充分利用数据库资源。使用该数据库时需下载PDF阅读器。

三、万方数据资源系统

（一）万方数据资源系统简介

万方数据资源系统是由中国科技信息研究所、万方数据集团公司开发的网上数库联机检索系统，内容以理工类文献和科技信息为主，也包含部分经济、社会、金融、人文及实用生活信息。

获取方式：文摘免费获取，全文限制获取。

资源地址 URL：http://www.wanfangdata.com.cn。

（二）万方主要数据库

1. 中国学位论文全文数据库

中国学位论文文摘数据库的资源由国家法定学位论文收藏机构——中国科技信息研究所提供，并委托万方数据加工建库，收录了自 1977 年以来我国自然科学领域博士、博士后及硕士研究生的论文，其中文摘已达 38 万余篇，首次推出最近 3 年的论文全文 10 万多篇，并年增全文 3 万篇，建成中国学位论文全文数据库。中国学位论文全文数据库精选相关单位近几年来的博硕论文，涵盖自然科学、数理化、天文、地球、生物、医药、卫生、工业技术、航空、环境、社会科学、人文地理等学科领域。

2. 中国学术会议论文全文数据库（包括中文版、英文版）

中国学术会议论文全文数据库主要收录 1998 年以来国家级学会、协会、研究会组织召开的全国性学术会议论文，覆盖自然科学、工程技术、农林、医学等领域。

3. 数字化期刊子系统

数字化期刊子系统已经收纳了近 5000 种重要学术科技期刊，包括一些国内出版发行的英文期刊。该系统是首家网上中文科技期刊出版联盟，其收录期刊采用 HTML 和 PDF 格式并存，可以编辑、复制、下载。

4. 商务信息子系统

商务信息子系统主要包括工商咨询、经贸信息、成果专利、咨询服务等服务内容，其主要产品“中国企业、公司及产品库”至今已收录 96 个行业近 20 万家企业的详尽信息，成为中国最具权威性的企业综合信息库。

5. 科技信息子系统

科技信息子系统汇集了科技文献、科研机构、科技成果、科技名人、中外标准、政策法规等数百种数据库，信息总量达 1100 多万条，每年数据更新 60 万条以上。

（三）万方数据资源系统的特点

提供浏览检索历史功能，支持热链功能。

四、超星数字图书馆

超星电子图书馆是由北京超星公司开发的电子图书数据库，开通于 1999 年，向互联网用户提供数十万种中文电子书的阅读、下载、打印等服务。同时还向所有用户、作者免费提供原创作品发布平台、读书社区、博客等服务。

获取方式：限制获取。

资源地址 URL：http://www.ssreader.com。

（一）使用流程

下载超星图书浏览器→安装超星图书浏览器（可阅读图书馆购买的书，但不能下载）→注册新用户（可阅读图书馆购买的书，使用书签功能，但不能下载）→下载注册器→运行“注册器”程序。

（二）超星数字图书馆的特色

（1）书签功能：可使用超星图书浏览器中的书签功能标记读者阅读的位置。使用书签功能前必须先注册填写个人信息。

（2）书评功能：在每本图书的书目下方有一个“发表评论”的入口，点击进入后会看到书评发表的信息栏。每一位读者都可以发表对此书的读后感（可以匿名发表）。

五、专业数据库简介

（一）经济类：国研网

1. 国研网简介

国研网是国务院发展研究中心信息网的简称，创建于1998年3月，是国务院发展研究中心主办的大型经济类专业网站，是向各级领导者、研究人员和投资决策者提供经济决策支持的信息平台。该网站为国内外企业管理者提供中国经济环境、商业机会与管理案例信息，为海内外投资决策者提供中国宏观经济和行业经济领域的政策导向及投资环境信息。

获取方式：限制获取。

资源地址 URL：http://www.drcnet.com.cn。

2. 国研网系列数据库产品

《国研报告》全文数据库、《宏观经济》全文数据库、《金融中国》全文数据库、《区域经济》全文数据库、《行业经济》全文数据库、《企业胜经》全文数据库、《世界经济与金融评论》全文数据库、《高校管理决策参考》全文数据库、《基础教育》全文数据库、《国研数据》系列统计数据库。

3. 国研网的主要特点

专业性、权威性、前瞻性、指导性、包容性。

（二）国内专利文献数据库

目前，我国已有多家网站建立了中国专利数据库，提供网上在线查询专利信息的服务。现介绍国内几个常用的、数据较全、查找较方便、检索国内专利信息的数据库。

1. 国家知识产权局网站

国家知识产权局网站（http://www.sipo.gov.cn)的前身是中国专利信息检索系统，检索界面如图 7-22 所示。

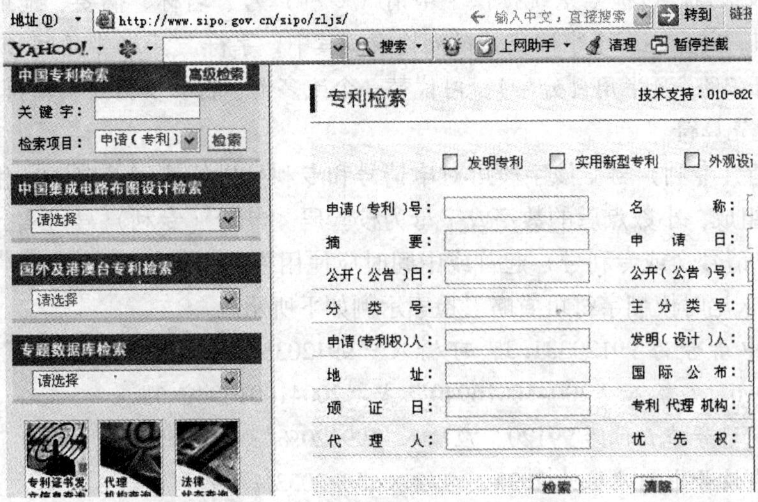

图 7-22　中国专利信息检索系统界面

该网站是由中华人民共和国国家知识产权局中国专利信息中心创建并维护的。该检索系统提供了自 1985 年 9 月 10 日以来公布的全部中国专利信息，包括发明、实用新型和外观设计三种专利的著录项目及摘要，并可浏览到各种说明书全文及外观设计图形。每周更新一次。该检索系统提供了 16 个检索入口，分别为申请（专利）号、名称、摘要、申请日、公开（公告）日、公开（公告）号、分类号、主分类号、申请（专利权）人、发明（设计）人、地址、国际公布、颁证日、专利代理机构、代理人和优先权。用户可选择在其中一项或多项检索框中填写相应的检索式，进行查询。

该网站最大的优点是简单明了，使用方便。自动安装其提供的浏览器（如图 7-23 所示），可免费查看专利说明书全文。说明书为 TIF 格式文件，在线浏览说明书必须安装该网站提供的专用浏览器。

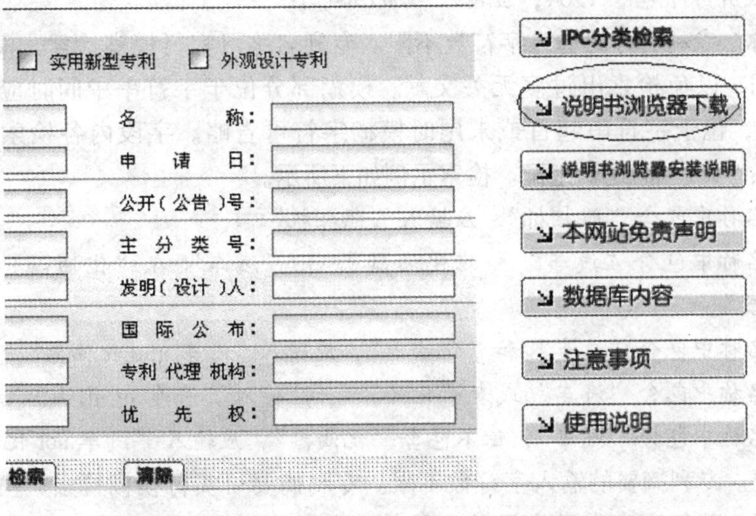

图 7-23　中国专利信息检索系统说明书浏览器下载位置

该网站的检索方法如下所述。

（1）字段检索。该检索系统提供了申请（专利）号、名称、摘要、地址、分类号等字段的检索入口，并且在多个字段支持模糊检索。其中，字符“?”（半角问号），代表 1 个字符；模糊字符“%”（半角百分号），可代替一个或多个字符。支持逻辑算符“and”、“or”、“not”以及优先算符“( )”。

（2）申请（专利）号。该字段可对申请号和专利号进行检索。申请号和专利号由 8 位或 12 位数字组成，小数点后的数字或字母为校验码。申请（专利）号可实行模糊检索，模糊部分位于申请号（或专利号）起首或中间时应使用模糊字符“?”或“%”，位于申请号（或专利号）末尾时模糊字符可省略。检索示例如下所示。

① 已知申请号为 99120331.3，可输入“99120331”或“99120331.3”；如申请号为 200410016940.6，应输入“200410016940”或“200410016940.6”。

② 已知申请号前五位为 99120，应输入“99120%”。

③ 已知申请号中间几位为 2033，应输入“%2033%”。

④ 已知申请号中包含 91 和 33，且 91 在 33 之前，应输入“%91%33”。

（3）申请日。申请日由年、月、日三部分组成，各部分之间用圆点隔开；“年”为 4 位数字，“月”和“日”为 1 或 2 位数字。检索示例如下所示。

① 已知申请日为 1999 年 10 月 5 日，应输入“1999.10.5”。

② 已知申请日在 1999 年 10 月，应输入“1999.10”。

③ 如需检索申请日为 1998 到 1999 年之间的专利，应输入“1998 to 1999”。

（4）公开（告）号。公开（告）号由 7 位或 8 位数字组成。公开（告）号可实行模糊检索，模糊部分位于公开号起首或中间时应使用模糊字符“?”或“%”，位于公开（告）号末尾时模糊字符可省略。检索示例如下所示。

① 已知公开号为 1219642，应输入“CN1219642”或“1219642”。

② 已知公开号的前几位为 12192，应输入“CN12192%”。

③ 已知公开号中包含 1964，应输入“%1964”。

（5）名称。专利名称的输入字符数不限。专利名称可实行模糊检索，模糊检索时应尽量选用关键词，以免检索出过多无关文献。模糊部分位于字符串中间时应使用模糊字符“?”或“%”，位于字符串起首或末尾时模糊字符可省略。字段内各检索词之间可进行“and”、“or”、“not”的逻辑组配。检索示例如下所示。

① 已知名称中包含“照相机”，应输入“照相机”。

② 已知名称中包含“汽车”和“化油器”，且“汽车”在“化油器”之前，应输入“汽车%化油器”。

③ 已知名称中包含“汽车”和“化油器”，应输入“汽车 and 化油器”。

④ 已知名称中包含“汽车”或者“化油器”，应输入“汽车 or 化油器”。

⑤ 已知名称中包含“汽车”，但不包含“化油器”，应输入“汽车 not 化油器”。

（6）摘要。专利摘要的输入字符数不限。专利摘要可实行模糊检索，模糊检索时应尽量选用关键词，以免检索出过多无关文献。模糊部分位于字符串中间时应使用模糊字符

“?”或“%”，位于字符串起首或末尾时模糊字符可省略。字段内各检索词之间可进行“and”、“or”、“not”的逻辑组配。检索示例如下所示。

① 已知专利摘要中包含“网络”，应输入“网络”。

② 已知专利摘要中包含“闸瓦”和“摩擦系数”，且“闸瓦”在“摩擦系数”之前，应输入“闸瓦%摩擦系数”。

③ 已知专利摘要中包含“闸瓦”和“摩擦系数”，应输入“闸瓦 and 摩擦系数”。

④ 已知专利摘要中包含“闸瓦”或者“摩擦系数”，应输入“闸瓦 or 摩擦系数”。

⑤ 已知专利摘要中包含“闸瓦”，但不包含“摩擦系数”，应输入“闸瓦 not 摩擦系数”。

(7) 分类号。专利申请的分类号可由国际专利分类表查得，输入字符数不限（字母大小写通用）。分类号可实行模糊检索，模糊部分位于分类号起首或中间时应使用模糊字符“?”或“%”，位于分类号末尾时模糊字符可省略。检索示例如下所示。

① 已知分类号为“G06F15/16”，应输入“G06F15/16”。

② 已知分类号起首部分为“G06F”，应输入“G06F”。

③ 已知分类号中包含“15/16”，应输入“%15/16”。

④ 已知分类号前3个字符和中间3个字符分别为“G06”和“5/1”，应输入“G06%5/1”。

⑤ 已知分类号中包含06和15，且06在15之前，应输入“%06%15”。

(8) IPC分类检索。IPC分类检索界面如图7-24所示。

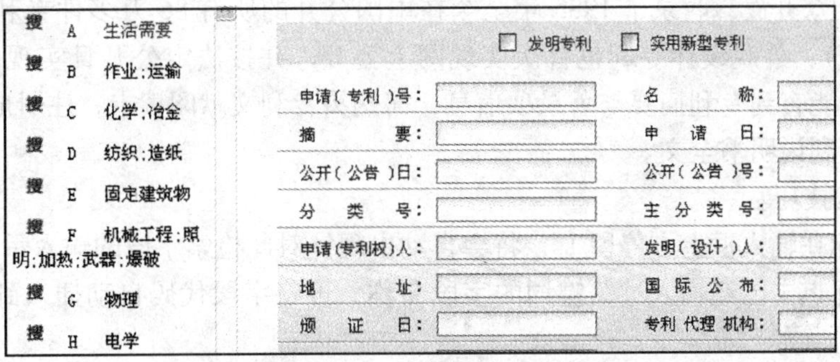

图7-24 IPC分类检索界面

界面左侧列出了国际专利分类八个部的部号及其类目，点击某一类目后，系统会逐次展开其下位类。右侧有检索框，便于用户在某一类目下进行检索，IPC分类检索可以提高检索效率。

2. 中国专利信息网

中国专利信息网（http://www.cnpatent.com.cn）由国家知识产权局专利检索咨询中心开发创建，集中了我国自1985年4月1日中国专利法实施以来至今全部的发明专利和实用新型专利，共约108万件。该数据库为全文检索数据库，用户注册并登录成功后就可使用各项检索功能，包括简单检索、逻辑组配检索和菜单检索。在检索过程中输入检索词、专利号、分类号等即可进行检索。检索界面如图7-25所示。

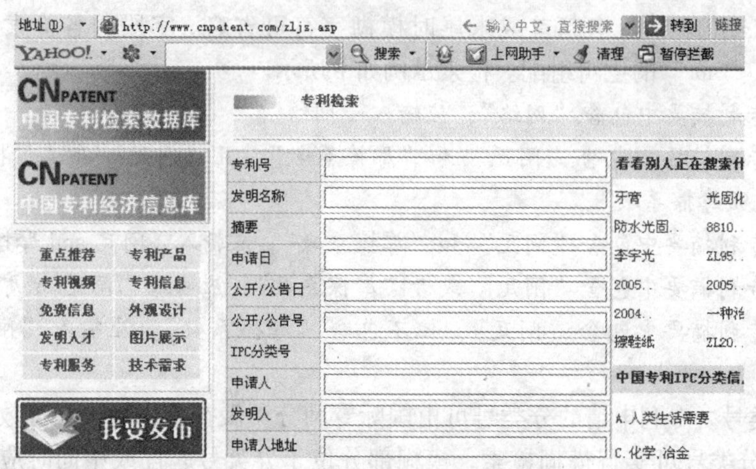

图7-25　中国专利信息网专利检索界面

正式用户和高级用户可以查阅并打印、下载说明书的全部内容；免费用户可以自由浏览专利题录信息和摘要。此外，在中国专利信息网上除可检索中国专利外，还有世界各国家、地区及专利组织的免费专利的链接。

3. 中国知识产权网

中国知识产权网（http://www.cnipr.com）由国家知识产权局知识产权出版社于1999年10月正式向公众开放，收录了1985年至今在中国公开的所有86万多件专利信息（包括所有全文说明书），外观设计专利也首次实现网上公开，并按法定公开日实现信息每周更新。非注册用户只能查到专利摘要与著录项信息，需购买专利文献阅读卡，注册成为会员，才能浏览、下载专利说明书全文。

（1）检索技巧。

① 将鼠标在输入框上方停留1s，将会自动出现针对此检索字段的输入示例。

② 用鼠标点击已经输入过关键词的字段名称，可将字段代码自动插入到组合逻辑检索框中。

③ 选中“保存检索表达式”选项，可将此次组合的检索表达式自动保存到系统中，可以在任何时候登录后通过“逻辑检索”中的“历史表达式”查看和使用已经保存的检索表达式。

（2）注意事项。

① 默认检索方式优先选取按词检索。

② 输入关键词时两个关键词与逻辑关系中间应插入一个空格。

③ 每次检索表达式最长不允许超过512个字符（每个中文汉字占2个字符）。

④ 排序设置仅对检索结果小于10000条记录时有效。

⑤ 中国专利号码检索时前两位为国别代码“CN”。

⑥ 检索词中间如有空格，应在关键词两端使用单引号将整个关键词引起来。

4. 国家知识产权局专利信息服务平台试验系统

专利信息服务平台试验系统是由国家知识产权局主办、知识产权出版社开发建设的一个试验性专利信息检索系统，于2007年4月26日正式向社会公众开放试运行。

该系统收录了中国、美国、欧洲、日本和世界知识产权组织等数十个国家、地区和专利组织的专利文献近4000万件，提供中国、美国、欧洲及世界知识产权组织的专利全文检索。

(1) 进入方式。

① 直接进入。直接输入网址（http://pub.cnipr.com/pubpisfts/indes.do）进入系统主页，如图7-26所示。

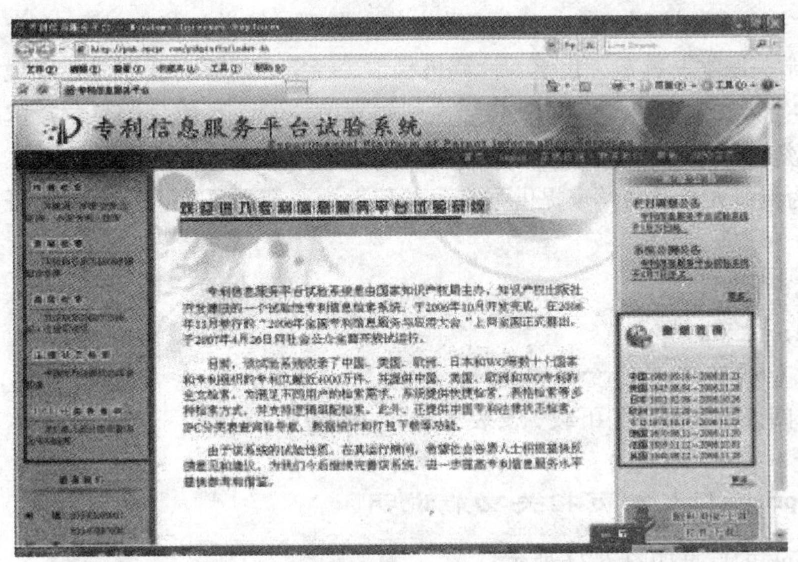

图7-26 专利信息服务平台试验系统主页

② 通过国家知识产权局网站链接进入。首先进入国家知识产权局政府网站（http://www.sipo.gov.cn)，再打开“专利信息服务平台试验系统”页面。

(2) 检索方式。该系统提供五种检索方式：快捷检索、表格检索、高级检索、法律状态检索和IPC分类表查询。该系统支持逻辑组配检索，还具有二次检索和数据统计的功能。

六、其他中文数据库

除上述常用中文数据库外，还有一些其他中文数据库，如方正Apabi电子教学参考书、书生之家、网上报告厅、中国资讯行数据库、道琼斯财经资讯、全国报刊索引数据库、人大复印报刊资料库、中文社会科学引文索引、新东方多媒体学习库、北大法意网等。

第三节 国外主要英文数据库

上一节重点介绍了部分中文数据库及其有效的检索方法，尽管它们是重要的信息来源，但是很多资料还需通过查找国外信息资源来获得，本节将介绍几个具有一定学术权威、国内外知名的英文数据库。

一、SpringerLink

德国的施普林格（Springe-Verlag）是一家具有 150 多年悠久历史的知名出版社，SpringerLink 始创于 1996 年，是施普林格出版社整合电子和印刷出版物的信息服务平台，为广大用户提供学术期刊和电子图书的在线服务。到目前为止，SpringerLink 所提供的全文电子期刊共包含 490 多种期刊，其中 390 多种为英文期刊，按学科分为以下 11 个“在线图书馆”：生命科学、医学、数学、化学、计算机科学、经济、法律、工程学、环境科学、地球科学、物理学与天文学。SpringerLink 是居全球领先地位的、高质量的科学技术和医学类全文数据库，该数据库包括了各类期刊、丛书、图书、参考工具书以及回溯文档。SpringerLink 为科研人员及科学家提供强有力的信息中心资源平台，它们是科研人员的重要信息源。

获取方式：限制获取。

信息类型：全文。

资源地址 URL：http://www.springer.com。

浏览器：阅读全文需事先下载、安装 Acrobat 的 PDF 阅读器。

（一）SpringerLink 首页相关功能说明

SpringerLink 的首页如图 7-27 所示。

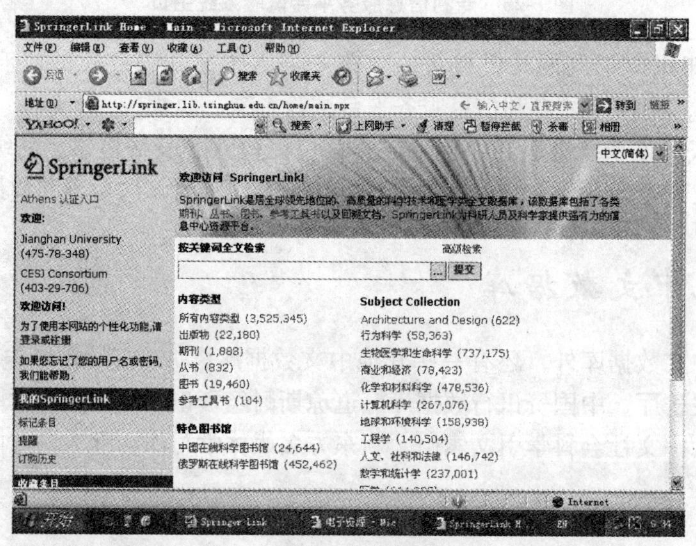

图 7-27 SpringerLink 数据库首页

“我的 SpringerLink”是 SpringerLink 个性化服务的主要内容，它为用户建造“个人图书馆”提供了良好的环境。如果需要使用 SpringerLink 的个性化服务，用户必须先注册成为个人用户。

（二）SpringerLink 的使用方法

数据库首页根据“内容类型”、“Subject Collection”、“特色图书馆”等不同划分标准分类列举，用户可根据需要直接点击进入相关主题内容。

所有的出版物均按照出版物名称的英文字母顺序列出，用户可点击出版物名称链接到该出版物。

1. 初级检索

直接在“按关键词全文检索”中输入关键词，点击“提交”按钮，即可出现检索结果，如图 7-28 所示。

图 7-28　SpringerLink 数据库检索界面

2. 高级检索

点击“高级检索”，出现如图 7-29 所示界面，进行复杂检索。

检索文献

Please enter terms into one or more of the following fields.

全文
标题
摘要
作者
编辑
ISSN
ISBN
DOI
日期　Entire range of publication dates

图 7-29　SpringerLink 数据库高级检索界面

例如，一名用户对白血病的研究非常关注，想了解国外关于白血病的研究现状，则检索过程如下所述。

（1）登录网站（http://www.springer.com）。

（2）在检索框内输入“leukemia”（白血病），共检出26467篇文章。要看全文，则点击Full Text按钮。

（3）如果认为检索产生的结果过多，则使用高级检索限制选项。在“标题”检索框内输入“leukemia”，“日期”检索框内输入“01/01/2007”至“03/10/2008”，共检出384篇文章。

二、EBSCOhost

（一）收录范围

EBSCOhost为英文电子期刊全文数据库，目前包括ASP、BSP、ERIC、PDC等数据库。

1. ASP（Academic Search Premier）

ASP数据库涉及社会科学、人文科学和自然科学等各个主题领域，包含4450种学术性全文期刊，其中3500种为Peer Reviewed期刊。时间追溯到1975年。

2. BSP（Business Source Premier）

BSP数据库收录了3650种全文期刊，包括450种Peer Reviewed期刊，涉及商业、管理、经济、金融、银行等相关领域，较著名的有Business Week、Forbes、Harvard Business Review等。时间追溯到1922年。

3. ERIC（Education Resource Information Center）

ERIC（教育资源信息中心）是美国教育部的教育资源信息中心数据库，收录了980多种教育及和教育相关的期刊文献的题录和文摘。时间为1967年至今。

4. PDC（Professional Development Collection）

PDC是教育类全文期刊数据库，提供600多种全文期刊，其中350种Peer Reviewed期刊，大部分包含于ASP数据库中。

（二）检索指南

1. 如何选择数据库

EBSCOhost数据库的选择说明如图7-30所示。

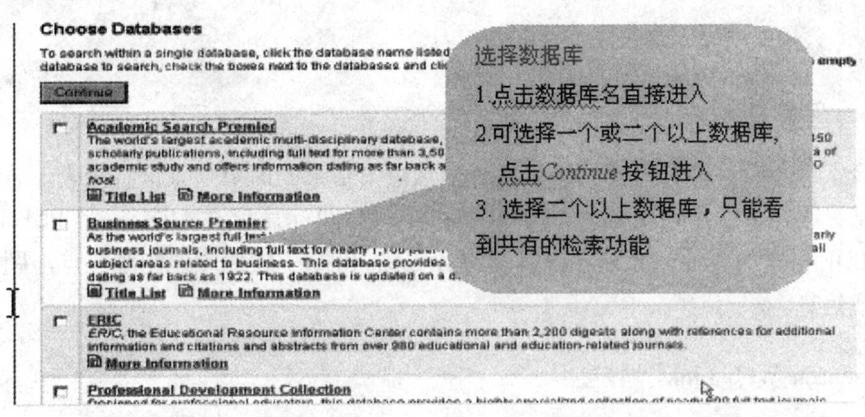

图 7-30　EBSCOhost 数据库选择说明图

2. 如何检索

（1）高级检索（Advanced Search）。系统默认的检索方式为“高级检索”，可直接在框内输入检索词和逻辑关系进行组配检索，也可以用字段代码（Field Code）进行限定，且每一个检索步骤在点击“Refine Search”功能按钮后，在下面 Search History 中以 S1、S2、S3……等次序显示，这些检索步骤可再度用于组配检索。例如，检索词之间可用逻辑关系“and”、“or”、“not”进行组配检索。

（2）基本检索（Basic Search）。基本检索可以随意输入词组或句子进行检索，适用于检索初学者。空格用来分割每一个检索词，词间关系默认为逻辑“or”，引号可用来表示该检索词必须在检索结果中出现。但此检索方法不适宜于复杂的检索提问。

（3）常用算符。

1）逻辑算符：and（与）、or（或）、not（非）。

2）通配符。

① ?。只替代一个字符，例如，输入“ne?t”，检索结果为 neat、nest、next 等。

② *。可替代一个字符串，例如，输入“comput *”，检索结果为 computer、computing 等。

3）位置算符。

① N 算符。表示检索词之间可以加入其他词，词的数量根据需要而定，词的顺序任意，例如，“tax N5 reform”表示在“tax”和“reform”之间最多可以加入 5 个任意词，检索结果为 tax reform、reform of income tax 等。

② W 算符。表示检索词之间可以加入其他词，词的数量根据需要而定，词的顺序依输入词的顺序，例如，“tax W8 reform”可以检索出“tax reform”，但不能检索出“reform of income tax”。

需要注意的是“ - ”等同于空格，例如，输入“waste N0 water”，检出结果为 waste-water、waste water 等。

（三）检索结果

1. 检索结果列表

发出检索命令后，若有检索结果，系统显示检索结果的简单题录信息列表。若该文献具有全文信息，则在下面出现图标。“HTML Full Text”图标显示文本信息；“PDF Full Text”图标表示 PDF 格式的文件，必须在本机装有 Acrobat Reader 软件才能浏览。点击题目可显示文本型详细信息。

2. “Search Web Link”按钮

点击“Search Web Link”按钮，系统将输入的检索词在 EBSCOhost 数据库以外的相关 Web 站点上检索，检索结果返回站点地址。

3. 检索结果处理

可使用“Print/E-mail/Save”功能按钮来处理检索结果。点击该按钮后，根据个人需要，选择以何种形式打印、保存或 E-mail 检索结果。若使用 E-mail，应输入 E-mail 地址和文件主题，注意 E-mail 只能传输文本，不包括文中的图片。

4. 其他功能

EBSCOhost 页面最上方的固定功能按钮有如下几种。

（1）New Search：清除所有的检索步骤，重新开始新的检索。

（2）Subject Terms：对数据库中标引的主题词进行检索。

（3）Publications：按期刊名字母顺序排列，可选择一种或多种期刊进行检索，或按检索结果相关度排序期刊。

（4）Index”：浏览或查找某个检索词。

（5）Image：可检索人物、自然科学、地理、历史、地图和旗帜等类别的图片。

（6）References：可根据作者、题名、文献来源等检索参考文献。

（7）Choose Database：回到数据库选择页面。

三、ProQuest

ProQuest 的全称为 ProQuest Online，原名为 ProQuest Direct，是 UMI 公司的全文检索和传递系统。UMI 公司的全称为 The Answser Company（UMI 有问必答公司），现改名为 Bell & Howell Information Learning，成立于 1938 年，是全球最大的信息存储和发行商之一，也是美国学术界著名的出版商。它向全球 160 多个国家提供信息服务，内容涉及商业管理、社会科学、人文科学、新闻、科学与技术、医药、金融与税务等。其出版物包括 18000 多种外文缩微期刊、7000 多种缩微报纸、150 多万篇博士/硕士论文、20 多万种绝版书及研究专集。

UMI 公司通过 ProQuest 数据库平台提供了一组数据库，涉及商业管理、社会与人文科学、科学与技术、金融与税务、医药学等广泛领域。该平台的主要特点是将二次文献与一次文献“捆绑”在一起，为最终用户提供文献获取一体化服务。用户在检索文摘索引时可以实时获取大部分全文信息。

ProQuest 检索平台主要包含以下数据库。

（1）ABI/INFORM Global（商业信息数据库）。

ABI/INFORM Global 是世界著名的商业及经济管理期刊论文数据库，收录有关财会、银行、商业、计算机、经济、能源、工程、环境、金融、国际贸易、保险、法律、管理、市场、税收、电信等主题的 1576 种商业期刊，涉及这些行业的市场、企业文化、企业案例分析、国际贸易与投资、经济状况和预测等方面，其中全文刊 800 多种。

（2）Academic Research Library（学术研究数据库）。

Academic Research Library 为大学图书馆和研究图书馆设计的综合性学术期刊数据库，内容覆盖商业与经济、教育、历史、传播学、法律、军事、文化、科学、医学、艺术、心理学、宗教与神学、社会学等领域。收录综合性期刊和报纸 2371 种，其中 1500 多种有全文。

（3）ProQuest Science Journals（ProQuest 科学期刊数据库）。

ProQuest Science Journals 包含原 Applied Science and Technology Plus 数据库的全部期刊，内容覆盖计算机、工程、物理、通信、运输等领域。收录学术期刊 622 种，部分有全文。

（4）ProQuest Dissertations and Theses（ProQuest 博硕士论文数据库，原 PQDD）。

ProQuest Dissertations and Theses 收录了 1000 多所大学的逾 200 万篇博硕士学位论文的题录和文摘。1997 年以后的论文可以看到前 24 页的扫描图像。

（一）检索方法

1. 检索词检索（Search by Word）

ProQuest 默认的界面为 Search by Word 检索界面，通过此页面查找文献有基本（Basic）和高级（Advanced）两种方式。

（1）基本（Basic）检索。在检索输入框内输入检索词、词组或检索式，选择出版物时间段、出版物类型及检索范围，点击“Search”按钮进行检索。

用于检索的词组超过 3 个词时须用引号把检索词组括起来。检索词之间可以用布尔算符“and”、“or”、“not”和位置算符“within”、“not within”等连接构成检索式，每个检索词也可以用“Author”、“ABS”、“TITLE”、“CO”、“SOURCE”等具体字段限定，如 jurassic and not park、TI（bungee jumping or extreme sport）、tobacco w/25 clinton、SO（newsweek）and AU（david ansen）。

用作者检索时，作者名顺序可以任意。例如，用“AU（George Will）”检索，将得到作者名为 George Will，Will、George，Will George 三种形式的检索结果。

通过“Search Wizard”可了解有关布尔算符、位置算符和检索字段、检索式的详细介绍。

(2) 高级 (Advanced) 检索。高级检索有三个检索词输入框，在输入框中输入检索词、词组或检索式，选择检索字段及检索文献类型、每组检索词之间的逻辑关系词和文献时间段，即可进行检索。每个输入框中的检索词、词组或检索式的构成与基本检索相同。

2. 出版物浏览 (Search for Publication)

在检索界面点击“for publication”，进入 Search for Publication 界面。可通过以下两种方式从出版物名称浏览文献。

(1) 出版物名称查找。在输入框中输入出版物名称或名称中的某个词，点击“Search”按钮，即可检索到某个具体的出版物或出版物名称中包含了该检索词的出版物。

(2) 出版物名称列表浏览。点击“List publications”，可打开数据库中所包含的所有出版物名称列表。点击某个出版物名称，可以浏览该出版物在数据库中已包含的各卷期文献。有全文标志的出版物，可浏览、打印文献全文，也可复制全文；没有全文标志的出版物只能看到文摘。

3. 检索结果输出

用检索词检索，检索结果为命中文献列表 (Results List)。文献列表按文献出版时间顺序倒排。每条记录含有文献的题名、作者、刊名、卷期、页码等题录信息及文摘 (Citation/Abstract) 链接按钮，部分文献有全文链接按钮。数据库中的全文有 Full Text、Text + Graphics、Page Image 三种形式。

（二）PQDD 检索指南

1. PQDD 简介

PQDD (ProQuest Digital Dissertations) 是美国 UMI 公司出版的博硕士论文数据库，是 DAO (Dissertation Abstracts Ondisc) 的网络版。PQDD 收录了全世界（主要是北美）1000 多所大专院校的博硕士论文的引文及摘要，这些论文覆盖了这些院校的所有研究领域，是目前世界上最大且使用最广泛的学位论文数据库。PQDD 数据库涵盖了自 1861 年美国通过的第一篇博士论文至上一学期期末通过的最后一篇博硕士论文的全部引文。从 1980 年至今出版的所有论文中都有作者亲自撰写的 350 字的摘要，从 1988 年至今出版的所有硕士论文都含有 150 字的摘要。用户可以免费在 PQDD 提供的多达 200 多万的条目中阅读自 1997 年以来出版的论文全文的前 24 页。

PQDD 的网址为 http: //www. lib. global. umi. com/dissertations。每屏左上方设有两个按钮：点击“SEARCH”按钮进行检索；点击“BROWSE”按钮浏览论文的学科分布。

2. 在 PQDD 中进行检索

PQDD 提供基本检索（Basic Search）和高级检索（Advanced Search）两种检索方法。

（1）基本检索。对于一般性的题目或是关键词检索来说，只需在文本框中输入检索内容即可。用户可以在文本框右侧的下拉菜单中进行选择，从而使检索集中在引文或摘要的相关部分；也可以通过使用布尔算符来进行复杂的检索。该检索页面同时具有按日期进行检索的功能，方法是在“Date from”后填入起止日期。填完了要检索的内容后，点击“Search”按钮即可。基本检索页面如图 7-31 所示。

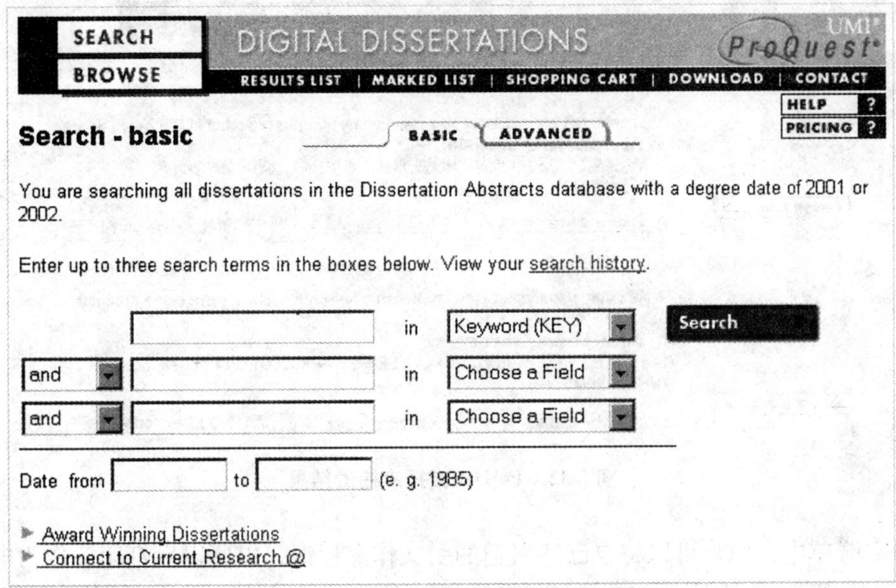

图 7-31　PQDD 数据库基本检索页面

（2）高级检索。在高级检索页面中，可使用布尔算符、短语、范围操作符或捆绑以前的检索方法来进行复杂检索，也可在 Build Query（构建检索式）框中输入检索内容。

3. 检索结果

每进行一次检索，都会得到一份引文清单（如图 7-32 所示）。每一份引文会给出论文题目、作者、发表的院校以及 UMI 的论文编号。要阅读引文或摘要的全文，需点击“Citation + Abstract”链接。一些最近出版的论文会提供一项很有用的功能——预览，通过该功能用户可在线浏览、阅读论文的前 24 页，这 24 页通常包括该论文的目录和概要。拥有这项新功能的论文会在论文的简要引文下显示一个“24 page Preview”的链接。点击该链接，会出现 24 幅缩微图片。用户可以点击任意一张图片来放大阅读，在阅读时也可以用浏览器的打印功能来打印它。

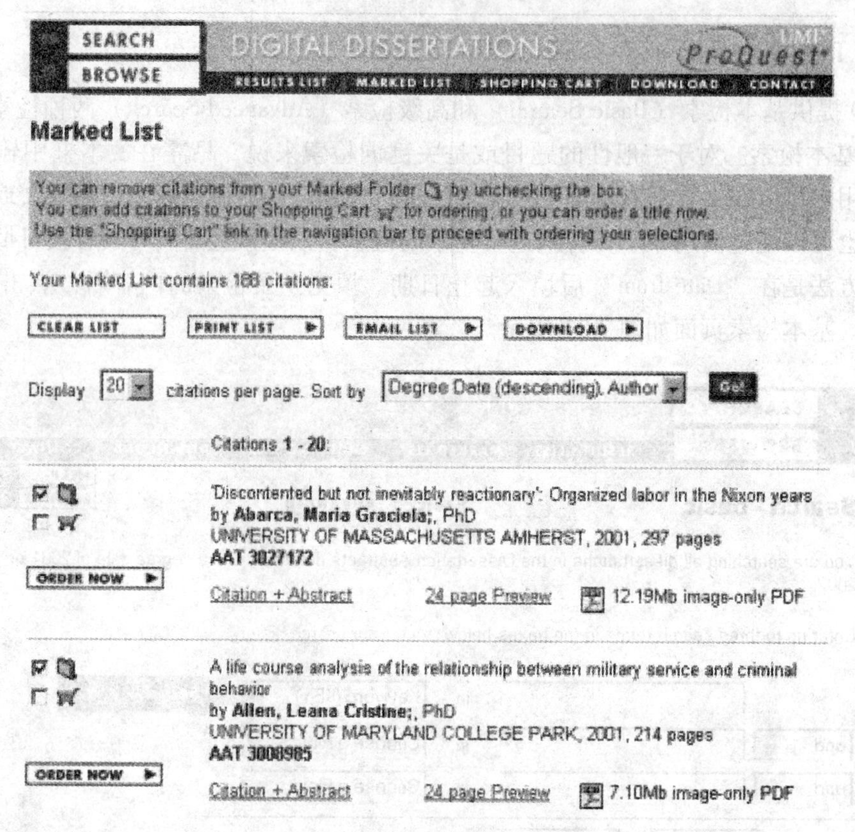

图 7-32　PQDD 数据库检索结果

在引文清单中，用户可以将自己感兴趣的引文作上标记，以便以后打印、作为电子邮件发送或下载。要注意的是，点击“MARK ALL”按钮会选中所有的检索结果（最多 1000 个）。

4. 打印、作为电子邮件发送或下载这些引文

用户标记完所有自己感兴趣的论文后，点击屏幕上方黑底的“MARKED LIST”按钮，就会看到所有被标记的论文引文。在这里，用户可以打印、作为电子邮件发送或下载这些引文。

打印、作为电子邮件发送或下载引文的操作步骤为：在 Print/Email Citations/Download 页面的“Output Format”菜单中选择一种输出格式；在“Sort By”菜单中选择一种排序方式，并且填充余下的文本框；点击右下角的相应按钮（Print List、Email List 或 Download List）即可。

四、PubMed

PubMed 是美国国家医学图书馆（NLM）所属的国家生物技术信息中心（NCBI）开发的互联网生物医学信息检索系统，位于美国国立卫生研究院（NIH）的平台上。PubMed 覆盖

了全世界70多个国家4300多种主要生物医学期刊的摘要和部分全文，可追溯到20世纪60年代，与PubMed挂钩的出版商会自动向PubMed提供最新的文献摘要，而且往往是尚未正式出版的文献。所以尽管生物医学的文章从被期刊接受到出版往往要好几个月的时间，但借助于PubMed，用户仍旧可以随时掌握最新的动向。还有些出版商通过PubMed提供文献的全文，有时甚至是免费的，这样，用户就可以在PubMed上真正享受“坐拥书城”的感觉了。

尽管在互联网上，类似于PubMed的医学文献检索系统并不少见，但就信息量、使用的方便程度、更新速度等多方面因素而言，PubMed都首屈一指。而且，正如它的名字（PubMed = Public + Medicine）所暗示的，PubMed是免费向公众开放的。无论何时何地，只要在浏览器地址栏中输入 http://www.ncbi.nlm.nih.gov/pubmed 或 http://www.pubmed.gov 就可以立刻进入PubMed的界面并开始享受PubMed带来的无穷便利。

（一）一框五键

进入PubMed的主界面后，首先映入眼帘的是页面上方的检索框和功能键（如图7-33所示）。

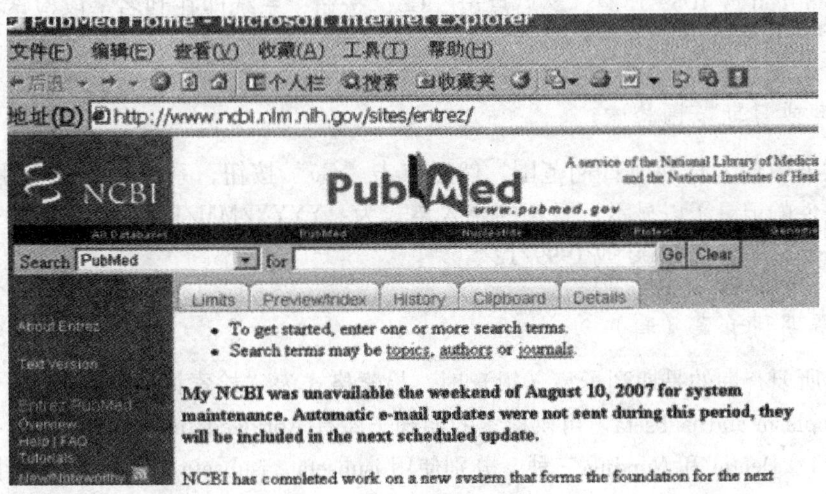

图7-33 PubMed数据库首页

这是PubMed的核心部分。大部分检索工作利用这“一框五键”（检索框；Limits按钮、Preview/Index按钮、History按钮、Clipboard按钮和Details按钮）即可完成。

总体而言，PubMed的界面相当简洁清晰，只需在检索框里输入一个关键词，点击“Go”按钮即可。

（二）PubMed简单检索技巧

（1）明确所要检索的关键概念及词语，即关键词。

（2）通过限定“DATES”、“STUDY GROUP”等，精炼检索范围。

（3）通过布尔运算来提高检索效率。最常用的三种布尔运算即是“and”、“or”、

“not”。

（三）PubMed 检索类型

根据所要查询的单词类型，检索类型大致可以分为以下七类。

1. 词语（主题）检索

用户在 PubMed 主页的检索框中输入的英文单词或短语（大写、小写均可）。

2. 著者检索

当用户所要查询的是文献著者时，在检索框中输入著者姓氏全称和名字的首字母缩写，格式为“著者姓 + 空格 + 名字首字母缩写”，如 smith ja，然后点击“Go”按钮，系统即在著者字段检索，并显示检索结果。

3. 刊名检索

在检索框中输入刊名全称或 MEDLINE 形式的简称、ISSN 号，如 molecular biology of the cell 或 molbiol cell 或 1059-1524，然后点击“Go”按钮，系统即在刊名字段检索，并显示检索结果。

4. 日期或日期范围检索

在检索框中输入日期或日期范围，然后点击“Go”按钮，系统即在按日期字段检索，并将符合条件的记录予以显示。日期的录入格式为：YYYY/MM/DD，如 1999/09/08。也可以不录月份和日子，如 2000 或 1999/12。

5. 检索期刊子集（辑）

当用户所要查询的是期刊子集（辑）时，检索格式为“检索词 + and + 期刊子库的限定词”，如 neoplasm and jsubseta。可供检索的期刊子库有 Abridged Index Medicus（有 120 种重要核心期刊）、Dental 和 Nursing 三种，分别使用 jsubseta、jsubsetd、jsubsetn 进行限定。

6. 检索带文摘的记录

当用户所要查询的是带文摘的记录时，检索格式为“检索词 + and + has abstract”，如 liver cancer and has abstract。要注意的是，在 1975 年前出版的文章，其 MEDLINE 记录中没有文摘。

7. 布尔逻辑检索

PubMed 系统允许使用布尔逻辑检索，只要在检索框中输入布尔逻辑算符即可。

（四）如何处理检索结果

点击“GO”按钮后，PubMed 会自动运行检索命令，在屏幕的下方显示出符合检索要求的结果，并且在查询框内保留原检索词。此时要注意的是符合检索要求的结果是以 Summary（简要格式）的格式显示出来的，即仅列出作者、文献题目、文献来源的一些信息。

如果只需要显示其中一部分记录，则需点击该记录左边的查询框，予以标记后，再点击“Display”按钮；如果只需显示一条记录，则可直接点击该记录中的作者姓名超链接，系统会自动显示该记录的文摘格式。

还有一点，系统所设定的默认值为每页显示 20 条选项，具体数值可以在菜单处选择。

如果选中感兴趣的内容，即可进行保存、打印等操作。PubMed 系统允许最多可保存 5000 条记录。要保存全部检索结果时，打开“Summary”下拉菜单选择其中一种格式，然后点击“Save”按钮；要保存特定记录时，点击记录左边的选择框予以标记后，再点击“Save”按钮。

使用浏览器的打印功能，即可把感兴趣的内容打印出来。系统允许每页最多显示 500 条记录。如果想打印成文本格式，可先点击“Text”按钮，然后再打印。

（五）如何获取全文

PubMed 真正向公众免费开放的只是摘要部分，绝大部分文章都没有提供全文。其实，只要掌握一些技巧，便能获得一些文献的全文。

1. 来自 PubMed

PubMed 上约有 5% 的文献可以免费看到全文，通常这些文献的左上角会有一个“Free Full Text”的小标记。用户只要点击这个图标，系统就自动链接进入该文献的全文。但有两点需要注意。第一，很多时候，这个图标在 PubMed 处于“Summary”显示简要状态下并不出现，而只有在选择“Abstract”显示摘要时才出现。因此，如果用户不是泛泛浏览，而希望看到全文的话，建议在“Display”下拉菜单中选择“Abstract”状态。第二，有些时候，小图标上仅标着“Full Text”，而并没有“Free”字样，但仍然链接全文，不妨试一试。

2. 免费提供全文的期刊

天下没有免费的午餐，这句老话也不一定正确。有些期刊就提供全文免费检索。比如著名的美国 *Science*（《科学》杂志），以前国内很多高校、研究所的资料室都流传着 *Science* 的影印本，印刷质量低劣，而且有盗版之嫌。后来 *Science* 在充分理解中国的国情后，就与中国有关方面达成协议，使大陆的读者都可以在网上免费浏览 *Science* 的全文。

用户首先登录 *Science* 的网站（http://intl.sciencemag.org，不是 http://www.sciencemag.org，否则将得不到全文）。然后点击“Search”按钮，进入查询页，即可选择简单检索或复杂检索进行检索。输入要找的关键词（无须是 MESH 标准主题词），点击“Search”按钮即可。找出文献后，点击标题后的“Full Text”按钮，便可浏览原文。

除了 *Science*，其他一些期刊如美国科学院院报、*Genetics* 等都在网上提供了全文，甚至提供了文献的 PDF 格式下载服务。一般而言，以“org”为域名的期刊网站往往提供免费的全文，如上面提到的 *Geneties* 的网址就是 http://www.genetics.org。

这里，特别推荐一个提供免费全文的网站——HighWire Press，该网站号称拥有地球上最大、最全的免费的科学文献全文数据库。输入网址 http://intl. highwire. org 即可登录该网站，首页即列出几个生物医学相关栏目，具体如下。

（1）生命科学：包含生物化学、细胞和分子生物学；微生物学与病毒学；免疫与免疫学；神经科学与神经生物学；生理学；植物学；其他生命科学。

（2）医学：包含心血管医学；临床医学；精神病学与心理学；医学研究。

（3）自然科学以及其他科学栏目。

用户可以在这些栏目中选择自己需要的期刊，然后，重点看一下该期刊后面的说明信息，尤其是提供免费全文的方式。例如，FREE ISSUES 免费提供原文的时间从 5 年到 1 个月不等；FREE TRIAL 在限定时间内免费提供原文；FREE SITE 则是可以完全免费获取全文的站点。

当然，用户也可以在检索框内输入关键词，然后点击首页右上方的“Search All Journals”按钮，就可以在所有的 224 种期刊里查找文献了。不过由于所检索到的结果仅局限于这 224 种期刊，因此无法取代 PubMed 向用户提供其所研究课题的最新进展。

3. 高校图书馆网站

国内一些高等院校，尤其是一些名牌高校的图书馆经常和国外一些大的出版商签订协议，支付不菲的费用，以此获得这些出版商出版的期刊全文。用户可以就近到这些高校的图书馆电子检索厅去检索，或者链接到大学图书馆的网站，然后通过该网站的链接进入相应的检索系统。

4. Free Medical Journals

Free Medical Journals 提供了各种可能搜集到的免费全文期刊的列表，网址是 http://www. freemedicaljournals. com/htm/index. asp。在该网站上除了英文期刊，还能检索到一些其他语种的期刊全文。具体方法是在该网站左边的导航条上点击“Other Languages”按钮，里面有法语、德语、加泰罗尼亚语、荷兰语、希腊语、意大利语、挪威语、土耳其语、西班牙语和葡萄牙语等语种。

（六）期刊浏览器、引文匹配器及其他浏览器的使用

在 PubMed 首页 PubMed Services 下方，点击“Journal Browser”按钮，即可进入期刊浏览器的界面。

在检索框中，用户可输入刊名全称、MEDLINE 的期刊缩写或国际标准期刊号（ISSN），然后点击“Go”按钮，便可获得上述信息。此外，通过相关链接可进入所有与 PubMed 建立链接的生物医学期刊列表。这一期刊列表不断更新，目前约有 2600 多种，每一期刊后面列出其相应的 MEDLINE 标准缩写形式，后面还可链接进入期刊的全文，只是大多是收费的。

同样在 PubMed 首页 PubMed Services 下方，还有 Single Citation Matcher（引文匹配器）和 Batch Citation Matcher。使用引文匹配器，能够大大提高检索效率。例如，在查找文献的

过程中，用户很可能会遇到下面的情形：记得某篇文献所发表的期刊和作者，但不太清楚它具体的标题，或是隐约记得标题中的某个词和作者等，却忘了其他信息。这时候，可以尝试用高级检索方式去搜索，但通常不容易准确定位，而如果用 Citation Matcher（引文匹配器），则问题就可迎刃而解了。在 Citation Matcher 界面中对应的框内输入所知道的信息，然后按“Search”按钮就可以迅速得到结果。

五、DIALOG

DIALOG（对话系统）是世界上最大的专业化国际联机检索系统，它集成了近 500 个数据库，涵盖了全球大多数学术和商用数据库资源，是专业化信息查询的主要工具。该系统自 1972 年起开始为用户提供服务工作，最初由美国洛克希德·马丁导弹航空公司所属的一个情报科学实验室负责建立。1985 年 DIALOG 以 3.5 亿美元出售给 Knight-Ridder 新闻公司，成为新闻单位。DIALOG 主机系统位于美国加利福尼亚州的帕洛阿尔托市，拥有 80 多个国家约 10 万多个终端用户，是目前世界上最强大的国际联机检索系统。DIALOG 拥有近 600 个联机数据库，其内容涉及 40 多个语种和占世界发行总量 60% 的 6 万多种期刊。其数据库类型主要有文献型、数值型、名录字典型和全文型四种。收录信息涉及的专业范围包括：哲学、社会科学、文化、教育、语言、艺术、传记、历史，商业、经济方面的产品、预测、历史数据，数理科学、化学化工、地球科学、气象、海洋学、生物学、农林、水产、金属学、机械、仪表、动力工程、电气、电子、自动化、轻工、建筑、交通、环境科学以及专利、标准等综合性学科方面的资料。DIALOG 是世界最著名的商用联机数据库系统之一，它提供的是收费服务，其首页如图 7-34 所示。

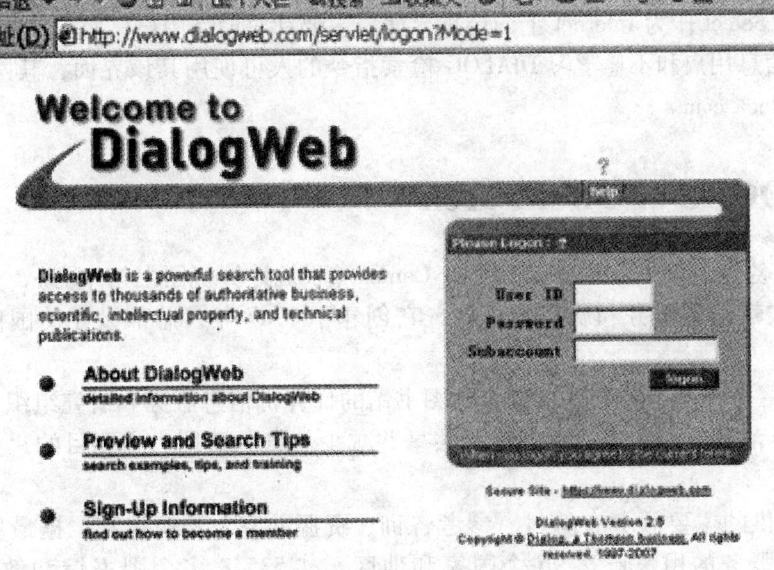

图 7-34　DIALOG 数据库首页

在 DIALOG 近 600 个数据库中，有许多极具代表性的和常用的数据库。

（1）著名的数据库。如 CA（化学文摘）、INSPEC（英国科学文摘）、MEDLINE（医学文献数据库）、MATHSCI（数学文献数据库）、BA（生物学文摘）、NTIS（美国政府报告）等。

（2）著名的几大检索数据库。如 SCI（科学引文索引）、EI（工程索引）、ISTP（科技会议录索引）、SSCI（社会科学引文索引）、AHCI（艺术与人文科学引文索引）等。

（3）著名的专利数据库。如 DERWENT 专利数据库等。

（4）全文数据库。如 IAC 的计算机全文库、《纽约时报》和《华盛顿邮报》等的全文库等。

为了紧跟查询系统的发展速度，DIALOG 于 1997 年开发出了 DIALOG Web 型搜索引擎，随后又推出了 DIALOG Select 和 DataStar Web，这些产品极大地推进了 DIALOG 与 Internet 的结合，也促进了 DIALOG 的网上应用。

可以通过以下三种方法利用 DIALOG 检索系统。

1. 利用 Web 直接上网检索

这种方式的检索费用最低，仅在运行和调用数据时计算 Internet 费用，缺点是如果用户需要将所有检索过程存盘，就要一屏一屏地存盘，否则随着检索指令的变化，不及时存盘很容易会造成数据丢失。这种方式下的网址为 http://www.dialogweb.com。

2. 利用为专业人员推出的 Web 界面

这是最新推出的界面，速度快，检索过程中每一屏均自动保留不会造成数据丢失，便于存盘，界面为专业人员所熟悉，其网址为 http://www.dialogclassic.com。

3. 利用为非专业人员推出的 Web 界面

DIALOG Select 作为 Internet 上的傻瓜界面，主要针对最终用户，而非专业人员。对于初学者、最终信息用户和不愿学习 DIALOG 检索指令的人可使用其该界面，其网址为 http://www.dialogselect.com。

六、OCLC 和 FirstSearch

OCLC 全名为 Online Computer Library Center（联机计算机图书馆中心），是世界上最大的提供网络文献信息服务和研究的机构，它创建于 1967 年，总部设在美国俄亥俄州的都柏林。

OCLC 是一个非营利性质、面向全球图书馆的计算机信息服务和研究组织，以推动更多的人检索世界范围内的信息、实现资源共享并减少信息的费用为主要目的，但是提供收费服务。

OCLC 提供的主要服务有编目、参考咨询、资源共享、资源保存。据最新统计，使用 OCLC 产品和服务的用户已达 96 个国家和地区，共 53548 多个图书馆和教育科研机构。OCLC 主页的网址为 http://www.oclc.org（专线）。

（一）FirstSearch 简介

FirstSearch 是 OCLC 的一个联机检索服务系统，1991 年开始应用，此后，得到发展迅速，深受广大用户的欢迎。现在应用的是 1999 年研制的最新版本（当时称为 New FirstSearch）。New FirstSearch 以 Web 为基础，采用了当前信息通信领域的高新技术，提供给用户一个便捷、友好、世界范围的参考资源。目前通过该系统可检索 70 多个数据库（其中有 30 多个数据库可检索到全文），总计包括 11600 多种期刊的联机全文和 4500 多种期刊的联机电子映像，共 1000 多万篇全文文章。这些数据库涉及的主题范畴广泛，覆盖了各个领域和学科。其中最有影响的是由 9000 多个图书馆参加联合编目的数据库 WorldCat。

New FirstSearch 实现了与 OCLC 的联机电子出版物数据库 ECO 的完全整合，增强了联合编目数据库 WorldCat 的馆藏信息，实现了各库间的联机全文共享。通过一个简单适用的界面，FirstSearch 可对 OCLC ILL（馆际互借）进行无缝访问；可跨数据库联机显示数千种印刷型和电子期刊的全文文章；可帮助用户选择合适的数据库；可为用户提供灵活的检索功能；可在记录表中显示用户所在图书馆的馆藏标志等。

（二）FirstSearch 的主要特色

（1）易于获取联机全文。由于 FirstSearch 具有与 ECO 整合、标志全文库、各库间全文共享、限制检索全文、用户馆文献标志、馆际互借联机等特点，用户可轻松获取联机全文。

（2）检索手段强大，具有选库，多种检索界面及检索式，检索限制，结果屏幕的标志，扩展、限制、主题词和作者的再检索等功能。

（3）检索索引灵活多样。索引随数据库变化，数量多、形式多样。

（4）专门配置了 Web 界面的管理模块，如管理账号，可进行系统和数据库参数的设置。

（5）包含大量馆藏信息，目前该系统共搜集了 8 亿多个馆藏地点。

（6）信息量大，更新快，覆盖的主题范畴广泛。

（7）面向最终用户，收费低。按检索次数或年订购收费，而不是按机时收费。

（8）服务时间长。周一至周六服务 24 小时；周日服务 20 小时。

（9）多语种界面，包括简体中文界面。

（三）FirstSearch 的应用环境

OCLC 建议使用 1.4.0 或以上版本的 IE 或 Netscape 浏览器，且支持 JavaScript 语言。

另外，浏览电子出版物时需安装 Adobe Acrobat Reader 3.0 或更高级软件（浏览 PDF 格式的电子映像文献）以及 RealPage 2.10 或更高版本的软件。

（四）FirstSearch 检索网址

账号方式：http://firstsearch.oclc.org/。

IP 方式：http://firstsearch.oclc.org/fsip。

（五）FirstSearch 检索付费的方式

用户可采用两种付费方式检索 FirstSearch 的数据库。

1. 按检索的次数

使用此方式的用户需预先向 OCLC 购买包含一定次数的账号，在检索时，每提交一个检索式，计为一次，得到结果记录数多少不限。随后，用户可浏览结果记录的简表，查看详细记录、文摘和馆藏，都算在这一次检索内。OCLC 规定，用户一次最少购买 500 次检索。

使用此方式的用户可检索约 50 个数据库，其中有 30 多个可检索到全文，但显示一篇全文计为 5 次检索。另有 10 多个数据库只能用年订购方式检索。

2. 年订购方式

如用户对 FirstSearch 某个或一组数据库的检索量较大，可采用年订购方式。用此方式检索前，需预付给 OCLC1 年的费用，用户就可在订购期内不计次数地检索所订购的数据库。每个数据库的价格不等，且随用户订购的“并发用户数”的多少而变。检索时，可采用 IP 方式控制，也可使用账号方式（每次登录需填写授权号和密码）。

（六）FirstSearch 数据库简介

当前利用 FirstSearch 可以检索到 75 个数据库（按次检索 50 个左右），这些数据库绝大多数由美国的国家机构、联合会、研究院、图书馆和大型企业等单位提供。数据库的记录中含有文献信息、馆藏信息、索引、名录、文摘和全文资料等内容。资料的类型包括图书、连续出版物、报纸、杂志、胶片、计算机软件、音频资料、视频资料、乐谱等。数据库被分成 15 个主题范畴，具体如下。

（1）艺术和人文学科（Arts & Humanities）。

（2）工商管理和经济（Business & Economics）。

（3）会议和会议录（Conferences & Proceedings）。

（4）消费者事物和人物（Consumer Affairs & People）。

（5）教育（Education）。

（6）工程和技术（Engineering & Technology）。

（7）综合类（General）。

（8）普通科学（General Science）。

（9）生命科学（Life Sciences）。

（10）医学和健康（消费者）（Medicine & Health，Consumer）。

（11）医学和健康（专业人员）（Medicine& Health，Professional）。

（12）新闻和时事（News & Current Events）。

（13）公共事务和法律（Public Affairs & Law）。

（14）快速参考（Quick Reference）。

（15）社会科学（Social Sciences）。

七、其他英文数据库

除上述数据库外，还有一些其他英文数据库，如 APS、ACS、CA、EI、Elsevier、IEEE、SCI、ISTP、Gale、Wiley InterScience 等。

【知识要求】通过本章的学习，使学生了解国内外主要数据库资源特点及其使用方法，掌握数据库检索的基本技术；使学生能够有效地利用国内外主要数据库资源查找所需文献。

【关键术语】数据库　检索　浏览器

【本章小结】本章在介绍数据库基本检索技术的基础上，重点介绍了国内主要中文数据资源：中国知网、维普资讯网、万方数据资源系统、超星数字图书馆、国研网、国内专利文献数据库；国外主要英文数据库：SpringerLink、ProQuest、PubMed、DIALOG、OCLC。主要内容包括数据库简介、各数据库功能及其使用方法。

【复习与思考】

1. 主要的布尔逻辑算符有哪几种？

2. 在 CNKI 数据库中使用“高级检索”方式检索“2000 年”以后发表的关于“建设资源节约型、环境友好型高校”的文献。

3. 中国专利文献检索途径与步骤有哪些？

4. SpringerLink 和 ProQuest 涉及的领域和内容包括哪些？

5. 试述 PubMed 的检索类型和获取全文的途径。

第八章 网络免费信息的获取 ◎

Internet 是信息的海洋，几乎无所不包，只要有时间，有一定的检索经验，就可以从互联网上找到大量有用的免费信息。

第一节 网络信息资源

网络是信息的载体，信息是网络的灵魂。没有信息，网络就没有使用价值可言。Internet 是信息的海洋，从内容和层次上看，有科学技术领域的各种信息，也有与大众日常生活息息相关的信息；有主题严肃的信息，也有体育、娱乐、旅游、消遣和奇闻趣事类信息；有历史档案信息，也有展示当今社会的信息；有知识性和教育性的信息，也有消息和新闻的传媒信息；有学术、教育、产业和文化方面的信息，也有经济、金融和商业方面的信息。从信息形式上看，从电子报刊、电子工具书、商业信息、新闻报道、书目数据库、文献信息索引到统计数据、图表、电子地图等，几乎无所不包。从信息类型上看，Internet 是一个集声音、图像、文字、照片、图形、动画、电影、音乐于一体的包罗万象的综合性信息系统。

▶ 知识卡片

网络信息资源的概念

网络信息资源也称虚拟信息资源，是以数字化形式记录的，以多媒体形式表达的，存储在网络计算机磁介质、光介质以及各类通信介质上的，并通过计算机网络通信方式进行信息内容传递的集合。简言之，网络信息资源就是通过计算机网络可以利用的各种信息资源的总和。目前网络信息资源以互联网信息资源为主，同时也包括其他没有连接互联网的专用网络信息资源和内联网信息资源。

Internet 中的大部分信息是免费的，只要有时间，有一定的检索经验，就可以从互联网上找到大量有用的免费信息。各搜索引擎和站点目录都搜集有大量的 Internet 站点，并按照专业和文献信息类型分类，实现了信息组织的局部有序化。但是，由于 Internet 急剧膨胀，仍有大量信息被淹没在信息的海洋里，这种无序性影响着获取信息的系统性、完整性和准确性。同时，网络共享性与开放性使得人人都可以在互联网上索取和存放信息，由于没有质量控制和管理机制，这些信息没有经过严格编辑和整理，良莠不齐，大量不良和无用的信息充斥网络，形成了一个纷繁复杂的信息世界，给我们选择和利用权威、准确和高质量的信息带来了障碍。所以，需要学习一定的网络信息资源检索技巧，以便更好、更快地获取所需的信息。

开始网络信息资源检索学习之前，最好熟悉一下 Internet 信息资源的类型和分布。Internet 信息资源可按照信息对象、信息内容和形式、网络传输协议等标准划分，不同的网络信息资源具有不同的获取策略。

一、按信息对象划分

Internet 信息资源按信息对象可划分为政府信息资源、公共信息资源、商用信息资源等。

1．政府信息资源

各国政府大多会在 Internet 上发布有关该国与政府的各种公开信息，进行国家与政府的形象展示。政府信息主要包括各种新闻、统计信息、政策法规文件、政府档案、政府部门介绍、政府取得成就等。政府信息资源的获取主要通过政府门户网站和部分公益部门的研究报告，如美国法律相关信息主要集中在美国司法部（DOJ）的网站、信息政策与法规资料主要集中在白宫预算与管理办公室（OMB）。

2．公共信息资源

公共信息资源即为社会公共服务的机构所拥有的信息资源，它主要包括公共图书资源、科技信息资源、新闻出版资源、文化共享、环境保护、地理信息、海洋信息、气象、食品卫生、科学数据以及广播电视信息资源等。公共信息资源大部分由政府资助的研究机构发布，具有公益特征，可以免费获取，如瑞典隆德大学图书馆开放存取期刊列表（DOAJ，http://www.doaj.org）、英国生物医学中心（http://www.biomedcentral.com）、美国科学公共图书馆（http://www.publiclibraryofscience.org）、美国研究图书馆联盟（http://www.arl.org/sparc）、美国公共医学中心（http://www.pubmedcentral.nih.gov）、美国斯坦福大学资源库（http://highwire.stanford.edu）以及中国的文化共享网络等。此外，一些私营企业也会参与公共信息的收集和制作，一些公共机构则会参与数据资源的经营，形成电子出版物市场。用户通过付费购买的方式能够获得质量较好、资源集中的信息资源，目前高校图书馆使用的学术信息资源大部分都是这类信息资源。

3．商用信息资源

商用信息资源即商情咨询机构或商业性公司为生产经营者或消费者提供的有偿或无偿的商用信息，包括产品、商情、咨询等类型的信息。这类信息资源大部分对特定的目标用户开放，时效性比较强，分析性资源居多，需要付费购买。商业类门户网站信息也比较丰富，但是时效性不如付费网站，评论性资源居多，但可以免费获取，如易观网络和海脉科技对网络经济的分析报告，我国大型的专业门户网站还有赛迪网、硅谷动力网等。

二、按信息内容和形式划分

Internet 信息资源按信息内容和形式可划分为电子邮件型信息资源、图书馆目录资源、书目与索引资源、全文资料及电子出版物资源、数据库信息资源等。图书馆目录资源和书目索引资源一般是公共获取性资源；而全文资料、电子出版物和数据库资源大部分是有偿使用，但是目前也存在相当数量的开放获取资源。

1．电子邮件型信息资源

电子邮件型信息资源即通过电子邮件方式进行交流的信息。它并不局限于个人之间的通信，还包括报告、论文、文献目录，甚至整本书、整本期刊。

2．图书馆目录资源

网络上的图书馆目录不再受时空限制，用户可以在家里或办公室查阅、检索该方面信息资源。

3．书目与索引资源

Internet 上有大量历史、政治、经济、物理、化学、矿业、化工、建筑等许多学科的书目与期刊索引资源。

4．全文资料及电子出版物资源

全文资料及电子出版物已越来越多地通过 Internet 提供有偿或无偿使用的服务。

5．数据库信息资源

数据库信息资源是 Internet 中最为庞大的部分，又可分为科学技术数据库、商业广告数据库、教育娱乐数据库等。

三、按网络传输协议划分

Internet 信息资源按网络传输协议可划分为 WWW 信息资源、Telnet 信息资源、FTP 信息资源、用户服务组信息资源、Gopher 信息资源等。

1．WWW 信息资源

WWW（World Wide Web，简称 WWW 或 Web）信息资源是建立在超文本、超媒体技术以及超文本传输协议 HTTP（Hyper Text Transfer Protocol）的基础上，集文本、图形、图像、声音于一体，并以直观的用户界面展现和提供信息的网络资源形式。通过超文本链接，用户在 WWW 上查找信息时可以从一个文档跳到另一个文档，而不必考虑这些文档在网络上的具体位置。

2．Telnet 信息资源

Telnet 信息资源是指借助远程登录，在网络通信协议（Telecommunication Network Protocol）的支持下，可以访问共享的远程计算机中的资源。使用 Telnet，用户可以与全世界许多信息中心、图书馆及其他信息资源机构联系。Telnet 远程登录的使用主要有两种情况：第一种是用户在远程主机上有自己的账号，即用户拥有注册的用户名和口令；第二种是

Internet 主机提供某种形式的公共 Telnet 信息资源，这种资源对于每一个 Internet 用户都是开放的。

3. FTP 信息资源

FTP 信息资源是指利用文件传输协议 FTP（File Transfer Protocol）可以获取的信息资源。FTP 使用户可以在本地计算机和远程计算机之间发送和接收文件，FTP 不仅允许从远程计算机上获取、下载文件，也可以将文件从本地计算机复制传输到远程计算机。

4. 用户服务组信息资源

Internet 上各种各样的用户通信或服务组是最受欢迎的信息交流形式，包括新闻组（Usenet News Group）、邮件列表（Mailing List）、专题讨论组（Discussion Group）、兴趣组（Interest Group）等。这些讨论组都是由一组对某一特定主题有共同兴趣的网络用户组成的电子论坛，在电子论坛中所传递与交流的信息就构成了 Internet 上最流行的一种信息资源。

5. Gopher 信息资源

Gopher 是一种基于菜单的网络服务，它为用户提供了丰富的信息，并允许用户以一种简单、一致的方法快速找到并访问所需的网络资源。全部操作是在一级级菜单的指引下，用户在菜单中选择项目和浏览相关内容，即可完成对 Internet 上远程联机信息系统的访问，无须知道信息的存放位置或掌握有关的操作命令。

第二节　网络信息组织与检索工具

一、网络信息组织

在 WWW、Telnet、FTP、Gopher 这些资源中，发展最快的是 WWW，其超媒体、超文本的特性使之在 Internet 信息存储与检索领域独占鳌头，目前 Internet 大多数信息的组织与发布都是采用超文本这种特殊的信息组织方式。随着网络交互性的发展，Web2.0 的信息组织方式正在逐渐被大众用户所接受。

1. 超文本

所谓超文本（Hypertext），就是非线性文本。一般人们阅读的文本（Text）都是从上而下、从左到右排列，但在超文本中，内容是按超链接方式（Hyperlink）组织的。用户单击文本中加以标注的一些特殊的关键词或图像，就能打开另一个文本。例如，在 WWW 上找到最新上映的电影的介绍，通过点击超链接，就可以查看有关的影评、演员剧照及精彩片段，还可以访问出售该电影海报、唱片和其他宣传品的网上超市等。用户无须知道信息存储的具体位置，只需轻轻点击鼠标，按照事先设置好的链接，一层层地浏览、查询下去即可轻松获得自己需要或感兴趣的信息资源。而超媒体（Hypermedia）又进一步扩展了超文本所链接的信息类型，利用超级链接将超文本和各种媒体信息连接在一起。用户不仅能从一个文本跳到另一个文本，而且可以激活一段声音，显示一个图形，或播放一段视频图像。在Internet 中，每个 Web 服务器不仅提供其自身拥有的信息数据，还利用超级链接指向其他的拥有相关信息的 Web 服务器，而这些服务器又指向更多的服务器。通过这种内部的链接机制，使遍布全球的主机形成了一个相互联系、资源共享的有机整体。

2. 超文本传输协议

超文本信息传输协议 HTTP（Hyper Text Transfer Protocol）是浏览器直接与 Web 服务器相互通信的协议，即 WWW 客户机和服务器用于在网上传输、响应用户请求的协议。任何一个 HTTP 会话都包括四个步骤：连接、请求、应答、关闭。

3. 超文本标志语言

超文本标志语言 HTML（Hyper Text Markup Language）是一种为 WWW 建立超文本文件的专门编程语言。它通过标记和属性对一段文本的语义进行描述，进行文件与文件及文件内部不同部分之间的链接。HTML 文档由文件、格式代码和到其他文档的链接组成。

4. WWW

WWW 是建立在客户机/服务器模式之上，以 HTML 语言和 HTTP 协议为基础，通过 Internet 把遍布世界各地的服务器连接起来，构成的一个全球信息网络空间。其特点如下。

（1）使用超文本技术。利用文本加链接技术，用户只要用鼠标点击页面有特殊颜色或有下划线的文字时，就会出现新的解释或访问更多的信息。

（2）使用 HTML 语言。使用 HTML 语言使信息的组织与显示更加规范有序，让 WWW 浏览器可以识别。

（3）功能强大，使用简单方便。WWW 设计的界面友好、接口简单，用户只要知道要找的信息服务器及其要浏览的文档名，输入它的网址，就可以利用 WWW 系统达到检索信息的目的。

5. 统一资源定位器

统一资源定位器（Uniform Resource Locator, URL）是 WWW 系统使用的一种特殊地址。每一个文件无论它以何种方式存在何种服务器上，都有一个唯一的 URL 地址，该地址不仅指明信息所在目录和文件名，还指明信息文件存在于网络哪个节点的计算机上以及可以访问的方式等。只要用户正确地给出一个文件的 URL 地址，WWW 服务器就能准确无误地将它找到并且传送到发出检索请求的 WWW 客户机上。因此，URL 可以看成是一个文件在 Internet 上的标准通用地址。

URL 的一般格式为"<通信协议>: //<主机>/<路径>/<文件名>"。

其中，"<通信协议>"指提供文件的服务器所使用的通信协议，如 WWW 的 HTTP 协议、Gopher 的 Gopher 协议、FTP 的 FTP 协议等；"<主机>"指上述服务器所在主机的 IP 地址；"<路径>"指该文件在上述主机的路径；"<文件名>"是该文件的名称。

例如，http: //lib. nwpu. edu. cn/xxfw. htm 就代表着 WWW 上西北工业大学图书馆信息服

务系统的 URL。

由此可见，通过 WWW 浏览器可提供多种 Internet 服务的访问。WWW 浏览器实际上为用户提供了一个统一的、一致性的交互接口，该接口利用 URL 中的"<通信协议>"信息来访问相应的 Internet 上主机或服务器的信息。

6. 主页

所谓主页（Homepage），从表面上理解，就是某个单位、学校、企业，甚至政府、城市、国家在 Internet 上为自己建立起来的门面。人们从 Internet 访问这些网站，首先都会接触到这个门面，并根据它的引导进一步查询该网站上的有关内容。用户首先在键盘上输入一个 IP 地址，接着系统响应其访问请求，并通过网络将对方的主页信息传递到用户的计算机上，这时屏幕上出现的通常是经过精心设计的图形界面，就是通常所说的主页。按照微软公司的比喻，如果把 WWW 当做是 Internet 上的大型图书馆，则每个站点就是一本书，每个 Web 页面就是书的一页，主页则是书的封面和目录。用户可以从主页开始，通过 Web 链接访问各类信息资源。

7. Web2. 0

Web2. 0 是以 Flickr、Craigslist、LinkedIn、Tribes 等网站为代表，以 Blog、Tag、SNS、RSS、Wiki 等应用为核心，依据六度分离、长尾理论等新理论和 XML、AJAX 等技术实现的互联网新一代模式。Web2. 0 颠覆了过去由少数资源控制者集中控制主导的信息组织方式，转变成了主要由广大用户的集体智慧和力量重构的信息组织方式，这种组织方式主要包括以下形式。

（1）博客（Blog）。博客是个人或群体以时间为顺序所作的一种记录，且不断更新。个人只需要在博客服务网站注册一个账号，就可以拥有一个博客了。国内目前比较著名的博客服务网站包站博客中国、斗牛士、中国教育人博客等。

（2）维基（Wiki）。Wiki 可以简单地解释为由网络用户自发维护的网络大百科全书，这个大百科全书由网络用户自发编辑并修改内容，每个人既可以是某个词条的读者，又可以是这个词条的编撰者，阅读和编辑的界限在 Wiki 中被模糊了。

（3）标签（Tag）。标签是一种更为灵活、有趣的日志分类方式，可以让你为自己所创造的内容（Blog 文字、图片、音频等）创建多个用做解释的关键词。Tag 类似于传统媒体的"栏目"，它的相对优势在于创作者不会因媒体栏目的有限性而无法给作品归类，体现了群体的力量，使得日志之间的相关性和用户之间的交互性大大增强。

（4）社会性网络服务（Social Network Service）。依据六度分隔理论，以认识朋友的朋友为基础，扩展自己的人脉，便于在需要的时候可以随时获取该人脉的帮助。SNS 网站，就是依据六度分隔理论建立的网站，帮用户运营朋友圈里的朋友。Google 推出免费信箱也是一个 SNS 应用，通过网友之间的互相邀请，Gmail 在很短的时间内就获得了巨大的用户群。

（5）简易信息聚合（RSS）。它是一种用于共享新闻和其他 Web 内容的数据交换规范，起源于网景公司的"Push"技术，将订户订阅的内容传送给它们的通信协议（Protocol），主要版本有 0.91、1.0 和 2.0。广泛用于 Blog、Wiki 和网上新闻频道。借助 RSS，网上用户可以自由订阅指定 Blog 或是新闻等支持 RSS 的网站（绝大多数的 Blog 都支持 RSS），也就是说读者可以自定义自己喜欢的内容，而不是像 Web1.0 那样由网络编辑选出读者阅读的内容。

二、网络信息检索工具

（一）网络检索工具的类型

网络信息检索工具与印刷型检索工具一样，我们可以按照检索工具的检索机制、检索内容、检索资源类型等对其进行分类。

1. 按检索机制划分

网络信息检索工具按检索机制可分为分类目录型检索工具、搜索引擎型检索工具和混合型检索工具。

（1）分类目录型检索工具。这种检索工具提供按类别编排的互联网站目录，其检索方法为分类目录浏览检索。它将各站点按主题内容组织成等级结构，用户依照这个等级目录逐层深入，直至找到所需信息。在各个类别下面，排列着这一类别网站的站名和网址链接，有些检索工具还提供各个网站的内容简介，但并不将网站上的所有文章和信息都收录进去。用户在用这种检索工具查询时，也可以直接在文本输入框中输入关键词进行检索。根据用户所输入的关键词，系统自动在网站的简介中进行搜索。

分类目录型检索工具的优点是将信息分门别类，用户可以清晰方便地浏览某一大类信息，尤其适合那些仅希望了解某一方面、某个范围内信息的用户。分类目录型检索工具的缺点是由于它的综述和标引工作一般靠专业人员完成，数据库更新频率较慢，加之它对各站点的描述具有一定的局限性且较笼统，没有文献的全文，只能检索到主题目录和一些简单的描述信息。它的数据库比搜索引擎型检索工具的要小，它的查全率较低，但查准率较高。该类检索工具的典型站点有 Yahoo!、Galaxy 等。

（2）搜索引擎型检索工具。这种检索工具提供按关键词查询网站及网页信息，其检索方法为关键词查询检索。

搜索引擎的优点是数据库大、内容新、查询全面而充分，能向用户提供全面而广泛的搜索信息。搜索引擎的数据库会将一个网站上所有网页通通保留下来。当用户查询的关键词在数据库的主页中出现过，该主页就会作为一项搜索结果返回到搜索结果的页面上。搜索引擎型检索工具查全率高，但查准率较低。该类检索工具的代表站点有 Google、Baidu、AltaVista、HotBot、Infoseek、Excite 等。

搜索引擎型检索工具看起来与分类目录型检索工具的网站查询非常相似，虽然也提供一个文本输入框和搜索按钮，使用方法相同，而且有些搜索引擎也提供分类目录，但是两者却有本质上的区别。在分类目录型检索工具的数据库中，保存的是互联网上各个网站的站名、网址和内容提要；而在搜索引擎的数据库中，保存的则是互联网上各网站的每一个网页的全部内容，涉及范围要大得多。因此搜索引擎所查到的结果不仅仅是站名、网址和内容提要，而是与输入的关键词相关的一个个具体网页的地址和该页的全文。有些搜索引擎也提供分类目录，但这种目录不是网站的分类目录，而是网页的分类目录。也就是说，在其各类目下排列的不是网站站名、地址，而是大量的属于这一类别的网页地址。由于网页数目非常庞大，所以这种目录几乎无法起到分类浏览的作用。它的主要功能只是让用户能够进入某一大类别，因而能够限定在这一类别中全文检索某个关键词。

(3) 混合型检索工具。这种检索工具兼有搜索引擎和分类目录两种检索方式，既可直接输入关键词查找特定信息，又可浏览分类目录了解某个领域范围的信息。实际上现在的大多数网络检索工具都同时提供关键词检索和分类目录浏览两种功能。

2. 按检索内容划分

网络信息检索工具按检索内容可分为综合型检索工具、专题型检索工具和特殊型检索工具。

(1) 综合型检索工具。这种检索工具在采集标引信息资源时不限制资源的主题范围和数据类型，又称为通用型检索工具，人们可利用它检索几乎任何方面的资源。前面列举的AltaVista、Excite、Yahoo！等均属综合型检索工具。

(2) 专题型检索工具。这种检索工具专门采集某一主题范围的信息资源，并用更为详细和专业的方法对信息资源进行标引描述，且往往在检索机制中采用与该专业领域密切相关的方法技术。这类工具常被称为专业检索工具。例如，典型的医学专业检索工具有Healthatoz、Medical World Search、Medical Matrix 和 OMNI 等。

(3) 特殊型检索工具。指那些专门用来检索某一类型信息或数据的检索工具，例如查找电话号码、找人、找机构的 Switchboard，查询地图的 MapBlast，查询图像的 WebSEEK，检索 FTP 文件的 Archie 和 FileZ，检索新闻组的 DejaNews 等。

3. 按检索资源类型划分

网络信息检索工具按检索资源类型分为万维网检索工具和非万维网检索工具。

(1) 万维网检索工具。这种检索工具主要检索万维网站点上的资源。

(2) 非万维网检索工具。这种检索工具主要检索特殊类型的信息资源，如检索 FTP 文件的 Archie、FileZ 和 Tile. net，检索 Telnet 系统的 Hytelnet 等，面向 Gopher 检索服务的 Veronica 和 Juhead 等。不过，越来越多的万维网搜索引擎嵌入了检索非万维网资源（尤其是 WAIS、Gopher 等资源）的工具，使这些搜索引擎成为检索多类网络信息资源的集成化工具。

（二） 网络信息检索工具的检索功能

网络信息检索工具的核心是其检索功能。经过几年的发展和努力，网络信息检索工具的检索功能已从比较基本和初级的阶段发展到较高级、较成熟的易操作阶段。从现有的检索工具来看，它们都具备诸如布尔检索、截词检索和短语检索这些基本检索功能。

除了上述检索功能，网络信息检索领域还陆续出现了一些与检索相关的功能，它们包括以下几个方面。

1. 精确检索提问

多数网络检索工具提供两种不同的检索方式，即基本检索和精确检索。在进行基本检索时，用户只需在检索提问框中输入一个关键词就行，而无须通过其他具有不同功能的下拉菜单进行限定。

在进行精确检索时，各搜索引擎提供了不同的方法来过滤提炼检索提问。例如，在输入检索提问之前，用户可以作以下精确检索选择：给某一个检索词增加权值；排除某些词语；用确切的人名、短语以及某一个词的邻近词检索。有些搜索引擎还允许用户指定检索结果的显示形式以及是否希望将检索限定在 Internet 的某一资源范围（如 Usenet 或 Web），或者限定在万维网文件的某一指定部分（如 Title 或 URL）。还有一些检索工具在输入检索提问之前或获得检索结果之后，允许用户在语种、日期、地理范围、域名范围、网络信息类型、信息媒介类型等方面进行限制，以检到更确切的信息，或者选择把新的一轮检索范围限制在检索结果之内，以提高检索效果。HotBot、Infoseek、Lycos 等都具备这些功能，尤其是 Lycos，具有在前次检索结果的基础上，再用作者、篇名、关键词字段限制检索的特殊功能。

2. 按相关度排列结果

当用户检索到大量结果时，其中有些结果与检索要求很相关，有些比较相关，有些可能相关性非常小。这时自然希望最相关的结果能排在前面，次相关的结果排在其后，相关性很小的结果排在最后。为此，各种检索工具都在检索中计算检索结果的相关度，并按相关度顺序从高到低依次排列结果，有的还在每条结果旁给出相关度值。多数检索工具是通过计算检索词在每个结果中的出现次数和出现位置来计算相关度的，因此如果一个网页中包含的检索词越多、出现的位置越重要，则这个网页的相关度就越高。

3. 关键词检索与分类浏览相结合

检索和浏览在信息查询过程中各有其功用。一般来说，检索便于有的放矢，直接获取检索结果；浏览利于边查边看，发现未曾预料的信息资源。鉴于此，网络信息检索工具现在都既罗列供浏览用的网络信息类目，又配备功能可观的关键词检索机制。

4. 检索结果的翻译和多语种检索

Yahoo!、Google、AltaVista、Infoseek 等推出了在线翻译检索结果的功能。翻译的语种不仅包括西文，如英文、法文、德文、西班牙文等，而且包括诸如中文、日文和韩文等东亚语种，提供汉字的繁体语言和简体语言。由于大多数检索工具以西文为中心开展，目前还很少有中文与英文、法文之外的直接翻译工具出现。

第三节 网络信息资源检索方法

网络信息检索具有的多样性、灵活性远远超出了传统的信息检索。因此，一方面，我们需要继承与沿用在传统信息检索中已经形成的某些检索思维模式和方法；另一方面，更需要掌握网络信息检索所特有的性质——超文本结构和方便的链接机制，了解影响信息检索的因素和相应的检索策略，结合实践逐渐提高获取信息的能力。

一、网络信息基本检索的方法与特征

网络信息检索与传统信息检索的共同点是按图索骥。用户需要知道这些信息存储在哪里，然后设法获取（在网络环境下就是要知道信息地址），再通过该地址去访问服务器，获取信息。那么怎样获取这些地址呢？首先是浏览和积累；其次是专题专业信息集合，如学科信息门户和一些搜索引擎。在公共网络上，信息资源一般有三种查询方法：基于超文本的信息浏览、基于网络资源目录的信息查询、基于搜索引擎的信息查询。

1. 基于超文本的信息浏览

通过超文本链接，从一个 WWW 服务器到另一个 WWW 服务器，从一个目录到另一个目录，从一篇文章到另一篇文章，浏览查找所需信息的方法称为浏览，也称基于超文本的信息查询方法。

基于超文本的浏览模式是一种有别于传统信息检索技术的新型检索方式，它已成为 Internet 上最基本的查询模式。利用浏览模式进行检索时，用户只需以一个节点作为入口，根据节点中文本的内容了解嵌入其中的热链指向的主题，然后选择自己感兴趣的节点进一步搜索即可。在浏览过程中用户会不断发现未预想到的信息资源。

但是这类信息检索方法随机性大，无法控制检索路径和结果，适用于基于兴趣的“泛读”，而不适合精确查找。对于特定的检索领域和检索范围而言，通过一步步浏览来查找所需信息是非常困难的。同时，在专业信息检索中，尤其是国外全文资料中，通过一篇文献的参考文献的超链接逐渐点开的检索方式，能够很好地发现一类或一组专业文献，这类方法与传统文献中依靠引文逐级回溯的“追溯法”非常类似，也是在专业文献检索中比较实用的检索方法。但这种方法的难点是第一篇文献（即检索起点）和引文加工深度直接影响检索效果。

个人用户经常在浏览过程中利用创建书签（Bookmark）和热链表（Hotlink）来记录一些优秀的网站或网页，利用收藏夹等辅助浏览。但是，这类记录数量有限，限于用户已经浏览的网站，对于新资源的发现作用不大。因此，为帮助用户快速方便地搜寻所需信息，各种 WWW 信息查询工具便应运而生，其中最有代表性的是基于目录和搜索引擎的信息查询工具，而利用这些工具来查找信息的方法就被称为基于目录和基于搜索引擎的信息查询方法。

2. 基于网络资源目录的信息查询

这一方法一般是通过引导网络用户的查询概念（不是确切的概念）来帮助用户找到所需的网络信息。网络资源目录一般采用人工方式采集和存储网络信息，它把采集到的网页按主题性质进行分类，以某种分类体系为依据，将信息分成若干领域的主题范畴，然后再细分为学科专题目录，最后列出具体的相关网站，形成一个由信息链组成的树状结构，即总目—专题目录—链接—文本。网上资源目录也分主题目录、字顺目录和分类号目录等，其中，主题目录是主体。主题目录往往在大主题下又包括若干小主题，一层一层地查下去，直到比较具体的信息标题，因而这类目录也称为主题树、网络资源指南或分类导航。

综合性的网络资源指南（以 Yahoo！为例）将网络信息资源分成文化艺术、商业经济、计算机与 Internet 等 14 个大类，每一大类又分成若干子类，分四级组织资源，最后链入资源列表。Sohu 则提供 21 个大类的信息分类。还有一些网站层级比较少，容易发现和记录重要的信息资源，是综合性的网站导航，如 hao123 网站。同时，随着目录体系越来越庞大，准确发现和获取目录也变得相对困难，因而也出现了专门面向目录的检索工具——目录型检索工具，Yahoo！和 Sohu 等综合性网站都有类似工具。

网络资源目录存放在 WWW 服务器里，各个主题通过超文本的方式组织在一起，用户通过目录最终可得到所需信息的网址，即可到相应的地方查找信息，这种通过目录帮助的方法获得所需信息的网址继而查找信息的方法称为基于目录的信息查询方法。这类信息查询方式适用于没有精确检索范围、只有大致检索领域且希望作参考对比的检索。由于目录是人为编制的，所以控制性好，资源相关度高，查准率高；但是人工搜集信息有限，其管理和维护跟不上网络信息的增长速度，导致其收录范围不够全面，新颖性、及时性相对较差，查全率很难得到保证。同时，信息的分布可能受目录制作者的分类思想控制，用户对分类的理解与制作者不一致很可能会降低检索效率。在科技探索研究中，科研工作者往往在对主题不是特别熟悉的情况下使用此法，因而在学科专业网站中网络信息资源指南非常流行，学者认为这与传统“书目之书目”非常相似，称之为“网络的网络”。

3. 基于搜索引擎的信息查询

搜索引擎又称 WWW 检索工具，是 WWW 上的一种信息检索软件。WWW 检索工具的工作原理与传统的信息检索系统类似，都是对信息集合和用户信息需求集合的匹配和选择。

基于搜索工具的检索方法接近于我们通常所熟悉的检索方式，即输入检索词以及各检索词之间的逻辑关系，然后检索软件根据输入信息在索引库中搜索，获得检索结果（在 Internet 上是一系列节点地址）并输出。搜索引擎实际上是 Internet 的服务站点，有免费为公众提供服务的，也有进行收费服务的。不同的检索服务可能会有不同的界面和侧重内容，但有一点是共同的，就是都有一个庞大的索引数据库。这个索引数据库是向用户提供检索结果的依据，其中搜集了 Internet 上数百万甚至数千万主页信息，包括该主页的主题、地址、包含于其中的被链接的文档主题以及每个文档中出现的单词的频率、位置等。

二、网络信息检索的策略和技巧

由于网络信息非常庞大，没有任何一个网站或搜索引擎能提供绝对完整、全面的信息检索，而且每个搜索引擎均有不同的收录范围和数量规定，索引方式和检索算法也不一样，要想获得全面、准确、相关度高的信息资源，应该采用一定的检索策略和技巧。

（一）明确检索目的和要求，确定查询策略

不同的检索目的应采用不同的查询策略，不同的查询策略会产生不同的检索结果。尽可

能多地了解检索目标，能帮助我们确定所需要的信息类型、查询方式、查询范围、查询时间及采取何种限制条件，以便准确地获取所需信息。例如，为申报专利或鉴定成果查找参考依据，以选择国内外专利数据库为主；为撰写论文查找相关文献等，以期刊论文、学位论文等学术研究性的数据库为主。

（二）选择合适的网络检索工具

选择合适的网络检索工具主要从网络检索工具的类型、收录范围、检索问题的类型、检索具体要求等方面进行综合考虑。用户必须熟悉各类网络检索工具的特点、功能，明确所需信息可能的存在形式，从而选择相应类型的检索工具。当然，很多检索工具的选择需要有一定的检索经验，要在不断的检索过程中学习和积累。

（1）一般性浏览查询或比较强调获取信息的综合性和准确性时，适合选用目录型检索工具。例如，需要检索没有嵌入病毒的软件或音乐、电影，适合在相关的权威门户网站检索。

（2）细节查询或原文查询时，比较适合用 AltaVista 等索引式搜索引擎，它可以检索到一些冷僻的站点。例如，对外星人和 UFO 的相关研究感兴趣，就适合采用这类检索工具。

（3）学术性检索强调内容的相关性，适合采用专业数据库检索，或对学术性搜索引擎进行复杂界定，即高质量的检索结果一般需要编制比较复杂的检索提问。例如，在 CNKI 中寻找关于“网络信息资源开发战略”的文献，需要从主题、来源、篇名等进行综合组配才不致于检索到过多或过少的相关文献。

（4）获取性检索，尤其是免费资源的获取，需要掌握一定的核心站点或一些交流平台，从中获取提示信息。

（三）提高检索精度和准确性

由于网络信息的组织没有严格的分类体系，而且搜索引擎的 Robot 自动索引软件建立的数据库的智能化程度不高，导致在网络信息检索中容易出现很多非相关信息，需要提高检索的精度和准确性。一方面，要完善 Robot 的标引机制和搜索引擎的检索机制，另一方面，则要求用户掌握一些检索方法和技巧。

具体而言，可采用下列方法。

1. 根据需求，选定特定的主题，并确定关键词

主要是主题概念的选取和表达，要注意抓住课题的实质性内容，分析出课题中有几个概念组面；找出核心的概念组面，排除掉无关概念组面，包括意义不大的概念和重复概念；找出隐含的重要概念，例如，“智力测试”，隐含着“能力测试”、“态度测试”、“创造力测试”等概念；明确概念组面之间的交叉关系，即明确是逻辑“与”、逻辑“或”还是逻辑“非”的关系。具体如下。

（1）以陈述句或疑问句形式写下要检索的主题，并确定关键词或词组，如“美国奶制

食品质量标准"。

（2）把认为最重要的概念定为检索关键词，注意检索词的同义词、单复数、拼写变异、单词结尾的不同以及不同语种的转换等。在上例中，中文关键词包括"奶制食品"、"食品质量标准"、"美国"；英文关键词会有词性和词形的变化，如 milk food、food qualification standards、food quality、food quality standards、America，American、USA、United States 等。

（3）确定大致的检索主题的类别和范畴，这对于应用分类方法检索信息很有用，如 Business — Companies — Food or Science Nutrition。

（4）选定可能包含检索主题的组织或机构。应用搜索引擎得到这个地址，然后浏览或检索这个网址，如 FDA（United States Food and Drug Administration）等机构的网址。

2. 一般检索过程中，注意检索词的选取

尽量选取专指词、特定概念或词意较窄的词语，不宜选用普通词、泛指概念词和综合用词。例如，"中国"、"计算机"、"网络"这样的词汇对于检索结果用途不大，每一个词汇限定之后仍有数以千万计的网页。

3. 构造恰当的检索提问

有些检索工具具有高级检索功能，具有一定的检索句法规则，支持一定的检索运算，应合理运用这些检索规则。常用的检索运算有短语运算——运用引号将表达词组或短句标出，意味着被检索对象必须与检索对象完全匹配才能命中；逻辑运算——利用或、与、非的逻辑运算进一步限定检索对象；位置运算——很多搜索引擎可以通过"site:"限定具体的检索范围，通过"title:"限定从标题检索，还有语言限定等。

4. 限定条件或限定词的组配检索

很多检索工具提供检索条件、范围选择、参数设定等多种功能，需要用户根据实际需要进行多重限制。尤其在学术资源检索中，要想检索资源完美匹配，必须进行多重限制和界定。

5. 利用精炼检索和二次检索

此方法即利用某些检索工具提供的精炼（Refine）功能，或者"从结果中检索"的功能，进一步缩小检索范围，精炼检索结果。目前，大多数搜索引擎都提供了二次检索的功能。

（四）扩大检索量的策略

虽然网络信息资源非常丰富，但初次检索中文献为零或者数量非常少的情况也时有发生，这时就需要扩大检索范围。常见的扩检方法包括以下四种。

1. 使用同义词或近义词

因为搜索引擎一般是严格按字串匹配查找检索结果的，因而会漏检与关键词相关或一致的概念。比如与“数字信息资源”相关的文献不是很多，这时就可以与“网络信息资源”、“电子信息资源”、“虚拟信息资源”等概念进行配合检索，否则检索结果不仅是数量上不足，而且在研究体系和结论上也不科学。

2. 使用多个搜索引擎

就同一检索提问访问多个数据库，以弥补搜索引擎数据库在覆盖面、容量、规模上的局限。或者直接使用多元搜索引擎，扩大检索范围。

3. 利用扩建功能

某些搜索引擎会在用户输入检索词之后，在展示检索结果的同时，也显示相关概念或推荐的资源站点，如 Excite 的“more like this”功能。

4. 采用网址截断

通常，在服务器端会有大量的相近或相似网页存在。如果通过搜索引擎找到并打开其中一张网页，就可以通过右切断 URLs 来获得更多的相似网页。通常，一个检索过程会返回含有很多的文档网址。例如，查找“Okanagan University College Library”时，不仅会返回该图书馆主页，而且会返回含有词组“Okanagan University College Library”的很多网页。与其一个个地点击查看每一个 URL 来查找所需要文献，还不如在预测文件可能出现的点右切断 URL，并直接输入到浏览器的地址栏中。。

（五）加快检索速度的技巧

在网络环境下，检索速度受带宽影响，尤其在访问国外网站过程中，容易出现网络“塞车”。加快检索速度的技巧如下。

（1）Ctrl + F。用搜索引擎检索到所需文档并连接到相关网页后，有时会发现你所要的文件并没有出现在当前界面中。这可能是因为文件存放在当前网页的底部。一个快捷的方法就是按“Ctrl + F”键在当前页查找文件。

（2）给检索结果做标签。如果以后还可能重复现在的检索，可给该检索结果做个标签。

（3）猜测站点的 URLs。要猜测某个站点的 URL，要先了解 URL 的基本组成。通过对 URL 知识的了解和积累，通常可以“造”出这样一个主页的网址来。例如，假设不知道中央电视台的 URL，根据 URL 命名常识，猜测可能是 http://www. cctv. com 或 http://www. cctv. com. cn，结果两个均连接成功。

（4）文本传输方式。有些网页因为图片、动画等嵌入内容较多，在网络浏览过程中就需要大量缓存，而且从服务器下载时间比较长。这时可以将浏览器传输方式设置成只传递文字信息，这样就可以大大减少传输流量，加快传输速度。

（5）设置代理服务器。尤其是通过局域网上网的用户，服务器带宽是固定的，用户必须排队等待，而有些服务器相对空闲。这时可以将那些空闲服务器设置为代理服务器，从而大大提高国际网的存取访问速度。

第四节　网络搜索引擎的应用

▶ 知识卡片

搜索引擎的发展历史

所有搜索引擎的祖先，都是1990年由McGill大学的学生Alan Emtage、Peter Deutsch、Bill Wheelan发明的Archie（Archie FAQ）。当时WWW还未出现，Archie是第一个自动索引互联网上匿名FTP网站文件的程序，但它还不是真正的搜索引擎。Archie是一个可搜索的FTP文件名列表，搜索时用户必须输入精确的文件名，然后Archie会告诉用户哪一个FTP地址可以下载该文件。

由于Archie深受欢迎，受其启发，Nevada System Computing Services大学于1993年开发了一个Gopher（Gopher FAQ）搜索工具Veronica（Veronica FAQ）。Jughead是后来另一个Gopher搜索工具。

由于专门用于检索信息的Robot程序像蜘蛛（Spider）一样在网络间爬来爬去，因此，搜索引擎的Robot程序被称为Spider（Spider FAQ）程序。世界上第一个Spider程序是MIT Matthew Gray的World Wide Web Wanderer，用于追踪互联网发展规模。刚开始它只用来统计互联网上的服务器数量，后来也能够捕获网址（URL）。

与Wanderer相对应，1993年10月Martijn Koster创建了AliWeb，它相当于Archie的HTTP版本。AliWeb不使用网络搜寻Robot，如果网站主管们希望自己的网页被AliWeb收录，需要自己提交网页的简介索引信息，类似于后来大家熟知的Yahoo!。

1993年底，一些基于此原理的搜索引擎纷纷涌现，其中最负盛名的是Scotland的JumpStation、Colorado大学的The World Wide Web Worm（First Mention of McBryan's World Wide Web Worm）、NASA的Repository-Based Software Engineering（RBSE）Spider。

1993年2月，6个Stanford大学的学生通过分析字词关系，对互联网上的大量信息作了更有效的检索，这就是Excite。2002年5月，被Infospace收购的Excite停止了自己的搜索引擎，改用元搜索引擎Dogpile。

1994年1月，第一个既可搜索又可浏览的分类目录EINet Galaxy（Tradewave Galaxy）上线。除了网站搜索，它还支持Gopher和Telnet搜索。

1994年4月，Stanford大学的两名博士生——美籍华人Jerry Yang（杨致远）和David Filo共同创办了Yahoo!。随着访问量和收录链接数的增长，Yahoo!目录开始支持简单的数据库搜索。因为Yahoo!的数据是手工输入的，所以不能真正被归为搜索引擎，事实上只是一个可搜索的目录。

1994年初，Washington大学的学生Brian Pinkerton开始了他的小项目WebCrawler（Brian Pinkerton Announces the Availability of Webcrawler）。1994年4月20日，WebCrawler正式亮相时仅包含来自6000个服务器的内容。WebCrawler是互联网上第一个支持搜索文件全部文字的全文搜索引擎，在它之前，用户只能通过URL和摘要进行搜索，摘要一般来自人工评论或程序自动取正文的前100个字。后来WebCrawler陆续被AOL和Excite收购，现在和 Excite 一样改用元搜索引擎 Dogpile。

Lycos（Carnegie Mellon University Center for Machine Translation Announces Lycos）是搜索引擎史上又一个重要的里程碑。Carnegie Mellon University 的 Michael Mauldin 将 John Leavitt 的 Spider 程序接入到其索引程序中，创建了 Lycos。1994 年 7 月 20 日，数据量为 54000 的 Lycos 正式发布。除了相关性排序外，Lycos 还提供了前缀匹配和字符相近限制功能，Lycos 第一个在搜索结果中使用了网页自动摘要，而最大的优势还在于它远胜过其他搜索引擎的数据量，1999 年 4 月，Lycos 停止自己的 Spider，改由 Fast 提供搜索引擎服务。

Infoseek（Steve Kirsch Announces Free Demos Of the Infoseek Search Engine）是另一个重要的搜索引擎，虽然公司声称 1994 年 1 月已创立，但直到 1994 年年底它的搜索引擎才与公众见面。起初，Infoseek 只是一个不起眼的搜索引擎，它沿袭 Yahoo！和 Lycos 的概念，并没有什么独特的革新。但是它的发展史和后来受到的众口称赞证明，起初是否第一个登台并不总是那么重要。Infoseek 友善的用户界面、大量的附加服务使它声望日隆。而 1995 年 12 月与 Netscape 的战略性协议，使它真正成为一个强势的搜索引擎：当用户点击 Netscape 浏览器上的搜索按钮时，就弹出 Infoseek 的搜索服务，而此前由 Yahoo！提供该服务。Infoseek 后来曾以相关性闻名，2001 年 2 月，Infoseek 停止了自己的搜索引擎，开始改用 Overture 的搜索结果。

1995 年，一种新的搜索引擎形式出现了——元搜索引擎（A Meta Search Engine Roundup）。用户只需提交一次搜索请求，由元搜索引擎负责转换处理后提交给多个预先选定的独立搜索引擎，并将从各独立搜索引擎返回的所有查询结果集中起来，经处理后再返回给用户。第一个元搜索引擎是 Washington 大学硕士生 Eric Selberg 和 Oren Etzioni 的 MetaCrawler。元搜索引擎概念上好听，但搜索效果始终不理想，所以没有哪个元搜索引擎有过强势地位。

DEC 的 AltaVista 是一个迟到者，直到 1995 年 12 月才登场亮相。但是，大量的创新功能使它迅速到达当时搜索引擎的顶峰。AltaVista 最突出的优势是它的速度，而 AltaVista 的另一些新功能，则永远改变了搜索引擎的定义。AltaVista 是第一个支持自然语言搜索的搜索引擎，也是第一个实现高级搜索语法的搜索引擎（如布尔逻辑算符等）。用户可以用 AltaVista 搜索 Newsgroups（新闻组）的内容并从互联网上获得文章，AltaVista 也声称是第一个支持用户自己向网页索引库提交或删除 URL 的搜索引擎，并能在 24 小时内上线。AltaVista 最有趣的新功能之一，是搜索有链接指向某个 URL 的所有网站。在面向用户的界面上，AltaVista 也作了大量革新。它在搜索框区域下放了"Tips"以帮助用户更好地表达搜索式，这些小 Tip 经常更新，这样，在搜索过几次以后，用户会看到很多他们可能从来不知道的有趣功能。这系列功能，如今逐渐被其他搜索引擎广泛采用。1997 年，AltaVista 发布了一个图形演示系统 LiveTopics，帮助用户从成千上万的搜索结果中找到他们想要的东西。

然后到来的是 HotBot。1995 年 9 月 26 日，加州伯克利分校 CS 助教 Eric Brewer、博士生 Paul Gauthier 创立了 Inktomi（UC Berkeley Announces Inktomi），1996 年 5 月 20 日，Inktomi 公司成立，强大的 HotBot 出现在世人面前，声称每天能抓取索引 1 千万页以上，所以有远超过其他搜索引擎的新内容。HotBot 也大量运用 Cookie 储存用户的个人搜索喜好设置。HotBot 曾是随后几年最受欢迎的搜索引擎之一，后被 Lycos 收购。

Northern Light 公司于 1995 年 9 月成立于马萨诸塞州，1997 年 8 月，Northern Light 搜

索引擎正式现身。它曾是拥有最大数据库的搜索引擎之一，它没有 Stop Words，它拥有出色的 Current News、7100 多种出版物组成的 Special Collection、良好的高级搜索语法，第一个支持对搜索结果进行简单的自动分类。2002 年 1 月 16 日，Northern Light 公共搜索引擎关闭，随后被 Divine 收购，但在 Nlresearch，选中 World Wide Web Only，仍可使用 Northernlight 搜索引擎。

1998 年 10 月之前，Google 只是 Stanford 大学的一个小项目。1995 年博士生 Larry Page 开始学习搜索引擎设计，于 1997 年 9 月 15 日注册了 google. com 的域名，1997 年底，在 Sergey Brin、Scott Hassan 和 Alan Steremberg 的共同参与下，BachRub 开始提供 Demo。1999 年 2 月，Google 完成了从 Alpha 版到 Beta 版的蜕变。

Google 在 PageRank、动态摘要、网页快照、DailyRefresh、多文档格式支持、地图股票词典寻人等集成搜索、多语言支持、用户界面等功能上的革新，像 AltaVista 一样，再一次永远改变了搜索引擎的定义。

在 2000 年以前，Google 虽然以搜索的准确性备受赞誉，但因为数据库不如其他搜索引擎大，缺乏高级搜索语法，所以使用价值不是很高，推广并不快。直到 2000 年数据库升级后，又借被 Yahoo！选做搜索引擎的东风，才一飞冲天。

Fast（AllTheWeb）公司创立于 1997 年，是挪威科技大学（NTNU）学术研究的副产品。1999 年 5 月，该公司发布了自己的搜索引擎 AllTheWeb。Fast 创立的目标是做世界上最大和最快的搜索引擎，几年来庶几近之。Fast（AllTheWeb）的网页搜索可利用 ODP 自动分类，支持 Flash 和 PDF 搜索，支持多语言搜索，还提供新闻搜索、图像搜索、视频、MP3、和 FTP 搜索，拥有极其强大的高级搜索功能。

Teoma 起源于 1998 年 Rutgers 大学的一个项目。Apostolos Gerasoulis 教授带领华裔 Tao Yang 教授等人于新泽西 Piscataway 创立 Teoma，2001 年春初次登场，2001 年 9 月被提问式搜索引擎 Ask Jeeves 收购，2002 年 4 月再次发布。Teoma 的数据库目前仍偏小，但有两个出彩的功能：支持类似自动分类的 Refine；同时提供专业链接目录的 Resources。

Wisenut 由韩裔 Yeogirl Yun 创立。2001 年春季发布 Beta 版，2001 年 9 月 5 日发布正式版，2002 年 4 月被分类目录提供商 LookSmart 收购。Wisenut 也有两个出彩的功能：包含类似自动分类和相关检索词的 WiseGuide；预览搜索结果的 Sneak-a-Peek。

Gigablast 由前 Infoseek 工程师 Matt Wells 创立，2002 年 3 月展示 Pre-beta 版，2002 年 7 月 21 日发布 Beta 版。Gigablast 的数据库目前仍偏小，但也提供网页快照，其特色功能是即时索引网页，一个网页刚提交它就能搜索到。

Openfind 创立于 1998 年 1 月，其技术源自台湾中正大学吴升教授所领导的 GAIS 实验室。Openfind 起先只做中文搜索引擎，曾经是最好的中文搜索引擎，鼎盛时期同时为 Sina、Yahoo！提供中文搜索引擎，但 2000 年后市场逐渐被 Baidu 和 Google 瓜分。2002 年 6 月，Openfind 重新发布基于 GAIS30 Project 的 Openfind 搜索引擎 Beta 版，推出多元排序（PolyRankTM），宣布累计抓取网页 35 亿，开始进入英文搜索领域，此后技术升级明显加快。

北大天网是“国家‘九五’重点科技攻关”项目中文编码和分布式中英文信息发现的研究成果，由北大计算机系网络与分布式系统研究室开发，于 1997 年 10 月 29 日正式在 CerNet 上提供服务。2000 年初成立天网搜索引擎新课题组，由“国家‘973’重点基础研究发展规划”项目基金资助开发，收录网页约6000 万，利用教育网优势，拥有强大的 FTP 搜索功能。

2000 年 1 月，超链分析专利发明人、前 Infoseek 资深工程师李彦宏与好友徐勇（加州伯克利分校博士）在北京中关村创立了百度（Baidu）公司。2001 年 8 月发布 baidu. com 搜索引擎 Beta 版（此前 Baidu 只为其他门户网站 Sohu、Sina、Tom 等提供搜索引擎），2001 年 10 月 22 日正式发布 Baidu 搜索引擎。Baidu 虽然只提供中文搜索，但目前收录中文网页超过 9000 万，可能是最大的中文数据库。Baidu 搜索引擎的其他特色包括：网页快照、网页预览/预览全部网页、相关搜索词、错别字纠正提示、新闻搜索、Flash 搜索、信息快递搜索。2002 年 3 月闪电计划（Blitzen Project）开始后，技术升级明显加快。后推出贴吧、知道、地图、国学、百科等一系列产品，深受网民欢迎。

2003 年 12 月 23 日，原慧聪搜索正式独立运作，成立了中国搜索。2004 年 2 月，中国搜索发布桌面搜索引擎网络猪 1.0，2006 年 3 月中搜将网络猪更名为 IG（Internet Gateway）。

2005 年 6 月，Sina 正式推出自主研发的搜索引擎“爱问”。

——资料来源：

1. http://www. wiley. com/legacy/compbooks/sonnenreich/history. html

2. http://www. webrank. cn/search_cyclopaedia/search_articles/se-jishuqushi. html

美国的谢尔曼教授用一个简单的图表反映了 2000 年以前网络检索技术和搜索引擎的发展历程，对此稍加改进就可以得到一个比较完整的搜索引擎演进轨迹（见表 8-1）。

表 8-1 搜索引擎工具的发展

时　间	检索服务
1945 年	Vannevar Bush 提出“MeMex”
1965 年	Ted Nelson 开发出超文本
1972 年	DIALOG 联机检索系统
1986 年	OWL 超媒体浏览器指南
1990 年	Archie 服务
1991 年	Gopher 服务
1993 年	AliWeb、WWWwander、JumpStation、WWWworm
1994 年	EINet Galaxy、WebCrawler、Lycos、Yahoo!
1995 年	Infoseek、Savvy Search、AltaVista、MetCrawler、Excite
1996 年	HotBot、LookSmart
1997 年	Northern Light、北大天网
1998 年	Google、Invisible Web. com
1999 年	AllTheWeb
2000 年	中国 Baidu 成立
2003 年	搜索引擎大量并购，集中于 Google、Yahoo！等少数几家，中国还包括 Baidu

一、搜索引擎的类型

（一）工作方式类型

搜索引擎按其工作方式主要分为三种，全文搜索引擎（Full Text Search Engine）、目录索引类搜索引擎（Search Index/Directory）和元搜索引擎（Meta Search Engine）。

1. 全文搜索引擎

全文搜索引擎是指在由互联网上提取的各个网站的信息（以网页文字为主）建立的数据库中，检索与用户查询条件匹配的相关记录，然后按一定的排列顺序将结果返回给用户。国外具代表性的全文搜索引擎有 Google、AllTheWeb、AltaVista、Inktomi、Teoma、WiseNut 等，国内具有代表性的全文搜索引擎有 Baidu（百度）。

2. 目录索引类搜索引擎

目录索引也称字典型检索工具（Dictionary）、主题指南工具（Subject Directory）等，是由人工预审后被编入的网站列表。用户完全可以不用进行关键词查询，仅靠分类目录就可找到需要的信息。目录索引中最具代表性的莫过于 Yahoo!，其他著名的还有 Open Directory Project、LookSmart、About 等。

3. 元搜索引擎

元搜索引擎在接受用户查询请求后，同时在其他多个引擎上进行搜索，并将结果返回给用户。著名的元搜索引擎有 Infospace、Dogpile、Vivisimo 等，中文元搜索引擎最具代表性的是搜星搜索引擎。

除上述三大类引擎外，还有以下几种非主流引擎。

（1）集合式搜索引擎。如 HotBot 在 2002 年底推出的引擎，该引擎类似元搜索引擎，两者区别主要在于集合式搜索引擎不是同时调用多个引擎进行搜索，而是由用户从提供的 4 个引擎当中选择，因此叫它“集合式”搜索引擎更确切些。

（2）门户搜索引擎。如 AOL Search、MSN Search 等，虽然提供搜索服务，但自身既没有分类目录也没有网页数据库，其搜索结果完全来自其他引擎，只是检索入口。

（3）免费链接列表（Free For All Links，FFA）。这类网站一般只简单地滚动排列链接条目，少部分有简单的分类目录，不过规模比起 Yahoo！等目录索引来要小得多。

（二）运营类型

按运营方式，搜索引擎可划分为综合搜索引擎、门户搜索引擎和垂直搜索引擎。

（1）综合搜索引擎。以搜索为专业服务和主要业务来源，提供综合性信息的搜索，主要适用于社会性搜索和有明确目的的搜索，搜索对象的相关性揭示较差。

（2）门户搜索引擎。适用门户网站应用的新闻、消息、购物、地图和饮食等生活性检索。

(3) 垂直搜索是针对某一领域、某一专业的资源检索，在学术应用中，垂直搜索引擎应用广泛。

此外，根据搜索对象还有多种分类方式，详细资料可参考：中国搜索指南网的搜索引擎分类，如图 8-1 所示。

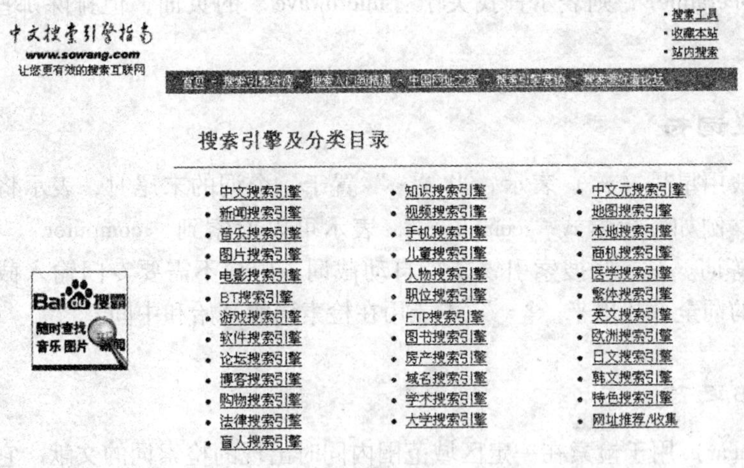

图 8-1 搜索引擎的分类

二、搜索引擎的一般查询规则

（一）布尔逻辑算符

1. 逻辑“与”

逻辑“与”一般用“and”表示，有的搜索引擎还可以用“&”表示。使用逻辑“与”是为了要求检索结果中同时出现所有输入的检索词，提高查准率。

2. 逻辑“或”

逻辑“或”一般用“or”表示，有的搜索引擎还可以用“|”表示。使用逻辑“或”是为了允许检索结果中出现输入检索词中的任何一个，提高查全率。

3. 逻辑“非”

逻辑“非”一般用“not”表示，有的搜索引擎还可以用“!”表示。使用逻辑“非”是为了要求检索结果中出现“not”前的检索词，但排除含有“not”后的检索词的页面信息，以缩小检索范围。

（二）连接符

1. 加号（+）

在检索词前使用“+”时，表示所有检索结果中都必须包含该词。例如，检索式“+A +B”，表示查得的页面中应出现“A”和“B”方面的信息；而检索式“A+B”，则表示在检索结果页面中一定含有“B”，但不一定有“A”的信息。

2. 减号（-）

在检索词前使用“-”时，表示任何检索结果的页面中都不能包含该词。例如，检索式“microwave-ceramic”，则表示查找关于“microwave”的页面，但排除那些和“ceramic”有关的页面。

（三）截词符

截词符一般用星号（*）表示。当“*”置于一个词的末尾时，表示将相同词干的词全部检索出来。例如，检索式“compu *”，表示可以检索到“computer”、“computing”、“compulsion”等词。有一些搜索引擎支持自动截词，用户不需要专门输入截词符，系统自动将相同词干的词全部找出来。“*”不能用在检索词的开始和中间。

（四）邻近符

邻近符（near）用于检索在一定区域范围内同时出现的检索词的文献，它指定了检索词之间的距离。用“near/n（n 为 1，2，3…）”的形式精确控制检索词之间的距离，表示检索词的间距最大不超过 n 个单词。例如：检索式“computer near/10 network”，可查找出 computer 和 network 两词之间插入不大于 10 个单词的文献。检索结果输出时，间隔越小的排列位置越靠前。

（五）空格、逗号、括号、引号的作用

1. 空格

空格的作用与逻辑“与”（and）相同。尤其在中文检索中，要注意不能因为笔误在检索短语中插入空格，否则会影响检索结果。例如：用户要查找“史记”这个关键词，但却输入了“史　记”，由于“史”和“记”两词之间插入了空格，而被处理为“与”的关系，查出所有同时含有“史”和“记”两个词的页面。这个检索结果的范围要比“史记”作关键词的结果扩大了很多，许多结果中已不含有与“史记”相关的信息。

2. 逗号

逗号的作用类似于逻辑“或”（or），也是查找那些至少含有一个指定关键词的页面。区别在于，检索结果输出时，包含指定关键词越多的页面，其排列的位置越靠前。例如，检索式“计算机，网络，检索”，可查出包含三个关键词中的任何一个或几个的页面，而同时含有“计算机”、“网络”和“检索”的页面排在前面。

3. 括号

括号的作用是使括在其中的运算符优先执行，用于改变复杂检索式中固有逻辑运算符优先级的次序。例如，检索式“检索 and（计算机 or 网络）”，表示要求先执行括号中的“or”

运算，再执行括号外的“and”运算。

4. 引号

引号的作用是使括在其中的多个词被当做一个短语来检索，找到含有与短语词序和意义完全相同的页面。绝大部分搜索引擎都支持短语检索。例如，输入“network economics”，表示把 network economics 当做一个短语来搜索。如果不加引号，搜索引擎就会把两词之间的空格按“与”（and）处理，查出包含 network 和 economics 的页面，结果与用户要求的主题内容相去甚远。

（六）限定字段检索

限定字段检索，即规定搜索引擎要在网页的某个字段范围内查找检索词，如网页标题、站点、网址、链接等。

1. 标题检索

标题检索就是在网页的标题中查找输入的检索词，使用的命令一般是“title”，其格式为“title：检索式”。

例如，采用“title：知识管理”可检索到标题含有“知识管理”的网页或文档。

2. 站点检索

站点检索就是在网站地址域名中检索输入的词，以查找用户指定站点上的所有页面。使用的命令一般是“host”，其格式为“host：域名中的词”。

例如，“host：digital. com”表示可以检索出 WWW 服务器中主机名为“digital. com”的网页。假如想要查找关于 UFO 方面的资料，并且只想在教育网站（后缀为 . edu）中查找，可以输入这样的检索式：UFO + host：edu。

3. URL 检索

有些搜索引擎提供在 URL 的文本中进行检索的功能，这和站点检索非常相似。使用的命令一般是“url”，其格式为“url：URL 中的词”。

例如，检索式“url：game. html”可以检索出在网页地址中含有“game. html”的页面。

4. 链接检索

链接检索就是在与特定网页或域有链接的所有网页中进行检索。使用的命令一般是“link”，其格式为“link：特定网页或域中的词”。

例如，检索式“link：cctv. com”可以检索出与“cctv. com”至少有一次链接的页面。

三、英文搜索引擎

目前，比较有影响的英文搜索引擎有 Google、Yahoo!、MSN Live Search、AltaVista、

Ask、Excite、Lycos 等。掌握它们的使用方法，对快速有效地查询网络信息资源会有很大帮助。

（一）Google（http://www.google.com）

Google 由两位斯坦福大学博士生 Larry Page 与 Sergey Brin 于 1998 年 9 月开发，并于 1999 年创立 Google Inc.。2000 年 7 月份，Google 替代 Inktomi 成为 Yahoo！的搜索引擎，同年 9 月份，Google 成为中国网易公司的搜索引擎。目前借助和 America Online、Netscape 和其他公司的合作伙伴关系，Google 已成为全球最大的搜索引擎，拥有 31800 万注册用户，自动索引大约 80 亿张网页。

▶ 知识卡片

Google 研发新一代搜索技术 搜索面望涵盖全球半数网页

Sitepro 网站报道，Google 研究人员 Anna Patterson 去年开始申请一项名为“加倍索引信息获取系统（MIBIRS）”的项目。通过该项技术，可以使 Google 搜索引擎的网页索引数量达到惊人的1000 亿幅，甚至是更多。最新数字显示，全球大约有 2000 亿幅左右的网页。目前，Google 的网页搜索量仅仅为 60 到 80 亿幅。

——资料来源：http://cn.ibtimes.com/articles/20060923/google.htm

1. 基本搜索

Google 查询简洁方便，仅需输入查询内容并按一下回车键，或点击“Google 搜索”按钮即可得到相关资料。Google 的基本检索功能包括以下几类。

（1）自动使用“and”进行查询。Google 只会返回那些符合全部查询条件的网页，不需要在关键词之间加上“and”或“+”。如果想缩小搜索范围，只需输入更多的关键词，在关键词中间留空格就行了。

（2）忽略词。Google 会忽略最常用的词和字符，如“http”、“.com”和“的”等字符以及数字和单字，这些词和字符称为忽略词，忽略词不仅无助于缩小查询范围，而且会大大降低搜索速度。使用英文双引号可将这些忽略词强加于搜索项，例如，输入“柳堡的故事”时，加上英文双引号会使“的”强加于搜索项中。

（3）根据上下文确定要查看的网页。每个 Google 搜索结果都包含从该网页中抽出的一段摘要，这些摘要提供了关键词在网页中的上下文。

（4）简繁转换。Google 运用智能型汉字简繁自动转换系统，完成了简体和繁体文本之间的“翻译”转换。同时检索简体和繁体网页，并将搜索结果的标题和摘要转换成搜索项的同一文本，便于用户阅读。

（5）词干法。Google 现在使用“词干法”。也就是说，在合适的情况下，Google 会同时搜索关键词和与关键词相近的字词。词干法对英文搜索尤其有效。例如，搜索“dietary needs”，Google 会同时搜索“diet needs”和其他该词的变种。

（6）不区分英文字母大小写。Google 搜索不区分英文字母大小写，所有的字母均当做小写处理。例如：搜索“google”、“GOOGLE”或“GoOgLe”，得到的结果都一样。

(7) 拼音汉字转换。Google 运用智能软件系统能对拼音关键词进行自动中文转换并提供相应提示。例如，搜索“shang wu tong”，Google 能自动提示“您是不是要找：商务通”。如果点击“商务通”，Google 将以“商务通”作为关键词进行搜索。对于拼音和中文混合关键词，系统也能作有效转换。对于拼音“lü”、“lüe”、“nü”或“nüe”，用户输入“lv”、“lve”、“nv”或“nve”也可实现。如果拼音中没有空格，例如“shangwutong”，Google 也会作相应处理，但是在多个拼音中加空格能提高转换准确率和速度。

由于汉语的多音字和方言众多，常用发音与实际发音常常有出入，更不用说拼音输入中可能出现的错误了。Google 的拼音汉字转换系统能支持模糊拼音搜索，为用户提示最符合的中文关键词，具有容错和改正的功能。例如，搜索“wan luo xing wen”，Google 会提示“您是不是要找：万罗兴文 万络行文 网络新闻”，其中“网（wang）络新（xin）闻”是系统参考了可能会有的拼音错误后自动转换的。点击其中任一提示，Google 将以其作为关键词进行搜索。

2. 高级搜索

由于 Google 只搜索包含全部查询内容的网页，所以缩小搜索范围的简单方法就是添加搜索词。添加词语后，查询结果的范围就会比原来的“过于宽泛”小得多。具体而言，Google 提供的高级检索功能包括以下几项。

(1) 减除无关资料。如果要避免搜索某个词，可以在这个词前面加上一个减号（英文字符）。但在减号之前必须留一空格。

(2) 英文短语搜索。在 Google 中，可以通过添加英文双引号来搜索短语。双引号中的词语（比如“like this”）在查询到的文档中将作为一个整体出现。这一方法在查找名言警句或专有名词时显得格外有用。一些字符可以作为短语连接符。Google 将“－”、“\”、“=”和“...”等标点符号识别为短语连接符。

(3) 指定网域。要在某个特定的域或站点中进行搜索，可以在 Google 搜索框中输入“site：×××××. com”。

(4) 按类别搜索。利用 Google 目录可以根据主题来缩小搜索范围。例如，在 Google 目录的 Science > Astronomy 类别中搜索“Saturn”，可以找到只与 Saturn（土星）有关的信息。而不会找到“Saturn”牌汽车、“Saturn”游戏系统，或有关“Saturn”的其他含义。Google 还提供了很多选项来限定检索范围：将搜索范围限制在某个特定的网站中、排除某个特定网站的网页、将搜索限制于某种指定的语言、查找链接到某个指定网页的所有网页、查找与指定网页相关的网页等。

(5) 链接搜索。“link：”意为显示所有指向该网址的网页。例如，“link: www. google. com”表示找出所有指向 Google 主页的网页。不能将“link：”搜索与普通关键词搜索结合使用。

3. 特殊搜索

Google 提供了强大的搜索功能，目前它的特殊功能包括以下几项。

(1) 查找 Flash 文件。Google 支持 13 种非 HTML 文件的搜索，有 PDF、Microsoft Office、

Shockwave Flash、PostScript 和其他类型的文档。新的文档类型只要与用户的搜索相关，就会自动显示在搜索结果中。例如，如果只想查找 PDF 或 Flash 文件，而不要一般网页，只需输入“关键词 filetype：pdf”或“关键词 filetype：swf”就可以了。同时，Google 也为用户提供不同类型的“HTML 版”，方便用户在即使没有安装相应应用程序的情况下也可阅读各种类型文件的内容，也能帮助用户防范某些类型的文档中可能带来的病毒。

（2）网页快照。Google 在访问网站时，会将看过的网页复制一份作为网页快照，以备在找不到原来的网页时使用。单击“网页快照”时，将看到 Google 将该网页编入索引时的页面。Google 依据这些快照来分析网页是否符合需求。在显示网页快照时，其顶部有一个标题，用来提醒用户这不是实际的网页。符合搜索条件的词语在网页快照上突出显示，便于快速查找所需的相关资料。尚未编入索引的网站没有“网页快照”。另外，如果网站的所有者要求 Google 删除其快照，这些网站也没有“网页快照”。

（3）货币转换。要使用内置货币转换器，只需在 Google 搜索框中输入需要完成的货币转换，并按回车键或点击“Google Search”按钮即可。

（4）计算器。Google 为用户提供了一个内置计算器，只需在搜索字段中输入算式，按一下回车键或点击“Google Search”按钮即可。这个计算器可以用来做所有简单的计算、一些复杂的科学计算、单位换算以及提供各种物理常数。

（5）相关搜索和类似网页。Google 能够提供与用户原搜索相关的搜索词。这些相关的搜索词一般比原搜索词更加常用，并且更可能产生相关的结果。只需点击 Google 提供的相关搜索词，用户就会自动被带到这个词的结果页。类似网页主要用于帮助那些对某一网站的内容很感兴趣，但又嫌资料不够的用户，Google 可以找到其他有类似资料的网站。

（6）手气不错。点击“手气不错”按钮，将自动进入 Google 查询到的第一个网页。用户将完全看不到其他的搜索结果。使用“手气不错”进行搜索，表示用于搜索网页的时间较少而用于检查网页的时间较多。例如，要查找 Stanford 大学的主页，只需在搜索字段中输入“Stanford”，然后点击“手气不错”按钮。Google 将直接进入 Stanford 大学的官方主页 http://www.stanford.edu。

（7）错别字改正。Google 的错别字改正软件系统会对输入的关键词进行自动扫描，检查有无错别字。如果发现用其他字词搜索可能会有更好的结果，它能提供相应提示来帮助纠正可能有的错别字。例如，输入“互连网”，Google 会自动提示“您是不是要找：互联网”。如果点击“互联网”，Google 将以“互联网”作为关键词进行搜索。因为 Google 的错别字改正软件系统是建立在互联网上所能找到的所有词条之上，所以它能够提示常用人名及地名的最常见的书写方式，这是一般的错别字改正软件所不及的。

（8）天气查询。用 Google 查询中国城市地区的天气和天气预报，只需输入一个关键词（“天气”，“tq”或“TQ”任选其一）和所要查询的城市地区名称即可。Google 返回的网站链接会显示最新的当地天气状况和天气预报。例如，要查找上海地区的天气状况，可以输入“上海 tq”。

（9）金融信息。在搜索框中输入股票和基金的名称或代码，可查询最新的股票和基金信息。对股票或者基金信息进行查询后，该信息会在 Google 的主页搜索结果的上方显示，也可以点击其他财经信息网站的链接来获得更多的信息。除此之外，Google 还考虑了其他的因素比如网站速度、用户界面以及网站所提供的功能。

（10）邮编区号。用 Google 查询邮政编码或长途电话区号，用户只需输入关键词（“邮编”、“yb”和“YB”任选其一；“区号”、“qh”和“QH”任选其一）和要查的城市地名或邮政编码或电话区号即可。Google 会提供相关的所有信息，包括所在地的省市名称、邮政编码及长途电话区号。

（11）手机号码。用 Google 查询手机电话号码归属地，只需直接输入要查的号码即可。Google 能自动识别以“13”开头的 11 位数字为手机号码而返回相关的网站链接。例如，要查找手机号 13123456789 的归属地，可直接输入手机号码，Google 会自动输出其归属地。

（12）定义。要查看字词或词组的定义，只需输入“define 定义词”的词。如果 Google 在网络上找到了该字词或词组的定义，则会检索该信息并在搜索结果的顶部显示。通过包含特殊操作符“define:”，并使该操作符与用户需要其定义的字词之间不留空格，还可获得定义的列表。例如，输入“define: HTML”将显示从各种在线来源搜集到的“HTML”定义的列表。

4. 其他应用

Google 目前还提供大学搜索、搜索定制、图片搜索、图书搜索、网页目录、学术搜索、美国专利信息全文查询、API 程序和开放源代码存取、地图搜索和 3D 绘图软件搜索等。

（二）Yahoo!（http://www.yahoo.com）

Yahoo！是由美国斯坦福大学的华裔博士杨致远与他的同学 David Filo 于 1994 年开发的，目前 Yahoo！搜索涵盖全球 120 多亿网页（其中雅虎中国为 12 亿），支持 38 种语言，拥有近 10000 台服务器，为全球 50% 以上的互联网用户服务。随着网页数量的增长和用户检索需求的增长，从 1996 年到 2004 年，Yahoo！先后选用 AltaVista、Inktomi 等第三方的搜索引擎作为自己网页搜索的后台服务提供商，先后收购了 Inktomi 和 Overture 等著名的搜索引擎公司，并结合自己多年的搜索技术，重新整合打造出 YST 搜索技术平台。2004 年 3 月，Yahoo！开始推出独立的搜索服务，迅速成长为全球第二大搜索引擎。进入 2005 年后，Yahoo！搜索逐步确立了社区化搜索（Social Search）的策略，推出了知识堂等搜索服务，并收购了著名的照片共享网站 Flickr 和社会书签网站 Del. icio. us 等 Web2. 0 网站。

1. 分类目录检索（http://dir. yahoo. com）

Yahoo！的分类目录检索已经独立运营，新的网址是 http://dir. yahoo. com，其目录有近 100 万个分类页面，14 个国家和地区当地语言的专门目录，包括英语、汉语、丹麦语、法语、德语、日语、韩文、西班牙语等。它按内容分为 Arts&Humanities（艺术与人文科学）、Business&Economy（商业与经济）、Computer&Internet（计算机与互联网）、Education（教育）、Entertainment（娱乐）、Government（政府）、Healthy（健康）、News&Media（新闻与媒体）、Recreation&Sports（休闲与体育）、Reference（参考资料）、Regional（地区）、Science（科学）、Social Science（社会科学）、Society&Culture（社会与文化）14 个大类，每个大类又分若干小类，每个小类有数以千计的相关网站与网页信息。用户可以根据要查找的内容所属的类目，选择分类目录中的某一类或某类下的一个小类。例如，要查找“计算机硬件”方面的信息，首先在Yahoo！主页的分类目录中选择“Computer&Internet”大类，进入有关计算机领域的页面。该页面中列出了计算机领域的多个小类，点击“Hardware”，将会进入有关计算机硬件的页面。检索路径为“Directory > Computers and Internet > Hardware”。

目前，Yahoo！的分类目录检索能够添加很多新的主题，并在首页反映变化，对集中研究某一领域的知识比较有帮助，而且具有推荐功能和目录检索工具。所谓推荐功能，就是用户可以把认为优秀的网站推荐到某一目录下；目录检索工具则是在分类表中进行检索，目前已经提供高级检索功能，可分为网页检索、整个分类目录检索和当前目录检索三类。

2. YST 平台（http://search. yahoo. com）

YST是Yahoo! Search Technology的缩写，也称“一页到位”技术，是Yahoo！在2007年6月份推出的整合原有目录索引、主题索引、网页、图片、音乐、知识等的综合检索平台。

如果用户知道自己要查找的主题概念，就可以使用Yahoo！的关键词检索方式，直接在检索框中输入关键词，然后单击右侧的“Search”按钮或按回车键，Yahoo！会找出满足检索条件的记录，并显示搜索结果返回页。在搜索结果返回页中，包括以下五方面的信息。

（1）满足搜索条件的Yahoo！分类目录（Categories）。

（2）满足搜索条件的站点链接（Web Sites）。

（3）含有页面索引的Yahoo！分类目录（Web Pages）。

（4）满足搜索条件的新闻文章列表（Related News Stories）。

（5）满足搜索条件的网络事件列表（Net Events）。

在搜索结果返回页底部给出了其他搜索引擎的链接点，当用户对Yahoo！的搜索结果不满意时，可以启动其他搜索引擎搜索同一个关键词。在搜索结果返回页的底部，还有一个文本输入框，通过它可以进行其他搜索工作。

Yahoo！的搜索引擎还支持一些特定的操作符，用于对查找的内容进行限定，其用法参见表8-2。

表8-2 Yahoo！常用操作符及其示例

操作符	作 用	示 例
“”	将引号中的检索项作为一个固定词组来搜索	“Computer Network”，表示搜索结果中Computer Network必须作为词组出现
*	用在词干后，搜索出同一词干的所有结果	Comput*，表示搜索出的单词如Computer、Computing、Computation等须以Comput开头的单词
+	用于检索词前，表示该检索词必须出现在检索结果中	+ Movie，表示检索结果必须包含Movie
-	用于检索词前，表示该检索词不能出现在搜索结果中	- Violence，表示搜索结果一定不包含Violence
t:	仅限定在网页标题中搜索	t: Football，表示只在网页标题中包含Football
u:	仅限定在网址中搜索	u: Art，表示只在网址链接中包含Art

3. 高级检索

在 Yahoo！主页上，点击"Search"按钮右侧的"Advanced Search"链接，进入"Search Options"页面。在该页面中，用户可以对搜索方式和范围加以限制。在"Search Options"页面中，用户可以选择四种搜索方式：智能搜索（Intelligent default）、准确短语匹配（Exact phrase match）、完全匹配（Match on all words）和任意匹配（Match on any word）。

此外，Yahoo！高级检索还有以下几项特色。

（1）指明了文献的可获取性：告知 Consumer Reports、Factiva、Forrester Research、FT. com（60 days）、IEEE publications、LexisNexis、New England Journal of Medicine、Wall Street Journal（30 days）、TheStreet. com 等网站或杂志的文本不需要收费。

（2）提供网络安全过滤：可以对网页质量进行认证，对不安全网页进行过滤。

（3）语言选择：可以提供 38 种语言的检索文本。

（4）文档形式界定：可以选择 PDF、HTML、TXT、DOC、XLS、PPT、XML 等格式的文档。

（5）提供 CC 检索：对于音乐、多媒体、软件可以选用"【创作共用（Creative Commons）】"组织的资料，即具有 CC 标记的资源，为全球首家采用 CC 检索的搜索平台。

（6）国家限定：可以对资源所在国的国家作出界定。

此外，Yahoo！高级检索还可以指定搜索的时间范围，从 3 个月到 1 年更新，也可以不指定；可以提供域名限制，指定域名类型；可以指定每页显示的结果数目，从 10 项到 100 项，系统默认值为 10 项；可以指明结果排列方式，是按相关性排列，还是按时间排列。

▶ **知识卡片**

创作共同的概念

所谓创作共用，是指创作者放弃自己拥有的部分知识产权来促进信息的传递和知识的应用，由于与一般法律规定背道而驰，目前主要依靠创作者的自愿实现。2001 年在公共领域中心（Center for the Public Domain）的大力支持下，Creative Commons 得以创建。Creative Commons 由董事会（Board of Directors）所领导，董事包括网络法律和知识产权专家 James Boyle、Michael Carroll Molly、Shaffer Van Houweling 和 Lawrence Lessig，MIT 信息科学教授 Hal Abelson，网络法律专家 Eric Saltzman，知名纪录片工作者 Davis Guggenheim，知名的日本企业家 Joi Ito，以及公共领域网络出版者 Eric Eldred。在哈佛大学法学院贝克曼网络与社会研究中心（Berkman Center for Internet & Society at Harvard Law School）的教授与学生的协助下，这个计划得以展开。Creative Commons 目前设于斯坦福大学法学院并获得其大力支持，同时与该学院网路与社会研究中心（Stanford Law School Center for Internet and Society）共享空间、人员与想法。董事会负责管理少数的行政人员与技术团队，并有技术咨询委员会（Technical Advisory Board）提供咨询服务。

——资料来源：1. http://creativecommons. org

2. http://www. creativecommons. org. cn/modules/news

（三）MSN Live Search（http://www.live.com）

微软介入搜索引擎比较早，最初是 MSN 搜索，2006 年 9 月发布整合的 Live Search 搜索引擎取代 MSN 搜索。Live Search 除拥有 MSN Search 的一切功能外，还有一些增强功能和新的功能，增加了对 Blog、RSS、E-mail 的搜索支持，改进了对 Web 的搜索效率，最重要的是与 MSN Space、MSN Shopping、Messenger、Mail 的无缝集成，目前是全球第三大搜索引擎，拥有全球最大的注册用户群体——MSN 网站注册用户。

在 Live Search 文字搜索服务中，微软加入了“相关搜索”的功能，在搜索结果右侧会列出其他用户搜索同样关键词所最终找寻的目标。Live Search 中还对图像搜索功能进行了改进。在传统的图像搜索引擎中，用户往往因为找不到合适的图片而持续翻页，而 Live Search 中用户可以调节搜索结果缩略图的尺寸，从而在一张页面中浏览更多的内容。在地方搜索服务中，Live Search 更是为用户提供 45°角的鸟瞰地图，但该服务只在美国和英国推出。

在 Live Search 的目录检索中，其推出的 Expo 技术属于开放目录管理技术（类似于网易的开放文件管理技术 ODP)，所有注册用户都可以推荐目录，得到授权的用户还可以添加和修改主题目录，或者在首页显示资源变更情况。

（四）AltaVista（http://www.altavista.com）

AltaVista 是由前 DEC 公司于 1995 年开发的，先后被惠普、CMGI 公司并购，曾经是最大的搜索引擎，也曾是 Yahoo！等运营商的技术提供商。1998 年它的搜索数据中就包含了 2200 万个主页、3000 万个 URL 和 13000 个新闻组的全文信息，日访问量突破 1 亿。2002 年 6 月，AltaVista 宣称其数据库已存有 11 亿个 Web 文件，并且经过升级，其搜索精度已达业界领先水平。目前，AltaVista 及其母公司 Overture 已经被 Yahoo！全资收购，但仍然可以提供独立的搜索服务，也是目前功能比较强大的搜索引擎之一。

AltaVista 提供常规搜索、高级搜索和主题搜索，主题包括图像（Images)、MP3/Audio & Video 等。主页显示 LookSmart 的索引目录并提供 LookSmart 注册。高级搜索提供日期、语种、布尔逻辑和近似条件搜索。常规及高级搜索均允许针对 Title、URL 或特定的域名进行检索。用户还可以在 Title、URL、Host、Links（包括 Anchor、Applet、Image 和 Text）等输入框中填入文字，以此为条件进行搜索。允许以 25 种不同的语言进行搜索，并提供英语、法语、德语、意大利语、葡萄牙语、西班牙语双向翻译。其他特色服务包括重大新闻（发生于 6 小时至 14 天之间)、新闻组及购物查询。AltaVista 曾是登录速度最快的搜索引擎，一般从提交到被索引只需 1 ~2 周，最快的只需 3 天。目前由于经历改组，更新速度受到很大影响。

1. 分类目录检索

AltaVista 支持分类目录检索，即它的“LookSmart”索引目录。例如，要检索有关“Intranet 技术”的站点，可依次选择 Computer&Internet→Network&Communication→Intranet→Technology，单击最后一级目录中的“Technology”链接项，就会列出一系列有关“Intranet 技术”的站点链接。

2. 简单检索

使用简单检索方式，只需直接在检索文本框中输入检索词即可，检索词可以是单词、词组或短语。在检索结果返回页中，列出了所有符合检索条件的主页，如果主页数量很多，可能会分为几个页面显示。在检索文本框下面，给出了一些与检索词相关的链接，用户还可以通过这些链接从不同方面进行搜索。

如果需要对检索的内容加以限制，可以在进行检索输入时采用以下方法。

(1) 如果用户先在“语言”下拉菜单中选择某种语言，然后输入检索词进行搜索，则在搜索结果中只有用该语言编写的站点。

(2) 如果输入的检索词全是小写字母，则 AltaVista 会对大写和小写字母都进行搜索；如果检索词中包含大写字母，则只对大写字母进行搜索。

(3) 如果在检索词前加“+”，则该单词一定要出现在搜索结果当中；如果在检索词前加“-”，则该单词一定不能出现在搜索结果中。

(4) 如果检索词后加“*”，则会搜索到以该词为相同词根的多个单词。

(5) 如果要对搜索结果作进一步细化，可以单击“Refine Your Search”链接，这时会出现 AltaVista 的细化页面。在该页面中，显示了各类信息在搜索结果中所占的比例。用户可以在每类信息前选择“Require”或“Exclude”，要求在细化过程中保留或排除这类信息。还可以使用“Refine Again”按钮再次进行细化。

3. 高级检索

要使用高级检索方式，可以单击 AltaVista 主页中的“Advanced”链接。该页面提供有搜索时间、检索结果排序等选择项。AltaVista 高级检索支持布尔逻辑算符并允许构建更为复杂的检索表达式。此外，AltaVista 的技术优势还有语言转换分析，其开发的 Babel Fish Translation 应用非常广泛。表 8-3 介绍了 AltaVista 采用的操作运算符。

表 8-3 AltaVista 常用操作符及其示例

操作符	作 用	示 例
domain: 域名	在指定域中搜索主页	domain: cn，表示在中国域中进行搜索
host: 主机名	在指定主机中搜索主页	host: www.altavista.com，表示在“altavista”主机中进行搜索
image: 文件名	搜索包含指定图像文件名的主页	image: fish，表示搜索包含名为“fish”的图像文件的主页
link: URL	搜索包含指定链接的主页	link: www.altavista.com，表示在所有链接到“altavista”的主页中进行检索
text: 文章	搜索包含指定文本的主页	text: football，表示搜索所有包含“football”的主页
title: 文本	搜索标题中包含指定文本的主页	title: computer，表示搜索在标题中包含“computer”的主页
url: 文本	搜索 URL 中包含指定文本的主页	url: home，表示搜索在 URL 中包含“home”的主页

（五）其他常用搜索引擎

1. Ask（http://www.ask.com）

Ask Jeeves 曾是著名搜索引擎 DirectHit（2002 年 4 月被关闭）的母公司，在 2001 年年末收购了全文搜索引擎 Teoma 并与之进行整合后，其搜索能力得到了进一步的加强。2003 年，搜索引擎界发生了一系列兼并和重组，目前除 Yahoo！和 Google 外，Ask Jeeves 成为硕果仅存的、拥有自主技术的全文搜索引擎。Ask Jeeves 被设计成回答用户提问的自然语言引擎。搜索时，它首先给出数据库中可能存在的答案，然后才是网站链接。该服务于 1997 年 4 月中旬开始其 Beta 测试，于 1997 年 6 月 1 日开始运作。

2007 年 6 月 5 日，改版后的 Ask Jeeves（Ask.com）的最突出特点是更加简洁，这也是它的最大变化。在 Ask.com 的首页，除了搜索框和几个图标之外，其余大部分都是空白。用户可以点击搜索框下方的“皮肤”选项对空白部分进行设置，Ask.com 为用户提供了多种皮肤选择。此外，在大约 1 个月的时间内，Ask.com 允许用户上传自己的图片作为皮肤。

Ask.com 的搜索结果页面也有较大变化，最大特点是可以根据用户的搜索类型对搜索结果进行定制。例如，如果用户搜索一位歌手，就可以在搜索结果页面的右边栏看到歌手的图片及热门歌曲；如果用户搜索一个城市，就可以在搜索结果中看到该城市的电子地图、天气信息和当前时间等。Ask.com 还提供了一个搜索结果预览功能，用户只需要把鼠标指针放在一个搜索结果前的望远镜图标上，就会出现相关链接的一个预览页面。用户可以选择预览页面的高度，是否使用 Flash 或其他插件以及其他信息。除此之外，新版 Ask.com 还提供了很多新功能，例如：如果用户点击每个搜索结果右面的加号图标，就可以将其加入书签；点击高级搜索选项，就会在页面右边弹出一个新的搜索窗口。

2. Excite（http://www.excite.com）

Excite 是一个经典的搜索引擎，也是最受欢迎的搜索引擎之一。它搜集了 5000 万个网页信息，其网页索引是一个全文数据库。Excite 最大的特点是提供概念检索，即搜索引擎不仅查找包含关键词的主页，还查找包含与关键词有关的概念的主页。Excite 支持分类目录检索方式，在该主页中部列出了分类目录。用户可以根据查找内容的类别在分类目录中选择相应的类目，系统会显示该类目中包含的所有子类。经过多次选择后，用户就可以访问到包含查找内容的站点。

要使用关键词检索方式，可以在检索文本框中输入关键词，然后点击“Search”按钮。Excite 在数据库中查找与关键词相匹配的记录，然后进入搜索结果显示界面。在搜索结果显示界面中，列出了所有符合检索条件的记录。Excite 与其他搜索引擎类似，可以使用“+”与“-”指定或排除某个单词，也可以使用布尔逻辑算符及括号构成复杂的检索表达式。为了从众多的搜索结果中找到自己所需要的信息，用户还可以对搜索结果进行细化或设定搜索范围等。

3. Lycos（http://www.Lycos.com）

Lycos 创立于 1995 年，是资格最老的搜索引擎之一。它的特点是功能强大，搜索范围广。Lycos 可以进行 WWW、FTP 与 Gopher 等多种服务的搜索。由于 Lycos 的学术背景，它搜索一些面向教育或非营利组织的站点比较便利。1999 年 11 月，Lycos 与新加坡电信合资建立了“Lycos Asia”、为新加坡、中国（包括香港、台湾地区）、印度和东南亚等 9 个国家与地区提供区域性搜索服务。Lycos 的中文网址是 http://cn.lycosasia.com。

Lycos 提供了一种很有特色的服务——TOP 50 Websites 主题目录，它是 Internet 中最早而且最优秀的主题目录。TOP 50 Websites 主题目录中所列的站点是由专家精心挑选的各类优秀站点，是浏览和查询专业站点的最佳途径。在 Lycos 的“分类目录”检索页面中，可以看到“Lycos Top 50”链接，点击该链接就可以进入主题目录页面。如果在该页面中选择 Education 链接，就会进入显示教育方面的优秀站点的页面。

四、中文搜索引擎

随着 Internet 在中国的普及和发展，网上中文信息资源和以中文为母语的网上用户也在急剧增加，已有的外文搜索引擎已不能适应我国大部分用户的需求，迫切需要以中文为基础的搜索引擎来满足互联网用户查询中文信息资源的要求。于是许多以中文为母语的国家和地区都相继开发出了各种各样的中文搜索引擎。由于 Internet 的中文信息迅速膨胀，因此，世界级的网站都纷纷涉足中文信息市场。美国一些著名的搜索引擎公司如 Yahoo!、Google、AltaVista、Lycos、Excite 等先后推出中文版的搜索引擎，全面进军中国的搜索引擎市场。目前对中国具有影响的搜索引擎主要有以下四类。

（1）专业搜索引擎：Baidu 搜索、雅虎（Yahoo! 中文版）、谷歌（Google 中文版）、北大天网。

（2）门户搜索引擎：新浪爱问、Sohu、Sogo、网易。

（3）垂直搜索引擎：CALIS 学科导航、数字图书馆、学科门户。

（4）P2P 搜索（包括 BT 搜索类）：电驴、迅雷、脱兔、北大天网 Maze 等。

此外还有桌面搜索等类型。下面介绍专业搜索引擎、垂直搜索引擎和 P2P 搜索引擎。

（一）Baidu 搜索（http://www.baidu.com）

Baidu 2000 年 1 月创立于北京中关村，是全球最大的中文搜索引擎。2000 年 5 月，Baidu 首次为门户网站——硅谷动力提供搜索技术服务，之后迅速占领中国搜索引擎市场，成为最主要的搜索技术提供商。2001 年 8 月，发布 Baidu.com 搜索引擎 Beta 版，从后台服务转向独立提供搜索服务，并在中国首创了竞价排名商业模式，2001 年 10 月 22 日正式发布 Baidu 搜索引擎。目前，Baidu 每天响应来自 138 个国家超过数亿次的搜索请求。用户可以通过 Baidu 主页，在瞬间找到相关的搜索结果，这些结果来自于 Baidu 超过 10 亿的中文网页数据库，并且，这些网页的数量每天正以千万级的速度增长。

1. 查询范围

目前，Baidu 提供了多种搜索工具，主要适用对象包括：找软件下载、找问题解决办法、找产品使用教程、找英汉互译、找专业报告、找论文、找范文、找谜底、找医疗健康信息、找人、找明星资料、找产品信息、找网上购物信息、找客户、找企业或机构的官方网站。主要检索方式详见 http://www.baidu.com/search/jiqiao.html。

Baidu 目前提供34种检索工具（如图8-2所示），具有涵盖面全、覆盖面广的特征。

• 网页搜索	• 贴吧	• 百度知道	• MP3 搜索
• 新闻搜索	• 图片搜索	• 百度网站	• 搜索风云榜
• WAP 搜索	• PDA 搜索	• 地区搜索	• 百度搜索伴侣
• 百度超级搜霸	• 百度硬盘搜索	• 百度传情	• 百度币
• 百度影视	• 百度地图	• 百度国学	• 百度黄页
• 百度邮编	• 百度政府网站搜索	• 百度百科	• 百度少儿搜索
• 百度教育网站搜索	• 百度空间	• 百度指数	• 法律搜索
• 百度杀毒	• 百度搜藏	• 博客搜索	• 视频搜索
• 百度语音搜索	• 百度文化共享搜索		

图 8-2 Baidu 主要搜索产品

2. 高级搜索

(1) 把搜索范围限定在网页标题中——intitle。例如，找林青霞的写真，可以输入“写真 intitle:林青霞”。注意，“intitle:”和后面的关键词之间不要有空格。

(2) 把搜索范围限定在特定站点中——site。例如，想在天空网下载软件，可以输入“msn site:skycn.com”。注意，“site:”后面跟着的站点域名，不要带“http://”；另外，“site:”和站点名之间不要带空格。

(3) 把搜索范围限定在 URL 链接中——inurl。例如，找关于 photoshop 的使用技巧，可以输入“photoshop inurl: jiqiao”。这个查询串中的“photoshop”可以出现在网页的任何位置，而“jiqiao”则必须出现在网页 URL 中。注意，“inurl:”和后面所跟的关键词之间不要有空格。

(4) 精确匹配——双引号和书名号。如果输入的查询词很长，Baidu 在经过分析后，给出的搜索结果中的查询词可能是拆分的。如果用户对这种情况不满意，可以尝试。给查询词加上双引号。例如，搜索上海科技大学，如果不加双引号，搜索结果会被拆分，效果不是很好，但加上双引号后，获得的结果就全是符合要求的了。

书名号是 Baidu 独有的一个特殊查询语法。在其他搜索引擎中，书名号会被忽略，而在 Baidu，中文书名号是可被查询的。加上书名号的查询词，有两层特殊功能：一是书名号会出现在搜索结果中；二是被书名号扩起来的内容，不会被拆分。书名号在某些情况下特别有效果，如查名字很通俗和常用的那些电影或小说时。比如，查电影《手机》，如果不加书名号，很多情况下出来的都是通信工具——手机，而加上书名号后，结果就都是关于电影方面的了。

(5) 要求搜索结果中不含特定查询词。例如，搜“神雕侠侣”，希望得到关于武侠小说方面的内容，却发现很多是关于电视剧方面的网页。那么就可以输入“神雕侠侣—电视剧”。注意，前一个关键词和减号之间必须有空格，否则，减号会被当成连字符处理，而失去减号语法功能。减号和后一个关键词之间，有无空格均可。

(6) 高级搜索、地区搜索和个性设置。如果对 Baidu 各种查询语法不熟悉，使用高级搜索界面即可方便地作各种搜索查询。Baidu 还支持对某个地区的网页进行搜索。进入高级搜索，进入地区搜索，选中希望查询的地区，就可以在该地区搜索了。还可以根据自己的习惯，改变 Baidu 默认的搜索设定，如每页搜索结果数量、搜索结果的页面打开方式等。先进入高级搜索，然后点击下方的“点击此处进入个性设置”，就可以进行设定了。

3. 特色搜索

与 Google 对应，Baidu 也提供百度快照、相关搜索、拼音提示、错别字提示、英汉互译词典、计算器和度量衡转换、专业文档搜索（文档类型搜索）、股票、列车时刻表和飞机航班查询、天气查询和货币换算功能。

在文档类型搜索中，Baidu 支持对 Office 文档（包括 Word、Excel、Powerpoint）、PDF 文档、RTF 文档的全文搜索。要搜索这类文档，只要在普通的查询词后面加一个“filetype:”，即可限定文档类型。“Filetype:”后可以跟以下文件格式：DOC、XLS、PPT、PDF、RTF、ALL。其中，ALL 表示搜索所有这些文件类型。也可以通过百度文档搜索界面（http://file.baidu.com），直接使用专业文档搜索功能。例如，查找张五常关于交易费用方面的经济学论文。输入检索式“交易费用　张五常　filetype: doc”，点击结果标题，直接下载该文档即可；也可以点击标题后的“HTML 版”，快速查看该文档的网页格式内容。

（二）雅虎（http://yahoo.com.cn）

雅虎是美国 Yahoo！公司于 1998 年 5 月推出的中文搜索引擎，提供中文简体与中文繁体两种版本。中国大陆的站点一般使用简体中文，而中国香港与台湾地区的站点一般使用繁体中文。中文雅虎并非英文版的全文翻译，而是收录了数万个中文的 Internet 站点，按照英文版的分类方法以 14 个类目列出，提供 Internet 上的中文站点信息检索服务。雅虎主页提供和英文版相同的检索方法：分类目录检索与关键词检索。

1. 分类目录检索

雅虎的分类目录位于其主页的中部。用户可以根据查找的内容所属的类别在分类目录中逐级逐类地选择相应的类目，经过多次选择后，就可以访问包含所查找内容的站点。如果用户已知要查找内容的主题概念，就可以利用关键词检索方式。在检索文本框中输入要找的关键词，然后点击“搜索”按钮，雅虎就会查找与关键词匹配的记录，并将符合检索条件的结果显示出来。

2. 关键词检索

使用关键词检索还有简单方法与复杂方法之分。简单方法就是将关键词直接输入检索文本框中（可以输入一个词也可以输入几个词），并对检索要求不加限制，系统在处理时会按照自身的规则将用户的查询字符串分为几个部分，这样返回的结果可能与用户想要的相差甚远。复杂方法就是利用字段限定符号和限制选项构建复杂的检索表达式来进行检索，这样会获得比较准确的查询结果。中文雅虎支持以下几种限定检索操作符。

（1）引号：查询完全符合关键词字符串的网站。

（2）在关键词前加“t:”：仅限在网站名称中查找。
（3）在关键词前加“u:”：仅限在 URL 中查找。
（4）在关键词前加“+”：查询结果中一定要出现“+”号后面的字符串。
（5）在关键词前加“-”：查询结果中绝不能出现“-”号后面的字符串。

（三）谷歌（http://cn.google.com）

谷歌是 Google 在中国的中文版网站，目前提供与 Google 英文版完全相同的搜索功能，但是要关注以下两个搜索功能。

1. 谷歌学术搜索

Google Scholar 是 Google 特有的学术搜索，能够获得大量免费的英文原文资料。其中文版目前购买了万方和维普的期刊论文摘要，可以找到摘要信息，但是很少能获取全文。

2. Google Earth

Google Earth 是 Google 与 NASA（美国航天航空局）联合开发的桌面搜索工具，主要是卫星地图的搜索，其搜索精度叹为观止。对大中城市和重要旅游地区，搜索精度可以达到分辨率 1m，全球地区分辨率也可以达到 10m 级别。

（四）北大天网（http://e.pku.edu.cn）

北大天网搜索引擎是由北京大学计算机系网络与分布式系统研究室研制开发的，是中国教育和科研计算机网示范工程应用系统课题之一，又是“国家‘九五’重点科技攻关”项目“中文编码和分布式中英文信息发现”的研究成果，并于 1997 年 10 月 29 日正式在 CerNet 上向广大互联网用户提供 Web 信息导航服务。天网搜索引擎提供一种检索 Web 资源（主要是中国教育和科研计算机网上的 Web 资源）及 FTP 的手段。用户只需输入要检索的一个或多个关键词，系统就会把与这些关键词相匹配的网站或新闻组中的文章查找出来。

1. 查询语法

用户可以对多个查询词进行逻辑操作实现复杂查询，WWW 查询支持下面三种逻辑操作符。
（1）&：用“A&B”进行查询的结果是既包含查询词 A 又包含查询词 B 的文章。
（2）-：用“A-B”进行查询的结果是包含查询词 A 而不包含查询词 B 的文章。
（3）|：用“A | B”进行查询的结果是至少包含 A 和 B 中一个查询词的文章。
对于空格分开的查询词与用“&”分开的查询结果一样。

2. FTP 检索

（1）从首页访问天网 FTP 搜索引擎。在天网首页搜索框中输入要查询的文件名，用鼠标点击“搜索 FTP 文件”，即得到查询结果。

（2）常用功能的 FTP 搜索。在天网主页点击“FTP 检索”进入 FTP 检索页面，可按关键词、类别和快捷方式进行检索。类型包括图像、声音、视频、压缩、文档、程序、目录、源代码等；快捷方式包括电影、MTV & 动画片、MP3 音乐、Gif 动画、Flash 电影等。

（3）FTP 复杂搜索。从 FTP 检索页面里点击"更多选项"进入 FTP 复杂搜索页面。在复杂搜索页面里，如果没有填写或者没有选择，表示使用缺省值。复杂搜索的功能包括文件大小过滤、文件日期过滤、页面显示个数、文件类型、限定搜索的站点范围等。

（五）垂直搜索引擎

垂直搜索引擎，即专业或专用搜索引擎，它专门用来检索某一主题范围或某一类型信息，追求专业性与服务深度是它的特点。垂直搜索引擎不但可保证此领域信息的收录齐全与更新及时，而且检索深度和分类细化远远优于综合搜索引擎。垂直搜索引擎的检索结果虽可能较综合搜索引擎少，但重复率低、相关性强、查准率高，能较好地满足针对性强的检索要求。

（1）找工作的搜索引擎：http://www.deepdo.com。

（2）比价购物搜索引擎：http://go.8848.com，http://www.askyaya.com。

（3）博客与 RSS 搜索引擎：http://www.oao.cn，http://so.blogchinese.com，http://www.feedsearch.net，http://www.8fang.net。

（4）人脉搜索引擎：http://www.linkist.com，https://www.linkedin.com，http://www.digdig.com.cn。

（5）论坛搜索引擎：http://www.teein.com

（6）音乐和录像搜索引擎：http://www.singingfish.com ，http://www.ditto.com，http://www.music-finder.net。

（7）旅行搜索引擎：http://www.tripadvisor.com。

（8）计算机科学研究和文章搜索引擎：http://www.researchindex.com。

（9）图像搜索引擎：http://cn.gograph.com。

（六）P2P 搜索

P2P 是 Peer-to-Peer 的缩写，意为对等网络，P2P 是与 C/S 相对应的网络运作模式，其显著特点是整个网络不存在中心节点（或中心服务器），其中的每一个节点（Peer）大都同时具有信息消费者、信息提供者和信息通信三方面的功能。P2P 网络的特色包括：下载的人越多，下载速度就越快；资料类型同 FTP，尤其是多媒体资源较多；更广泛、大众化的共享。P2P 的缺点是需要安装软件、资源状况不稳定、灰色资源较多。

P2P 搜索引擎相对一般网站搜索引擎而言，传播速度更快，获取更方便，适用于大流量网络信息资源的共享和获取。目前，我国的 P2P 搜索引擎主要在 BT 搜索领域应用，适用于软件、电影、音乐、书籍和游戏的搜索和获取。

1. 电驴（http://www.emule.com，http://verycd.com）

2002 年 5 月 13 日，Merkur 不满意当时的 eDonkey2000 客户端，并且坚信能做出更出色的 P2P 软件，于是便着手开发。他凝聚了一批原本在其他领域有出色才能的程序员，eMule（电驴）工程就此诞生。eMule 电驴是一个不错的数字图书馆，下载网址为 http://www.emule.com.cn，软件中文版的下载地址为 http://www.emule.org.cn，目前挂在 VeryCD 网站下。

2. 迅雷（http://www. thunder. com）

迅雷是一款免费下载工具，号称第三代快速下载工具，它使用的多资源超线程技术基于网格原理，能够将网络上存在的服务器和计算机资源进行有效的整合，构成独特的迅雷网络。通过迅雷网络，各种数据文件能够以最快的速度进行传递，其下载速度是网际快车的7~8倍，支持断点续传。迅雷还拥有一个强大的资源网络，实际上构成了一个独特的搜索引擎。任何人都可以将自己在互联网上搜索到的资源再次在迅雷上发布，成为迅雷的“雷友”，拥有自己的迅雷博客。这样，迅雷就可以通过对雷友博客的搜索，提供更多的信息资源。

3. 脱兔（http://www. iTorrent. com）

BitTorrent（简称BT，俗称BT下载）是一个多点下载的源码公开的P2P软件，使用非常方便，就像一个浏览器插件，很适合新发布的热门下载。它采用了多点对多点的原理。针对BT的资源多是电影。

4. 北大天网 Maze（http://maze. pku. cn）

“天网 Maze 悟空”是北大网络实验室开发的一套资源非常强大的P2P文件系统。它集文件的共享、查找、下载于一身，是个性化信息中心。同时也是一个P2P的社区网络，已经积累了400万注册用户，日均最高同时上线人数在10万人。Maze集个性化搜索、大学精品课程、网络课堂、教育商城、即时通信（点击“内容菜单项”）等诸多功能于一身，将学习、娱乐、资讯、沟通融为一体。

第五节　免费学术信息资源的分布与获取

作为用户，在信息检索过程中通常会发生这样的情况：通过搜索引擎找到了一些信息的线索，比如标题、期刊名称以及期刊号、专著名称、报告号、专利号等，但是一旦需要获取原文，要么需要注册，要么需要购买——这些有偿信息虽然可以检索，但是无法直接获取。对于大多数科研工作者及学习者来说，免费的信息资源更能引起他们的关注。那么怎样去获取免费资源呢？下面介绍一些专门的专业搜索引擎。

一、学术搜索引擎

（一）Google 学术搜索引擎（http://scholar. google. com）

2006年1月推出的“中文学术搜索”服务是目前比较出色的学术搜索引擎。

通过 Google Scholar 可以过滤普通搜索结果中的大量垃圾信息，帮助人们快速寻找各种学术资料，如专家评审文献、论文、书籍、预印本、摘要以及技术报告等。目前，Google 与许多科学和学术出版商进行了合作，中文信息来源包括万方数据资源系统、维普、主要大学发表的学术期刊、公开的学术期刊、中国大学的论文以及网上可以搜索到的各类文章。

除部分免费资源外，Google Scholar 搜索的文章大部分只能看到摘要信息，全文需要购买才能看到。

Google Scholar 搜索的特点包括如下几点。

（1）可通过作者检索，检索某一作者发表过的文章。

（2）可以限定文章发表的刊物。

（3）提供被检索文章的引用信息，说明一篇文章在学术文献中被引用的次数。

（4）提供检索文章的图书馆馆藏的链接信息。

（5）结果页面不包含广告。

Google Scholar 检索结果如图 8-3 所示。

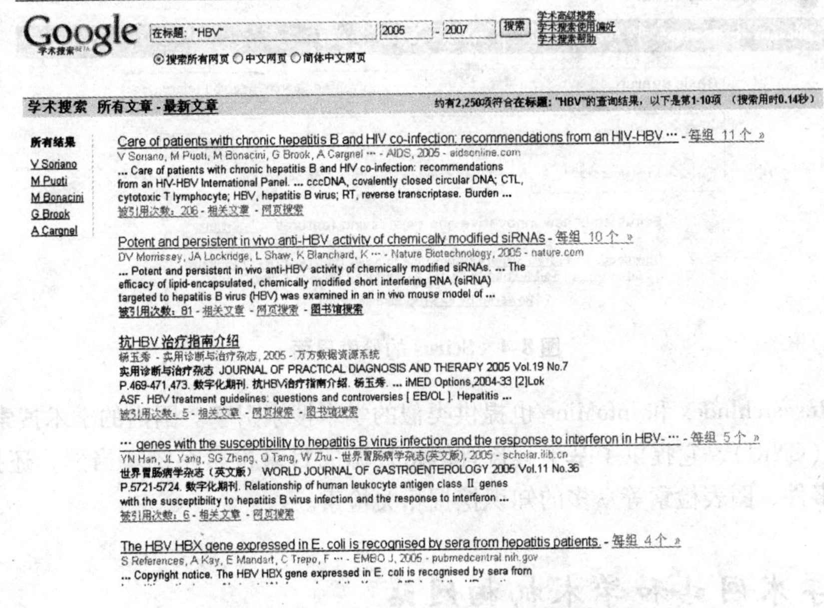

图 8-3　Google Scholar 的中文搜索结果界面

（二）Scirus 科技搜索引擎（http://www.scirus.com）

Scirus 是 Elsevier 公司于 2001 年 4 月开发的专为搜索高度相关的科学信息而设计的搜索引擎。Scirus 是目前互联网上最全面的科技专用搜索引擎，曾被著名的《搜索引擎观察》（*Search Engine Watch*）评为“最佳专业搜索引擎”。它使用 FAST 搜索平台提供超过 2 亿个科技网页的检索，涵盖 180 万篇全文文献及文摘，收录范围广泛，文献种类齐全。

Scirus 的信息主要来自大学网站、科学家主页、会议信息、专利信息、公司主页、产品信息、美国专利局等。覆盖的信息不仅包括 Elsevier 公司自己的信息数据库如 ScienceDirect、BioMedNet、ChemWeb 等科技信息，还将其他数据库纳入 Scirus 可搜索的范围之内，如 MEDLINE、Beilstein、USPTO 等。涉及的学科包括农业与生物学、天文学、生物科学、化学与化工、计算机科学、地球与行星科学以及经济、金融与管理科学等。

Scirus 提供的期刊资源可以免费查看题录和文摘，并有不少免费文章链接，但大部分全文仍需付费后才能获取。

相对而言，Scirus 的特点主要有以下几点。

（1）过滤非科学方面的信息。

（2）收录同行评论的文章。

（3）提供基本检索和高级检索两种检索方式。

（4）可以搜索特定的作者、期刊、出版年等，缩小查询范围。

（5）可同时查询与学科相关的会议、摘要及专利资料。

（6）有不少免费的全文信息，并可直接链接 Elsevier 数据库的全文。

Scirus 的检索界面如图 8-4 所示。

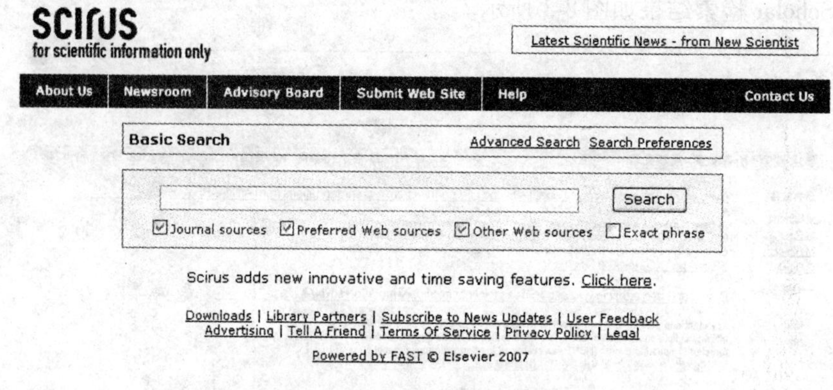

图 8-4 Scirus 的检索界面

此外，ResearchIndex 和 InfoMine 也提供类似的学术搜索引擎。国内的学术搜索引擎主要是中国知网（CNKI），它提供了基于其自有信息资源的目录检索系统。当然，还提供概念、定义、学术事件、图表检索等众多的知识挖掘相关检索。

二、学术网站和学术机构网站

以学科领域的专业研究人员为主要对象，以学术研究内容为主要内容，以满足学术信息交流为主要目的的网站称为学术网站。学术网站包括学科门户网站、学科资源网站、学术机构网站、行业协会或知名企业网站、专家学者网站、学科论坛和博客网站以及高校或公共图书馆网站等。

（一）学科门户网站

学科门户网站汇集某学科研究机构、研究课题、专著论文、会议消息等内容，为学科发展提供信息交流平台的网站，也称为信息门户、学科导航、主题信息网关。它以学科为单元提供网络学术资源的分类浏览和检索的导航系统，是高质量的可控信息服务资源。具体而言，学术门户网站具有以下特征。

（1）提供大量网站或文献链接服务。

（2）智能化地选择资源。它根据既定的质量和范围标准来选择资源（不包括根据机器自动统计而得的使用率来选择资源的方法）。

(3) 智能化地产生内容描述，包括短的注释和评论（自动选择的所谓的摘要除外），内容描述可以采用给定的关键词或受控术语。

(4) 智能化地产生浏览结构/分类（不包括完全无组织的链接表）。

现在，许多学术图书馆和研究单位都在寻求一种方法，使其用户可以快速、高效地在网上找到高质量的信息。DESIRE 和 IMesh 工程的发展说明了发展信息门户可以解决这个问题。传统的信息环境是以人如出版者和图书管理员作为媒介来筛选、加工信息，以便用户搜索目录和有序信息的索引，而不必浏览原资料和不相关的信息。学科门户工作也是相同的原理——由学科和信息专家对互联网资源进行选择、分类和著录，用户可以根据关键词搜索或主题领域浏览在给定的高质量资源中进行筛选。通过资源描述信息，用户可以获得资料的来源、内容和性质，从而得出该主题信息是否值得进一步查找的结论。

在这类网站中，尤以国际学科门户网站为优。它们的内容更新及时，能反映当前最新学术动态，是跟踪学科发展的重要途径。典型的门户网站有以下几个。

1. Biz/ed 网上的商业和经济教育门户（http://www.bized.ac.uk）

Biz/ed 为学生、教师和演讲者提供独特的商业和经济服务，包含 ROADS 为基础的网络目录以及由学科专家选择和描绘的 1400 个网上资源。

2. DutchESS 荷兰电子主题服务门户（http://www.konbib.nl/dutchess）

DutchEss 是一个网上主题服务门户资源，主要提供对网上资源的索引，为学生和学术科研者提供高质量的与学术界相关的资源。该资源是根据 Nederlandse Basisclassificatie 进行分类的。

3. EEVL 爱丁堡工程虚拟图书馆（http://www.eevl.ac.uk）

EEVL 为高等教育和科研团体提供高质量的工程资源信息门户服务。该门户提供广泛的或集中的搜索能力，其检索结构提供到完整的资源描述记录或资源本身的链接选择。其目录具有许多网上资源的链接。

4. 芬兰虚拟图书馆工程（http://www.uku.fi/kirjasto/virtuaalikirjasto）

芬兰虚拟图书馆工程成立于 1995 年，由芬兰教育部直接资助，目的是建立主题网关。该项目已经产生了 40 个主题领域的信息门户，提供芬兰语和英语双语言服务。

5. NMM 端口门户（http://www.port.nmm.ac.uk）

NMM 端口门户是联合王国国家海洋博物馆的网上目录，提供高质量的海洋领域相关资源，每个资源都由图书管理员或学科专家选择和描述。该网站还提供博物馆海洋研究中心发展的服务和材料。

6. OMNI 有序的医学信息网络（http://www.omni.ac.uk）

OMNI 包括医学、生物医学、联盟健康、健康管理和相关主题，还提供培训材料和工作室。可以通过按字母排列的主题、分类主题进行浏览。此外，OMNI 还提供许多有价值的生物医学领域服务，包括 MEDLINE 评论部分、国家健康服务信息策略文献和联合王国 CME 数据库。

7. SOSIG 社会科学信息门户（http://www.sosig.ac.uk）

SOSIG 可以帮助其用户找到高质量的社会科学教育、科研及相关领域的网站。该网上目录提供成千上万的高质量网上资源，每个资源都是由学术图书管理员和学科专家选择和描绘。该 SOSIG 服务由 ESRC，JISC 和欧洲联盟资助。

此外，较著名的门户网站还包括以下几个：

（1）国际化学门户网站（http://www.chemdex.org）；

（2）社会科学信息网关（http://www.intute.ac.uk/socialsciences）；

（3）法律专业搜索引擎（http://lawcrawler.findlaw.com）；

（4）心理学专业搜索引擎（http://www.psychcrawler.com）；

（5）医学专业搜索引擎（http://www.medscape.com）。

还有一些门户的门户，比如欧盟的信息资源导航体系（European Information Resource Index）。

（二）学科资源网站

学科资源网站主要集中学科领域内的历史知识、术语、学会组织、出版刊物、会议消息、数据库等相关内容，以方便专业人员日常学习和工作为主要目的，以汇总资料为主要特征。这类网站往往依托国家重要的科研机构和学会组织，如中国数学资源网（http://www.mathrs.net）和中国微生物资源（http://www.micro.csdb.cn）。

（三）学术机构网站

学术机构网站包括教育机构、研究机构等，主要介绍学术机构的构成、科研成果、教育培训等信息。以动态消息为主要内容，以宣传机构形象为主要目的。有的学术机构网站也提供全文电子版学术刊物。例如中科院计算机化学研究所主办的化学信息网是一个化学化工资源导航系统，提供 Internet 上化学化工信息资源的分类链接，包括化学数据库、化学品及其制造商与供应商目录、化学软件（重点是免费化学软件）、Internet 上召开的化学电子会议、Internet 上化学类刊物的电子版（约 540 种）、化学类专利、各种化学讨论组的介绍及加入方法、重要的化学及科技新闻、化学类出版物、化学机构和学术团体信息等。此外，中国科学院金属研究所网站(http://www.imr.ac.cn)也比较突出。

在学术机构网站中，专业学会的网站学术信息比较集中。一般而言，学会网站上的信息包括：学会介绍、最新消息、征文启事、联机出版物和电子期刊、相关站点、论坛、热门话题、专业培训、技术上的常见问题、标准信息以及数据库等。其中，联机出版物、电子期刊、标准信息和数据库是经常使用的信息源。从中不仅可以了解最新的出版动态，甚至可以获得全文。例如，国际光学工程师学会（SPIE）的 InCite 数据库（http://www.spie.org）搜集了 1991 年到 2000 年的 SPIE（包括期刊、会议两部分）的文摘，数据量超过 9 万条。

国外主要学会的简称和网址见表 8-4，中国主要的学术协会网址可以通过中国科技部和科技委员会网站获取。

表 8-4　国外主要学会简称和网址一览

学会名称	学会缩写	网　址
美国数学学会	MAA	http://www.maa.org
工业和应用数学学会	SIAM	http://esther.siam.org
美国物理学会	APS	http://www.aps.org
国际光学工程师学会	SPIE	http://www.spie.org
美国光学学会	OSA	http://www.osa.org
美国化学工程师学会	AICHE	http://www/aiche.org
美国化学学会	ACS	http://www.acs.org
美国生物化学学会	—	http://www.biochemj.org
美国计算机学会	ACM	http://www.acm.org
英国电气工程师学会	IEE	http://www.iee.org.uk
美国电气电子工程师学会	IEEE	http://www.ieee.org
美国机器人协会	IFR	http://www.ifr.org
美国机械工程师学会	ASME	http://www.asme.org
美国真空学会	—	http://www.vacuum.org
美国陶瓷学会	ACERS	http://www.acers.org
美国材料与测试学会	ASTM	http://www/astm.org
欧洲化学学会	ECS	http://ecs.tu_bs.de/ecs
德国化学学会	GDCN	http://www.gdcn.de
国际测量和控制学会	ISA	http://www.isa.org
图像科学和技术学会	IS&T	http://www.imaging.org
国际材料研究联合会	IUMRAS	http://mrecemis.ms.nwu.edu/iumrs/index.html
材料研究学会	MRS	http://dns.mrs.org
制造工程师学会	SME	http://www.sme.org

（四）行业协会或知名企业网站

行业协会或知名企业网站以行业协会的专家为依托，介绍政府政策导向、发展规划、行业信息、生产技术、科技成果、企业及产品、市场动态、数据统计资料等，以技术综述信息和产品经济信息为主要内容，以推进技术经济信息交流为主要目的，如中国电子材料网网站（http://www.c-e-m.com）。

在企业网站中，像 IBM、微软、Oralce、贝尔、贝恩、麦肯锡等知名企业，也有很多培训教材、案例分析、市场分析和新技术探讨的学术资源，企业称之为学习平台。

（五）专家学者网站

专家学者网站以介绍科研成果、论文著作和硕博士生培养情况为主。这些网站上常常有专著和期刊论文全文，是了解专家研究情况、获取论文文献的一个重要渠道，如李德毅院士的个人网页（http://www.thss.tsinghua.edu.cn/ldy/research.html）。

（六）学科论坛和博客网站

学科论坛和博客网站以提供 BBS 和博客等信息交流工具、组织热点话题、筛选学科新闻、评点学术动态和推荐优秀论著等为主要内容，是网上最重要的即时性、交互性学术资源，如 ABBS 建筑论坛（http://www.abbs.com.cn/report）。

（七）高校或公共图书馆网站

高校或公共图书馆网站也是获得学术期刊网址的重要渠道。众多高校或公共图书馆都将搜集到的电子期刊作为重要的虚拟馆藏资源之一，有的还对免费网络数据进行整合，建立免费数据库导航。例如，清华大学图书馆网站（http://www.1ib.tsinghua.edu.cn）设有“电子期刊”专栏，并分为“能够获得全文的电子期刊”、“能够获得文摘的电子期刊”、“能够获得目次的电子期刊”三类，提供大量国外著名学术期刊的网址；由清华大学和国家光盘中心主办的“中国期刊网”（http://www.chinajournal.net.cn）提供 3000 余种学术期刊的文摘免费检索服务；北京工业大学图书馆网站（hnp://lb. bjab. edu. cn）设有“免费网络资源”，提供免费数据库、电子期刊、标准、工具书、专利等资源的网址。此外，很多高校目前正在建设 CALIS 下属的学术信息资源导航系统，用户可以借此发现很多权威的、有价值的免费信息资源。

三、网上免费学术资源

（一）网上免费全文网站

网上存在大量的开放性网站，提供大量的免费全文和报告。现就一些知名网上免费全文网站作简单介绍。

1. FindArticles（http://findarticles.com）

通过 FindArticles 可免费查找 500 余种期刊杂志文献全文，时间跨度为 1998 年至今，主要涉及商业、健康、社会、娱乐、体育、计算机和网络等学科领域，提供商为 Gale Group。

2. The NASA Astrophysics Data System（http://adswww.harvard.edu）

The NASA Astrophysics Data System 是世界最大的天体物理学免费全文网站，拥有超过 30 万篇全文。

3．HighWire Press（http://intl.highwire.org）

HighWire Press 是世界第二大免费全文网站，主要学科有生物学、医学等。HighWire Press 收录的期刊覆盖生命科学、医学、物理学、社会科学、生态环境科学等，目前已收录电子期刊 340 多种，文章总量数达 30 多万篇，其中超过 58 万篇文章可免费获得全文，这些数据仍在不断增加。通过该界面还可以检索 MEDLINE 收录的 4500 余种期刊中的 1200 多万篇文章，可看到文摘题录。

4．E-print arXiv（http://arxiv.org）

E-print arXiv 是由美国国家科学基金会和美国能源部资助，在美国洛斯阿拉莫斯（Los Alamos）国家实验室建立的电子预印本文献数据库，始建于 1991 年 8 月。2001 年后转由 Cornell University 进行维护和管理。该数据库由 Dr. Ginsparg 发起，旨在促进科学研究成果的交流与共享。目前包含物理学、数学、非线性科学、计算机科学四个学科共计 28 万篇预印本文献。该站点的全文文献有多种格式（例如 PS、PDF、DVI 等），需要安装相应的全文浏览器才能阅读。

5．GPO Access（http://www.gpoaccess.gov/databases.html）

GPO Access 是美国政府文献网站，可以免费获取美国政府公开的报告、法律、听证会记录和政府调查报告，也提供美国 114 个部委的年度工作报告和计划。

6．National Academy Press（http://www.nationalacademies.org/publications）

通过 National Academy Press 可查找美国国家科学院、国家工程院、医学协会等机构的报告。

7．NCSTRL（http://www.ncstrl.org）

通过 NCSTRL 可查找计算机科学研究报告和论文。

8．OSTI（http://www.osti.gov/graylit）

OSTI 为美国政府全文数据库，主要为美国政府发表的报告文献等。

9．Project Gutenberg Electronic Public Library（http://promo.net/pg）

2002 年止，Project Gutenberg Electronic Public Library 提供约 10000 种全文电子图书。

10．Directory of Open Access Journals（http://www.doaj.org）

Directory of Open Access Journals 是由瑞典兰德大学图书馆整理的一份开放期刊目录，涵盖了免费的、可获取全文的、有质量控制的科学和学术期刊。其目标是涵盖所有学科和语言的开放期刊，目前一共有 1332 种开放期刊被收录进该目录，其中的 708 种可进行文献检索。

11．卡尔斯鲁厄统一检索平台（http://www.ubka.uni-karlsruhe.de/kvvk.html）

可通过德国和外国大学的文献服务器（机构库）检索博士论文、硕士论文、研究报告和其他出版物。有近 30 个大学或文献提供单位，以德国大学为主，含 MIT 的学位论文、研究报告等资源，一般最近几年出版的都有全文，较早年份的提供前面若干页免费阅读。

12. BioMed Central（http://www.biomedcentral.com）

BioMed 主要提供生物学和医学领域的研究文献，目前可查取 140 种期刊，而且这一数据正在快速增长。同时可查阅全球最大的医学免费资源库 PubMed。

13. 中国科技论文在线（http://www.paper.edu.cn）

通过中国科技论文在线可检索数学、物理、化学等 42 类自然科学技术类的论文。它是经教育部批准，由教育部科技发展中心创建的科技论文网站，每日更新，可为在本网站发表论文的作者提供该论文发表时间的证明，并允许作者同时向其他专业学术刊物投稿，以使科研人员新颖的学术观点、创新思想和技术成果能够尽快对外发布，并保护原创作者的知识产权。

14. 中国预印本服务系统（http://prep.istic.ac.cn/eprint/）

中国预印本服务系统是由中国科学技术信息研究所与国家科技图书文献中心联合建立的以提供预印本文献资源服务为主要目的的实时学术交流系统，是国家科学技术部科技条件基础平台面上项目的研究成果。该系统由国内预印本服务子系统和国外预印本门户（SINDAP）子系统构成。国内预印本服务子系统主要收藏的是国内科技工作者自由提交的预印本文献，可以实现二次文献检索、浏览全文、发表评论等功能。国外预印本门户（SINDAP）子系统是由中国科学技术信息研究所与丹麦技术知识中心合作开发完成的，它实现了全球预印本文献资源的一站式检索。通过 SINDAP 子系统，用户只需输入检索式一次即可对全球知名的 16 个预印本系统进行检索，并可获得相应系统提供的预印本全文。目前，SINDAP 子系统含有预印本二次文献记录约 80 万条。

▶ 知识卡片

PMC

PubMed Central（PMC）是 2000 年 1 月由美国国家医学图书馆（NLM）的国家生物技术信息中心（NCBI）建立的生命科学期刊全文数据库，它旨在保存生命科学期刊中的原始研究论文的全文，并在全球范围内免费提供使用。PMC 采取自愿加入的原则，加入期刊必须承诺期刊出版后一定时期内（最好 6 个月，不超过 1 年）将其全文提交给 PMC，由 PMC 提供免费全文检索和访问。目前加入 PMC 的期刊有 245 种，这些期刊免费全文访问的时间延迟是出版后 2 个月内，并且由 PMC 直接提供全文。

PMC 在全球范围内免费提供使用，所有文献的浏览、检索、下载均无须注册，但只有注册用户可通过 E-mail 自动获取 PMC 新刊通报。在用户注册窗口提供 E-mail 地址、用户名、密码完成注册后，每当 PMC 的期刊列表发生变化或有新刊加入时，用户都会通过 E-mail 获知。PMC 提供了期刊浏览和检索两种功能。

(1) 浏览功能。用户可从期刊列表直接选择某一期刊，然后浏览该期刊的各期文献。也可通过输入所需刊名定位到某一期刊，然后浏览该期刊的各期文献。

(2) 检索功能。PMC 与美国国家医学图书馆其他数据库采用同一检索界面，检索功能（包括初级检索和高级检索）也基本相同。高级检索大致由三个板块组成：页面上方的检索框和功能按钮（Limit、Preview/Index、History、Clipboard、Details），页面左面的导航条指向 PMC 的一些其他功能板块，如 Citation Search、Journal List 等。在检索框"for"后面的空格中输入需要查询的关键词，点击"go"会出现相关的文献。每个功能按钮的具体功能如下。

①"Limit"按钮。帮助用户在检索时选择一些限制条件，如检索项、文献类型、时间范围、语种等。

②"Preview/Index"按钮。可以预览检索的结果，此预览功能使用户在浏览结果前就预先知道查询的结果数量，从而可估计是否有必要进一步修改检索式以缩小或扩大检索范围。

③"History"按钮。History 页面中记载了从浏览器打开至今所发生的全部检索记录，历史记录同时也提供一种复合检索手段。

④"Clipboard"按钮。可以随时将需要的文献添加到剪贴板，点击"Clipboard"按钮则提供浏览剪贴板内容的链接。

⑤"Details"按钮。点击"Details"按钮，PMC 将显示检索的具体细节。

（二）网上免费数据库

网上免费数据库是网络上存在的一些公益性信息资源，一般存在于一些大型的学会网站或专业网站。比如在理工科，存在一些代表性的免费数据库，如表 8-5 所示。

表 8-5　代表性的理工科免费数据库

数据库	网　址	特　点
Ingenta 数据库	http: //www. ingentaconnect. com	1900 万条综合性文献文摘记录
生命科学数据库群	http: //www. ncbi. nlm. nih. gov/gquery/gquery. fcgi	多种文本、图像、数据数据库
高能物理文献库	http: //www. slac. stanford. edu/spires/hep	斯坦福大学主办，50 万条记录
计算机文献数据库	http: //citeseer. ist. psu. edu	文摘，30 万条记录
计算机软件库	http: //www. netlib. org	AT&T 贝尔实验室等
企业 IT 软件库	http: //www. devx. com	Jupitermedia 公司
日本科技文献数据库	http: //www. jstage. jst. go. jp/browse	205 种全文期刊，10 万条记录
国际电联数据库	http: //www. ieee. org	历届会议论文全文
国际标准化组织数据库	http: //www. iso. org	各种国际标准文献

此外，高校图书馆也会购买一些有偿网络信息资源，免费提供题录、文摘的检索入口和检索镜像。如高校用户最常用的国内三大数据库资源：清华同方数据（http//: www. cnki.

net）及其中国期刊全文数据库、重庆维普数据（http://www.vipdata.corn.cn）的中文科技期刊数据库、万方数字资源系统（http//: www.wanfang.cn）的数字化期刊，均向用户提供题录、文摘的免费检索服务。

如果高校加入了 CALIS 数字信息资源保障体系，还可以获得更多网络信息资源。目前 CALIS 引进和组织自建了多个中外文数据库，依托中国教育科研网提供检索服务。其主要数据库如表 8-6 所示。

表 8-6 CALIS 引进的数据库表

西文数据库	
自建库	CALIS 联合书目数据库
	CALIS 西文现刊目次库
	CALIS 统一检索平台
引进库	ABI/INFORM Global — ABI 商业信息数据库
	ACM Digital Library 全文数据库
	American Chemical Society — ACS 美国化学学会
	Academic Press — 美国学术出版社
	Academic Research Library — 学术研究图书馆
	Academic Search Premier — 学术期刊集成全文数据库
	American Physical Society — 美国物理学会
	American Institute of Physics — 美国物理所
	American Society for Testing and Materials — 美国试验与材料协会
	The American Society of Civil Engineers — 美国土木工程协会
	American Society of Mechanical Engineers — 美国机械工程师学会
	Applied Science & Technology（AST）
	Business Source Premier — 商业资源电子文献数据库
	BIOSIS Preview — 生物学文献数据库
	Beilstein/Gmelin CrossFire — 化学数据库
	Blackwell — Blackwell 电子期刊数据库
	Bowker 数据库
	Cambridge Science Abstract（CSA）— 剑桥科学文摘
	CELL PRESS 数据库
	China InfoBank — 中国资讯行数据库
	Derwent Innovations Index 数据库
	Deutsches Institut für Normung — 德国标准化学会
	Encyclopedia Britannica — 不列颠百科全书

（续表）

西文数据库	
引进库	Engineering Information（EI）数据库
	Elsevier SDOS（ Science Direct Onsite）
	Ebrary 电子图书数据库
	Thomson Gale — Gale 参考性资料数据库
	Genome Database — 基因组数据库
	Institute of Physics — 英国皇家物理学会
	IEL（IEEE/IEE Electronic Library）
	INSPEC — 英国科学文摘
	IWA — 国际水协会
	International Society for Optical Engineering — 国际光学工程学会
	John Wiley Interscience 电子期刊
	JSTOR（西文过刊全文库）
	Kluwer Online
	Knovel 数据库
	Lexis-Nexis
	MAIK NAUKA — 俄罗斯科学院
	Nature Online
	National Technical Information Service — NTIS 美国政府报告文摘题录数据库
	OCLC FirstSearch 数据库系统
	Web of Science Proceedings 数据库
	WorldSciNet — 世界科技期刊网
	ProQuest Digital Dissertation — ProQuest 数字化博硕士论文文摘数据库
	ProQuest Digital Dissertation — ProQuest 学位论文全文检索系统
	Royal Society of Chemistry —（英国皇家化学学会）电子期刊
	Safari — Safari 数据库
	SAGE 全文数据库
	Science Citation Index
	Science Online
	SciFinder Scholar 数据库
	SIAM — 工业和应用数学协会数据库
	SpringerLink 数据库
	Springer 电子书
	UNCOVER 数据库

（续表）

中文资源库	
自建库	CALIS 联合书目数据库
	CALIS 中文现刊目次库
	CALIS 高校学位论文库
	CALIS 学术会议论文库
引进库	万方数据库
	中国资讯行（China InfoBank）数据库
特色库	敦煌学数据库
	教育文献数据库
	机器人信息数据库
	邮电通信文献数据库
	棉花文摘数据库
	钱学森特色数据库
	数学文献信息资源集成系统
	石油大学重点学科数据库
	中国工程技术史料数据库
	长江资源数据库
	巴蜀文化数据库
	东北亚文献数据库
	船舶工业文献信息数据库
	蒙古学文献数据库
	机械制造与自动化数据库
	岩层控制数据库
	新型纺织信息库
	有色金属文摘库
	环境科学与工程学科信息数据库
	世界银行出版物全文检索数据库
	上海交通大学学位论文数据库
	全国高校图书馆信息参考服务大全
	东南亚研究与华侨华人研究题录数据库
	全国高校图书馆进口报刊预订联合目录数据库
	通信电子系统与信息科学数据库的建设
	经济学学科资源库

（三）网上免费课程库

目前很多学校、企业或科研机构免费提供其课程课件，比如麻省理工（MIT）开放课件、中国高校课件网络等。

1．麻省理工开放课件（http://www.myoops.org/cocw/mit/index.htm）

麻省理工开放课件是一个免费的、开放的麻省理工学院教学资源网站，由志愿者翻译，有大量的在线课程，有些提供双语对照，对教学参考、双语教学有很大的帮助。目前已上线的课程有900多门。

2．大学课程在线（http://realcourse.grids.cn）

大学课程在线是中国教育科研网格（ChinaGrid）上的一个典型应用。它的使命是通过网格技术的应用，不仅提供内容最丰富的中国大学课程视频点播服务，而且提供能同时支持上万路视频流的服务能力。

3．中国开放式教育资源共享协会（http://www.core.org.cn/cn）

中国开放式教育资源共享协会的主要链接包括：麻省理工学院、约翰霍普金斯大学、塔夫茨大学、索非亚开放课程、工科精选课件、中国精品课程和其他学习资源。大多数课件是针对大学本科生开发制作的，也有一部分可用于研究生、中小学生以及相关的专业人士。国家精品课程建设是教育部“质量工程”的重要组成部分，可按照字母、学科、学校浏览。

▶ 知识卡片

免费的西文图书查找网址

1．全文检索站点

FindArticles: http://www.findarticles.com。

BioMed Central: http://www.biomedcentral.com。

Britannica.com: http://www.britannica.com。

HighWire Press: http://highwire.stanford.edu/lists/freeart.dtl。

Dissertation Abstracts: http://www.lib.umi.com/dessertations/search。

Science Direct: http://www.sciencedirect.com。

All Academic: http://www.allacademic.com。

Internet Library of Early Journals: http://www.bodley.ox.ac.uk/ilej。

MagPortal: http://www/magportal.com。

Cornell: http://cdl.library.cornell.edu/m/moa。

Online BooksSerials Page: http://onlinebooks.library.upenn.edu/serials.html。

Resources for Research Periodicals: http://home.earthlink.net/~ellengarve/rsapresource1.html。

2. 数字期刊与开放文本

DOAJ: http://www.doaj.org。

OAI (ARC: A Cross Archive Search Service) http://arc.cs.odu.edu。

3. 预印本系统

arXiv: http://www.arxiv.cornell.edu。

Cern Document Server: Preprint http://preprint.cern.ch。

SLAC Spires-hep: http://www-slac.slac.stanford.edu/find/spires.html。

American Physical Society E-prints: http://publish.aps.org/eprint。

Clinmed Netprints: http://clinmed .netprints.org。

SSRN (Social Science Research Network): http://www.ssrn.com。

PrePrint network: http://www.osti.gov/preprint。

E-Math: http://www.ams.gov/preprint。

4. 书目信息

AskEric: http://www.askeric.org/eric。

Infotrieve: http://www4.infortrieve.com。

Ingenta: http://www.ingenta.com。

PubMed: http://www.ncbi.nlm.nih.gov/pubmed。

四、专家咨询与数字参考服务

DataMonitor 公司于 2000 年 4 月发布了一份名为《People to People eCommerce Information Exchanges》(报告号: DMTC0679) 的报告，指出“用户对用户的交互式咨询市场每年的交易额约 10 亿美元”，而且“人们在寻找问题的答案时离不开他人的帮助”。因此，人们因信息资源的需求寻求帮助时，也存在大量的“专家咨询”站点 (AskAgent)，这类依托专家经验和知识开展的信息服务称为“专家服务”，也有将其称为网上咨询服务 (Web Based Assisitance)、专家服务 (Expert)、交互式问答 (Interactive Q&A)、P2P 或网络向导 (Web Wizards) 等。大家熟知的百度知道、雅虎知识堂、谷歌问题组、新浪爱问等就是典型的中文虚拟专家服务。

通过这类网站，咨询者对海量用户提问，以搜寻问题回答者。虽然这类服务也存在专家可信度、时效性及答案正确性等问题，但是 Joseph Janes 的研究表明，美国专家咨询网站的回复率为 70%，事实性问题经得起推敲的回复占 69%。即虽然专家咨询网站并非完美，但仍是可被广泛利用的信息参考工具。

下面是几个典型的问答网站。

1. AllExperts (http://www.allexperts.com)

AllExperts 创建于 1998 年初，是最早提供专家咨询服务的站点之一。该网站的咨询服务涵盖了 1800 多个主题，用户可以登录网站后在具体的专业领域向指定的专家提出咨询问题，一般每个类目下有 5 ~ 6 名专业人士（志愿者），然后用户可以对志愿者的回答给予评定。

2．Abuzz（http://www.abuzz.com）

Abuzz 创立于 1996 年，最初是一个“蜂巢（Beehive）”工具，为相同的爱好者提供网络平台，2000 年 1 月正式提供独立服务。Abuzz 是一个社区性质的问题集会，会有众多的爱好者和志愿者提供相关答复，回复率高，反应快。

3．Ehow（http://www.ehow.com）

Ehow 不会直接就问题提供答案，但是会张贴很多相关的文档给予回复。对于可能存在的恶意张贴和广告张贴，Ehow 的编辑人员将给予过滤。

4．Google Answers

Google Answers 是一个专业的收费网站，主要解答比较复杂或相对专业，甚至必须是原创性的问题，提问者必须为解答者的回答进行评估并付出 2 ~ 200 美元的报酬。

此外，前面介绍的 Ask Jeeves（Ask.com）、AskEric 也是比较典型的西文专家咨询网站。2002 年以后，中文网站也模拟国外建设了一些问答性网站，从最早的百度知道到雅虎知识堂、百度百科、新浪爱问等网站。百度知道参照了 Abuzz 模式，利用社区志愿者给予解答，用户评价，给予一定的虚拟奖励机制。目前，随着技术的发展，涌现出一种 Wiki（维客）的知识组织模式，也称网络大百科，利用分散的专家贡献知识资源，构建丰富、成熟的常识或知识性组织体系。

一般来说，对于自己很难解决，或者需要花费大量精力解决的问题，可以借助于专家系统，这比在海量信息中检索要有效得多。

【知识要求】通过对本章的学习，使学生掌握如何划分网络信息资源的依据，并掌握网络信息资源的检索方法和相关免费学术信息资源；使学生能通过网络搜索引擎查询到相关网络信息，充分利用网络信息资源。

【关键术语】网络信息资源　检索　网络搜索引擎

【本章小结】Internet 信息资源可按照信息对象、信息内容和形式、网络传输协议等标准划分，不同的网络信息资源具有不同的获取策略。网络信息检索工具除具备基本检索功能外，还具备精确检索提问、按相关度排列结果、关键词检索与分类浏览相结合、检索结果的翻译和多种语检索等功能。

可通过基于超文本的信息浏览、基于目录的信息查询、基于搜索引擎的信息查询三种方法查询网络信息。

搜索引擎按其工作方式主要分为全文搜索引擎、目录索引类搜索引擎和元搜索引擎三种。专门的专业搜索引擎有学术搜索引擎、学术网站和学术机构网站、网上免费学术资源、专家咨询与数字参与服务。

【复习与思考】

1. 什么是网络信息资源？
2. 网络信息资源特征有哪些？
3. 网络信息检索的主要运算符有哪几种？
4. 简述主要的中外网络搜索引擎及其特征。
5. 获取免费网络学术信息资源的途径有哪些？

第九章 看不见的网络及其检索利用 ◎

随着互联网信息量的迅猛增加，搜索引擎在人们使用网络的过程中扮演着越来越重要的角色，几乎所有上网的人都会用搜索引擎来查找信息，因此对互联网用户来说，Google、Baidu 等搜索引擎已成为大家网上冲浪时不可或缺的得力助手。同时各搜索引擎在不断的发展中，收录的网页也越来越多。例如，到 2008 年 11 月 10 日为止，Google 已经收录了 80 亿多个网址。但这些搜索引擎并非可以搜到互联网上所有的网页，网上仍有一大部分页面是普通搜索引擎搜索不到的，这就需要我们了解“看不见的网络”。

第一节 定义——何谓“看不见的网络”

一、概念提出

1994 年，Jill Ellsworth 博士首次提出 Invisible Web 的概念，意指那些搜索引擎难以发现的内容。2001 年，学者 Chris Sherman 和 Gary Price 编写著作《The Invisible Web: Uncovering Information Sources Search Engines Can't See》(《隐蔽网络：揭开搜索引擎看不到的信息源》) 并配套建立了 The Invisible Web 站点，这一概念开始受到重视。

二、概念定义

Chris Sherman 和 Gary Price 将 The Invisible Web 定义为：在互联网上可获得的但传统的搜索引擎由于技术限制不能搜寻到或者经过慎重考虑后不愿意作索引的那些文本网页、文件或其他高质量、权威的信息。The Invisible Web 又被称为“Deep Web”、“Hidden Web”、“Dark Matter”，翻译成中文又有“隐形网络”“隐蔽网络”、“看不见的网络”、“深网”、“暗资源”等说法。

三、概念阐释

理解其含义可从与之相对的概念 Visible Web（又称 Surface Web）入手。Visible Web 指用户通过一般搜索引擎可以检索到的网络资源；Invisible Web 即指可通过万维网获得的文本网页、文件或其他高质量的权威性信息，但由于技术限制，或是由于特定选择而不能或未被纳入通用搜索引擎的网页索引。换句话说，就是说这些内容本身并非“看不见”，但是，由于绝大多数网络用户使用信息检索工具很难查到这些内容，因此，才说这些内容的确是“看不见”的，除非能知道其确切位置，否则将很难找到它。所以可以简单地把“看不见”的网站理解成通用搜索引擎及网站指南所无法涵盖的内容。从搜索引擎功能不断进化的角度来看，网站看得见是绝对的，而“看不见”则是相对的。关键的问题并不在于分清看得见和看不见之间的界限，而是要在目前条件下，知道“看不见网络”的存在，学会检索和利用“看不见的网络”。

第二节　原因——网络为何“看不见”

一、搜索引擎自身存在的技术障碍

1. 搜索引擎自动代理搜索软件的工作原理导致它无法索引未与任何网页建立相关链接的网页

搜索引擎通过点击网页上的超链接获得新的网址，如果一些网页既未与任何其他网页建立相关链接，也没有主动提交给搜索引擎的话，搜索引擎根本无法对其进行索引，这些无法被索引的网页资源就成为网络的空白地带，也构成了“看不见”的网络中最基本的组成部分。

2. 搜索引擎索引没有文字线索的非文本类型的文件能力较弱

搜索引擎对许多类型的非文本文件的索引能力很弱，也会造成这类文件的“看不见”，许多极少或根本不带文本的图像、声频或视频文件根本无法被搜索引擎索引，即使这些网页可能包含在某一搜索引擎的索引里，但它们只能对其内容提供很少的文本线索，从而不太可能获得较高的相关评价。因此，可以说这些资源中的很大一部分对检索者来说是“看不见”的。

3. 搜索引擎仍以静态网页为主要索引对象，无法实现对动态信息的检索

搜索引擎对动态信息的检索能力较差。由于股票报价、气候信息、航班到达信息等流动或实时数据，其变化过于频繁，且具有很强的时效性，所以没有必要对其索引。另外，与实时信息保持同步需要耗费太多的资源，这对于自动代理软件来说是得不偿失的。

4. 搜索引擎不能完成输入动作，无法检索网络数据库

搜索引擎通过自动代理软件工作，而这些软件无法进行输入动作，也就无法完成登录、输入检索词等动作，这给搜索引擎带来了最大的技术难题，即无法检索存储在数据库中的信息。因为网络数据库采用的是以数据库为后台、动态网页技术与数据库技术相结合的资源组织方式。用户在网络数据库检索页面上输入检索词，获得的页面是针对用户此次的检索词和其他一些检索限制而动态生成的网页，即动态网页。但是，搜索引擎代理软件无法像人一样与数据库进行交互，完成诸如输入密码、检索词进行登录检索这样的动作，因此往往无法发

掘出隐藏在数据库界面下的丰富资源。这些网络可检索的数据库构成了“看不见”的网络中的大部分内容。

二、搜索引擎对自动代理软件的访问限制

1. 对搜索内容的格式进行限制导致不可见

搜索引擎一般只收录HTML网页文件，而对于用户不经常检索的文件格式，比如PDF或附件（Google除外）、Flash、Shockwave、Executables（程序）、压缩文件等则不加收录，这主要是基于商业因素的考虑所致。HTML是互联网上最基本的通用语言，搜索引擎的自动代理软件最擅长处理HTML语言写成的网页文件，处理其他类型的文件在技术上没有很大的难题，但因为对这类文件的需求要比超文本文件的需求少得多，而且这类格式需要更多的计算资源和运营成本，所以搜索引擎开发商一般将之排除在外。不过近些年已有一些搜索引擎正在努力扩展和完善其检索服务，如Google、Baidu，现在可以通过Google、Baidu检索图片、PDF、Word、PPT等多种格式的文档。

2. 搜索引擎对索引深度、索引频率的限制导致不可见

搜索引擎对代理软件索引网页的深度和数量一般都有所限制，通常索引网站主页及下级页面，而不可能深入到所有页面，在搜索数量上也有最大容量的限制，使得某一站点的网页不可能都被收录。搜索引擎对文档搜索频率也有限制，如新网页或某个网站内容更新，搜索引擎更新数据库的时间间隔一般是1~2个月，而每个月大约有40%的网页会发生变动，在此期间这些新网页就形成了不透明网页，导致“不可见”。例如，Google刷新数据库的时间间隔通常为1个月，一般1个月后网页便可出现在搜索结果中，但对于一个全新的网站来说，这一过程可能需要2个月。

3. Spider陷阱

对于基于脚本语言的网页，如果其URL中含有“?”，Spider通常放弃对该类网页的访问。因为在访问此种网页时，Spider有可能陷入恶意的“Spider Trap”程序当中，导致Spider陷入死循环，影响搜索引擎的正常运转。因此，搜索引擎一般限制Spider访问该类网页。

4. 因遵守机器人排除协议或当地政策限制而不可见

机器人协议是一套规则，按照该规则，网站管理员可以规定服务器的哪些部分允许搜索引擎自动代理软件进入，哪些部分不可进入。管理员只需创建一个不能被搜索和标引的文件或目录表，并将该表以Robot. txt命名存储在服务器中。Robot. txt文件主要用于防止对个人网页、文件组甚至整个网站进行标引。另外一种排除协议主要针对专门的网页，网站管理员可在文档的“头”部分收录一个“不得标引”的元标签指令来防止网页被搜索。大多数搜索引擎都会遵从协议，不会标引所禁止的文件。

此外，一些不可见网络包含了军事、政治、商业机密信息或者色情、暴力、邪教、反动

话题等内容，因为遵守当地政策规定，搜索引擎限制了对它们的搜索和呈现。而且这些网站也会利用 Frame 等技术设置检索障碍或 Spider 陷阱或口令保护，禁止索引。

三、用户的检索期望和技能存在缺陷

1. 用户对搜索引擎功能抱有不现实的期望

通常来说，查找一个人的电话号码，直觉上，大多数人会立刻去找一本电话簿而不是百科全书，为什么呢？因为电话簿是专门用来查找电话号码的特殊资源，而百科全书是包括大量有关庞杂主题信息的通用工具书。但在网络检索中，很多人却会为了一个电话号码去找百科全书，即使在对一项专业任务有更适当的检索工具的情况下，他们还是倾向于使用通用搜索引擎。其中部分原因就是他们认为搜索引擎包罗万象，能处理任何信息需求，而没有意识到会有专业资源在满足专业信息需求方面能做得更好。而且，事实上，虽然更深度、更频繁地标引尽可能多的网页已逐渐成为搜索引擎发展的趋势，但没有任何一个搜索引擎能知道网站上的每一个网页，绝大多数搜索引擎只收录看得见的网站网页的 20% ~50%，更不用说看不见的网站了。同时，搜索引擎自身的技术局限和障碍带来的搜索限制如果不被用户了解，也会加深对搜索引擎的荒谬想法，从而越发不去注意“看不见的网络”的存在。

2. 用户检索技能过于简单

大多数检索者只是输入简单的 2 ~3 个词，很少利用所有搜索引擎提供的先进的限制和控制功能，而要从数百万或数十亿网页中选出最好的一小部分文件，只在一个提问式中使用少量关键词几乎是不能胜任的，而且在这种简单检索带来的结果中也难以找寻到深层专业的信息，而“看不见的网络”中的主要部分就是专业信息，这也会导致用户忽略深层的“看不见的网络”的存在。

网络信息不可见的根本原因在于网络信息自身发展速度太快，在内容、格式、更新速度等方面的发展难以控制，搜索引擎只是对网络信息进行检索控制的一种方式，因其本身的工作特性，它不可能实现对网络信息的完全控制，这就最终导致大量网络信息成为不可见的资源。为了发现这些搜索引擎不可见的资源，还需要借助其他方式，从而实现对网络信息的控制和检索。

第三节　类型——哪些网络“看不见”

根据形成原因分析，看不见的网络可分为以下四种类型。

一、模糊网络（Opaque Web）

模糊网络主要指能够被收录在搜索引擎索引但却没有被收录的文档，包括由于索引深度、数量和更新频率的限制所导致的不可见网站以及链接中断或未被链接的网站。

二、个人网络（Private Web）

个人网络是指从技术上可被标引但却被有意排除在搜索引擎之外的网页。它包括含有个人非公开信息的网站、限制访问的网站，如个性化定制网页（如 My Yahoo!，个人非公开博客和个人空间)、企业内联网（如高校里的 BBS)。

三、专有网络（Proprietary Web）

专业网络是只对注册用户（免费注册用户和收费注册用户）开放的网页以及收费的商业在线信息服务商如 OCLC 等，或是在线百科全书。这部分网页都需要用户输入用户名和密码，其资源才可被使用，致使搜索引擎无法索引。

四、真正看不见的网站（Completely Invisible Web）

真正看不见的网站或网页是由于某些技术上的原因，搜索引擎不能检索或标引它们提供的资料。真正看不见的网站的内容是变化的，会随着搜索引擎的不断完善而发生变化。它主要包括非 HTML 格式的文档、设立了机器人排除协议的网站、动态网页、实时数据、网络数据库等。

第四节　特点——为何要利用“看不见的网络”

一、数量巨大，增长迅速

“看不见的网络”资源内容丰富，增长速度快。2000 年 Bright Planet 公司（这是一家专门从事数据整合和企业信息分析的公司）曾针对 Invisible Web 作过一个详细的调查，并将其调查白皮书发布在互联网站点上。以下是文中提到的几点调查发现：

(1)“看不见的网络”所储存的信息有 7500TB，而“看得见的网络”所储存的信息仅为 19TB，前者所储存的信息是后者的 395 倍；

(2) 目前存在的“看不见的网络”站点超过 200000 个；

(3) 60 个最大的“看不见的网络”站点拥有大约 750GB 的信息；

(4)“看不见的网络”是互联网上最大、发展最快的新型信息资源。

从这些数据的描述中可以看出，“看不见的网络”数量十分巨大，发展十分迅速，因此对其进行积极的开发和利用能够获得更全面的信息。

二、主题精深，信息免费

Bright Planet 公司在同一份调查报告中指出，大约一半的“看不见的网络”资源存在于各种主题明确的网络数据库中，这些数据库多是关于某一学科或具体领域的资源和动态信息，这些资源所涉及的范围虽小，但包含的内容却更为精深，能够及时反映学科或领域的最新信息，也能提供可见网页难以覆盖的全面信息。据 Bright Planet 公司统计，“看不见的网络”中的各主题内容比例为：农业 2.7%；艺术 6.6%；商业 5.9%；计算机、网络 6.9%；教育 4.3%；求职 4.1%；工程 3.1%；政府 3.9%；卫生 5.5%；人文 13.5%；法律、政治 3.9%；生活方式 4.0%；新闻媒体 12.2%；人、伴侣 4.9%；娱乐、体育 3.5%；参考书 4.5%；科学 4.0%；旅行 3.4%；购物 3.2%。不仅如此，95%的“看不见的网站”中的资源是公开的，不需付费和订阅。

三、信息权威，不易获得

许多看不见的网站资源是由权威性的机构或组织维护的，内容一般都很完整，其存储的信息资源除了一般的文章题目、主题词、关键词、文摘等标引外，通常还包含大量的全文内容，在某一特定主题领域具有较高的权威性和合法性。这些网站大多是由书籍或杂志出版商提供的，它们在图书馆和学者当中有着良好的声誉，其权威性易于确定。大部分信息被存储在数据库中，搜索引擎不能直接访问，因此在网上的其他地方无法找到。对于专业研究者来说，这些信息资源就是一个巨大的宝藏，在学术研究方面起着决定性的作用。“看不见”的网站向学者们提供更加详尽的内容，是专业研究的“一次”参考资料。

四、检索专业，结果精准

网络数据库构成了“看不见的网络”的主要部分，这些数据库经常将信息搜集和处理范围限定在一些特定主题领域，数据库信息资源的创建者一般会尽可能地使其资源更全面，而且都提供专业化的检索接口，具有简单检索和高级检索功能，数据库相对较小，对信息标引比较充分，对检索速度没有任何限制，这意味着能够更好地返回所有相关结果，而不仅仅是返回最先查找到的信息。在检索中的各种限制能同时确保较高的查全率和查准率。而通用的搜索引擎为了追求速度，很少能作出尽可能透彻的分析，而且搜索引擎还会限制每次查询所显示的结果的最大数量，这些都会降低查全率和查准率。

第五节 检索——如何利用“看不见的网络”

通过前面的分析，可以看出网络信息内容并非真正隐藏起来，只是有些一时难以获得。所以说网络信息可见是绝对的，而“看不见”则是相对的。随着人们对这类隐蔽信息的重视程度的提高，目前已提出了一些解决办法以实现对不可见信息的检索。

一、利用普通搜索引擎“间接”查找看不见的网络资源

前面提到过，通用搜索引擎是无法查到“看不见的网络”资源的。对于“看不见的网

络”中的核心内容——网上可供查询的专业数据库中的珍贵信息资源，由于通常要经过人机交互才能进行查询，所以搜索引擎无能为力。然而，可以利用搜索引擎或者网络指南，“迂回”地查找“看不见的网络”资源。

一些著名的通用搜索引擎或网络指南，比如 Google 和 Yahoo！都提供了查找数据库的功能。如果用户要查找有关某个主题的信息内容，可以先利用 Google 或 Yahoo！等搜索工具查找关于这个主题的数据库，具体做法就是在搜索栏中输入主题词，主题词后面再输入“database”（数据库）。举例说明，如果要查询有关语言（Language）方面的信息，可以在搜索栏中输入“language database”（语言数据库），开始查找，搜索引擎会把有关语言方面的数据库的网址以目录的形式反馈给用户，用户可以根据所提供的数据库网址查找到这些专业数据库的主页，然后在数据库的界面上通过人机交互，再从这些专业数据库中获取深层信息，也就是一般的搜索引擎或网络指南无法直接搜索到的信息——“看不见的网络”资源。

随着搜索引擎的发展，一部分“看不见的网络”也提供了相关的检索入口。例如，Google、Baidu 都提供了对特殊格式文献的检索，通用的做法是在检索词前加“filetype:”。在不同搜索引擎中还会提供专门的格式文件检索，如百度 MP3、视频、图片的搜索；对于一些动态信息，搜索引擎也可以提供专项目录，如 Google 的地图、日历服务；另外，Google 开发的 Google Scholar 还可以进行学术搜索，为找寻专业信息数据库提供了良好的入口。

用这种方式迂回地查找“看不见的网络”通常比较费时，所花精力也较多，而且通用搜索引擎或网络指南由于经费等各种原因，所搜罗的专业数据库也不是很全面系统。因此，越来越多的网站和公司开始着手创建一种新型的搜索工具，这种搜索工具专门针对“看不见的网络”，致力于查找网上专业数据库中的深层信息内容，力图尽可能多地发掘出网络中不为一般人所知的有极高价值的信息，为用户提供直接查找“看不见的网络”资源的手段。

二、在操作系统中增加具有查找专业数据库功能的附件或专业软件

使用该类软件的用户在输入关键词后得到的结果不是站点列表，而是直接的相关资料。这类软件是真正对 Invisible Web 进行检索，它可以将用户的检索请求同时推送到多个相关网络数据库中进行检索，而后把结果送回给用户。

1. 苹果机操作系统中的 Sherlock

在苹果电脑最新一代的 Mac 操作系统中，Sherlock 作为其新增部分，可利用插件（Plug-ins）搜索几乎所有的数据库。通过简单的程序运行，插件可以让 Sherlock 引擎知道如何请求外部数据库的响应并反馈数据库的响应。这样，通过一个请求就可以查询整个网络。Sherlock 曾经被当做一种元搜索工具（与 Dogpile、MetaCrawlers、SavySearch 等类似），但是从其搜索“看不见的网络”资源的能力及其插件结构来看，Sherlock 比当今的任何通用搜索引擎都更具潜力。现在 Sherlock 有好几百个插件可供选用，这些插件都是免费的，而且可从许多网站下载使用。现在苹果公司的网站有超过 400 个插件可供下载使用，而许多个人网站也有自己的插件可供下载。Sherlock 已经被苹果操作系统 8.5 版及更新版本作为一种标准部件来安装。一旦合适的插件被放入了系统文件夹中的互联网搜索文件夹，当要求查询的时

候，用户就可以通过点击来激活某一特定站点的查询功能。这样，有多少插件被激活，Sherlock 就会同时向多少相应的数据库提出所需的信息要求，这是 Sherlock 拥有的非常强大的一个功能。它可以被认为是一种元搜索工具（因为它没有自己的网站数据库），但是，更确切地说，它是一种附有个性化定制功能的元搜索工具。个性化定制功能由各种插件演化而来，它可以由用户或网站管理员通过一个简单的文本格式的脚本语言来创建。因此，一所拥有网络图书馆自动化系统（有电子卡片目录）的学校可以编写一个插件，使得同学们在进行网络搜索的时候可以很方便地查询到学校的图书资料。

利用搜索工具可成组保存的特点，Sherlock 可以用“单一进入多重指向”的方法搜索特定数据库。例如，在搜索医学类的有关内容时，用户可以得到一份可供搜索的医学类数据库的清单。这一特点可以明显地节约宝贵的时间和精力，并且提高工作效率，这对于专业检索者和业余检索者都显得尤为重要。

2. Zapper（http://www.zapper.com）

Zapper 就位于桌面，使用十分便捷，可将一个提问式输入到它的检索框内，源文本可任意选择，可以是一个网页、一个电子邮件或是字处理程序文件，Zapper 会将检索提交给网络上各种不同的信息源。但 Zapper 所能做的远远不止大多数元搜索引擎所做的那些，被检索的资源将与用户的提问式十分对口（如将医学提问式提交给医学网站）。Zapper 分析结果，选择最佳匹配，且提供结果。其智能生成的注释，可显示信息的出处。

3. BullsEye Pro（http://info.intelliseek.com/prod/bullseys_pro.htm）

BullsEye Pro 是面向最终用户信息挖掘与管理的应用软件，能够帮助用户创建高性能的“桌面门户”。可提供的主要功能包括：调用 700 多个搜索引擎和目录服务，主题涵盖从 Web 到新闻、比较购物、多媒体、软件、财经、高校等内容的信息搜索服务；过滤无用或无效信息和链接，可根据相关度、相关概念或站点等原则以超文本格式显示和管理检索结果；网上资源的定时跟踪服务，通过 E-mail 进行资源更新提示服务等。在检索特性上，支持检索词的拼写检查、同音词和同义词显示、检索结果的聚簇显示排列等。

三、利用专业主题目录指南

专业主题目录按照主题分类提供大量网站的链接，检索精度高、资源权威、使用权威且大部分可免费获取是其主要特点，用它来查找主题相对宽泛、质量相对较高，且已经过选择、评价、标注的信息资源来说效果较好。一般搜索引擎如 Yahoo！就有分类目录，可实现分主题浏览。此外，还有更多的专业性选择指南，如 Librarians' Index to the Internet、The Invisible Web Directory、FindLaw、InfoMine 等。

1. Librarians' Index to the Internet（http://www.lii.org）

Librarians' Index to the Internet（互联网图书馆员索引）是检索“看不见的网站”最受欢迎的入口之一，由美国加州伯克利图书馆建设维护，它提供超过 110000 条高质量的、可检索的网络资源的注释性主题目录，资源包含最佳资源、目录、数据库和特殊资源等，也提供各种知名搜索引擎的检索功能。

2. The Invisible Web Directory（http://www.invisible-web.net/）

The Invisible Web Directory 由著名的搜索引擎分析师 Chris Sherman 和 Gary Price 为其著作《隐蔽网络：揭开搜索引擎看不到的信息源》配套而建立的站点。其搜集的网站、资源都按主题分类，进行有效的标注和组织，形成主题分类目录，为用户提供艺术与建筑、商业与投资、教育、娱乐、政府信息、健康与医疗等 18 个主题网站的链接，再加上简洁的界面，为检索“看不见的网站”提供了直接的通道。The Invisible Web Directory 提供的绝大部分是免费资源；但也有一部分经过选择的资源需要有偿获取，具体来说分为可免费查询目录但需有偿获取信息内容、有偿查询、有偿获取全文等。

3. FindLaw（http://www.findlaw.com）

FindLaw 是为律师、商人、学生、法律专家、公众、法律团体等提供法律资源的综合性法律网站。其特点是资源极其丰富，提供简单检索、高级检索、名称检索、法律网站检索、法律数据库检索等多种检索方式；另一特点在于能及时发布法律界的最新消息，并提供法律专家案例分析，且其中的“For Legal Professionals”为用户提供了一系列免费数据库和与法律相关的主题信息。

4. InfoMine（http://infomine.ucr.edu）

InfoMine 是一个由加利福尼亚大学图书馆、加利福尼亚州立大学图书馆等机构建立的虚拟图书馆，主要用来为大学教师、学生和研究人员提供网络信息服务。InfoMine 提供 122821 个学术站点的链接，内容包括数据库、电子期刊、电子图书、BBS、邮件列表、论文、在线图书目录等学术资源，为方便用户检索将站点分为商业与经济，政府信息，人文社会科学，生物、农业与医药等九个大类。

四、专业搜索引擎

与专业目录不同的是，专业搜索引擎响应用户的查询要求，返回给用户的是其所需的信息，因此，专业搜索引擎是用户查找“看不见的网络”的重要工具。常用的专业搜索引擎有 Scirus、LexiBot、Profusion、Elibrary 特殊收藏等，下面择要介绍。

1. Scirus（http://www.scirus.com）

Scirus 是 Elsevier 开发的综合性科学知识搜索引擎，提供约 1 亿 6700 万个具体的科学网页，其高级检索是可供用户选择检索信息的类型。Scirus 在搜集具体的科学数据、报告、论文以及相关的学术网页方面非常成功，并因此获得了 2001 和 2002 年度“最佳专业搜索引擎”称号。

2. LexiBot（http://www.brightplanet.com）

LexiBot 是一种“定向查询”引擎，采用一种适合搜索深层信息并且将其“拉”出水面的技术，采用多线程资源查询及文件的下载方式，可对所有类型的文件或网站进行检索。用户既可以限制到所查资源的专业领域，也可以限制重复 WWW 资源的出现。

3. Profusion（http://www.profusion.com）

Profusion 是 IntelliSeek 创建的元搜索引擎。按人文与艺术、教育、金融、法律等 21 个主题划分，每个主题下又分若干个小主题，如教育下细分教育资源、K12 资源、大学资源和家庭教育等。用户可以从中选择需要的搜索引擎或主题指南，有简单检索和高级检索两种方式。

4. Elibrary（http://www.elibrary.com）

Elibrary 提供免费检索以及该网站上检索结果的简明摘要，对于全文检索收取一定费用。电子图书馆数据库只包括具有版权的内容，获得许可的内容包括来自 400 家出版商的资料，有 1000 多个标题。内容可分为六类：550 多万篇报刊文章，近 750000 篇杂志文章，45000 多个图书章节，1500 幅地图，145000 多篇电视及广播手稿以及 115000 多幅照片和图片。电子图书馆 95% 的内容在网上其他地方是不能找到的。

五、利用“看不见的网络”导航网站

“看不见的网络”中所蕴藏的信息非常丰富，种类繁多，包括专利记录、电话黄页、航班信息、股价、人口统计数据、美术馆馆藏、时事新闻以及各种专业信息等。“看不见的网络”导航网站就是按照一定领域和研究方向分别列类，编制目录供浏览和检索。

1. CompletePlanet（http://www.completeplanet.com）

CompletePlanet 所搜集的看不见的网络资源主要是公共的文本信息内容，并不包括“看不见的网站”其他方面的内容（如个人数据、电子邮件、非 HTML 网页形式的文件、图像、音乐和视频）。据估计，网络中有大约 40 万个“看不见”的网站，CompletePlanet 索引了其中的 10.3 万个，同时，它也包含了 4.5 万个“看得见”的网站中的 1.1 万个站点。

在 CompletePlanet 中进行查询，用户只需在搜索栏中用自然语言输入一个提问或一些词条，然后按“Search”按钮，网站会自动将提问转化为各种可能的布尔逻辑式再传送给用户，由用户来选择用哪种提问式进行检索。用户也可以利用 and，or，not，near，before 和 after 等操作运算符建立布尔逻辑式进行检索。

除了直接查询功能以外，用户还可以利用 CompletePlanet 中的“浏览树”（Browse Tree），它和 Yahoo！里的结构化分类表类似。在“树根”处将信息内容分为 3～4 个领域或类别（包括农业、艺术、商业、计算机与网络、教育、能源、环境、金融、食品、地理、政府、卫生与医疗、历史、家庭、人文、工作求职、法律、生活方式与文化、文学、军事、音乐、新闻传播与娱乐、组织机构、人口、政治、生产与工程、娱乐休闲、参考资料、宗教、科学、购物、体育、旅游、天气），用户可以根据分类表来分类查询所需信息。例如，要查询有关“小麦”的信息，可以先点击“浏览树”中的“农业”这一类别，页面下方将会出现有关农业的各种信息内容的网址和内容概要（包括作者对文章的简介、机器自动生成的文摘或关键词），这时可以在搜索栏中输入“小麦”这个词条，在搜索栏后面的注明中选择“在农业中检索”，开始检索后，页面将会返回有关“小麦”的专业信息网址和信息内容概要，这些信息中包含有隐匿在网络中的“看不见的网络”信息。值得一提的是，CompletePlanet 允许将同一信息内容放在多个主题类别之下（最高可达 5 个），而大多网络指南只能将其放在一个主题之下。这样，利用 CompletePlanet 进行信息检索的漏检率将低得多，相反，其命中率则要高很多。

但是，CompletePlanet 有一个很大的不足，就是其检索结果中常常会出现许多看得见的网络信息，这些信息都是用一般搜索引擎可以搜索到的，在搜索结果中也很难判断哪些结果是在专业数据库中的。也就是说，其作为“看不见的网络”搜索工具，针对性不是很强，没有发挥此种工具的最大优势，发掘出更多更有价值的看不见的信息。

2. Direct Search（http://www.freepint.com/gary/direct.htm）

Direct Search 向用户提供各类专业数据库的链接。通过 Direct Search，用户可以直接查到所需信息所在的数据库的检索界面，然后在数据库中进行检索，从而快速方便地找到所需的信息内容。

Direct Search 的一些页面很长，它的主页上就包含了分类表及有关一部分类别的数据库链接。Direct Search 索引的数据库涵盖许多专业领域，可以很好地满足科研工作者等专业信息查询者的要求。

利用 Direct Search 检索看不见的网络资源，一般采用分类检索的方式。Direct Search 的分类法与一般的分类方式有所不同，它并不是完全根据专业领域划分数据库。Direc Search 分类表中包括 14 个类别，分别是文件与图书馆馆藏目录、书籍（全文）、政府信息（美国和国际的）、政府信息（美国各个州与城市的）、人文、新闻来源与系列连载、社会科学、书目/书籍解题帮助、商业/经济、法律、参考资料、自然科学、Direct Search 最近新增的数据库链接、专业信息资源。用户可首先确定所需信息属于以上各类的哪个类别，然后点击该类别，系统将会返回该类别的所有相关数据库主页网址及 Direct Search 网站对该数据库的简单介绍。如果所选类别涉及领域较广，则返回的该类别的所有相关数据库会被划分为更小的类别，以方便用户在更小的类别中选择适当的数据库查询所需信息。

Direct Search 也有直接检索功能，但是它的检索功能与一般的数据库检索功能不太一样。它并不能根据用户输入的某个主题词直接返回有关该主题词的数据库结果，它只能告诉用户网站的哪个页面中包含有关该主题词的数据库结果，对用户仅仅起到指引的作用。想要找到相关数据库，用户可以按“Ctrl + F”键，在该页面中查找该主题词所在的位置，从而找到含有该主题词的数据库。同时 Direct Search 也提供一些高级检索界面的链接，如 AltaVista、Google、SoftCrawler、Northern Light、Yahoo！等。

Direct Search 是学术研究者查找专业信息的好帮手，因为其囊括了许多学科领域的专业信息资源。然而无论是它的分类方法还是查询方式，都给用户带来“人机交互界面不太友好”的感觉。

3. The Invisible Web Catalog（http://www.invisibleweb.com）

The Invisible Web Catalog 号称是网上最大的可检性数据库，包括 1 万多个专业数据库和可供检索的网上资源，这些资源经常被传统检索所忽略，却往往涵盖众多学科领域，很多都具有很高价值的专业信息。所有的信息都被网站编辑详细地分析并加以阐述，以确保用户能在数以百计的主题类别中找到可靠的信息。

在 The Invisible Web Catalog 的主页上有一个快速搜索栏，在这个搜索栏里进行搜索，用户不要输入详尽明确的主题词，最好输入范畴稍大的主题词检索所需信息。例如，可以输入"老式汽车"，而不要输入"1970 年的大众汽车"来进行检索。网站也提供高级搜索功能，用户可以从一个下拉式目录中的四种不同的提问方式中选择一种进行搜索，这四种提问方式分别为：匹配所有单词（All the Words）、匹配任意单词（Any of the Words）、与提问措辞相符（Exact Phrase）和布尔逻辑（Boolean）。

除了直接搜索看不见的网站之外，用户还可以浏览站点提供的分类目录。这个目录是人工编撰的，有 800 多个类别，其中包括 18 个大类，如人文艺术、商业、计算机等。各个大类中还包含许多子类别，各个子类别中又包含许多小类。用户检索时，可以采取"顺藤摸瓜"的方式，首先确定所需信息所属的大类，然后判断其应该在哪个子类别中，点击该子类别，系统返回子类别包含的各小类及有关各小类的数据库站点个数，如果所需信息细化到属于哪个小类，则在该小类中继续查找相关数据库站点。

The Invisible Web Catalog 十分注重信息检索时的层次结构，这从系统返回的查询结果中可见一斑。无论是分类检索还是直接检索，返回的相关主题词的检索结果中都会提供清晰的类别结构：该主题词属于哪个大类、哪个子类别、哪个小类等，而且，如果主题词所属类别不止一个，也同样会反映出来。例如，搜索有关"car"的数据库站点，检索结果显示如下：

Travel > Transportation > Car Rentals

Shopping > Automobiles& Vehicles > Find A New Car

Shopping > Automobiles& Vehicles > Find A Used Car

Shopping > Automobiles& Vehicles > Find A New Car > New Car Information

Travel > Transportation

Shopping > Automobiles& Vehicles > Find A Used Car > used Car Information

Shopping > Automobiles& Vehicles > Classic/Antique Cars

清晰的分类结构告诉用户有关"car"的数据库站点属于旅游、购物这两个大类中的哪些子类别及哪些小类等。用户可以根据要求选择在哪个类别中查找所需数据库。同时，检索结果的页面下方也会列出与主题词相关的数据库站点的链接和对该数据库的详细介绍及其检索方式，以供用户参考使用。这个检索结果目录有两种排序方式可供选择，即按字母顺序排序和按相关度排序。

The Invisible Web Catalog 还提供一些经常被搜索的热门网站的目录，以字母顺序进行分类，从 Air Fares（航空票价）到 Weather（天气情况）。这种方式给许多一般用户带来极大便利，节省了大量检索时间。

The Invisible Web Catalog 搜罗了大量“看不见的网络”资源，尤其是网上可检索的专业数据库，这为人们查找专业信息提供了很大的方便，使得用户可以快速、便捷地搜索“看不见的网络”，从而找到许多以前无法查到的宝贵的专业信息。另外，值得注意的是，目前 Lycos 和 IntelliSeek（Invisible Web Catalog 的创建者）已经合作将 The Invisible Web Catalog 引进 Lycos 网站并与其原有的搜索引擎相结合，使得 Lycos 搜索引擎的搜索对象范围更为扩大，内容愈加丰富，也增强了 Lycos 原有的搜索功能。这种通用搜索引擎与“看不见的网络”搜索引擎相互结合、互相促进的方法，也是搜索更多有价值的信息资源的良方之一。

以上介绍的三个“看不见的网络”搜索工具在查找网上的专业信息上的综合性能是依次递增的。此外，还有一些比较有特色的“看不见的网站”搜索工具，具体如下。

（1）FindArticles（http://www.findarticles.com）。著名的免费数据库之一，包含有大量已出版的文章，超过 300 种的期刊，时间可回溯到 1998 年。主题有商业、保健、社会、娱乐、体育等。它的检索技术来自 LookSmart，资料来自 Gale 出版集团。用户可按出版物名称和主题方式查找所需信息，浏览全文并免费下载。

（2）Educator's Reference Desk（http://www.eduref.org）。由锡拉丘兹信息学院所建立的一个为教育服务的大型数据库，该数据库建立之时就拥有 2000 多个学习计划及 3000 多个网络教育信息站点的 URL，并从 AskEric 搜集到 200 多个咨询文档。按主题分为参考咨询、普通教育、教学、家庭生活等 12 个大类，每类下又细分为若干小类。

（3）北大天网（http://bingle.pku.edu.cn）。我国“九五”重点科技攻关项目“编码和分布式中英文信息发现”研究成果，于 1997 年 10 月 29 日正式在 CerNet 上提供服务。相对于普通搜索引擎，其特色是利用教育网优势，有强大的 FTP 搜索功能等。

有效利用这些新型的搜索工具，对人们查找看不见的网络资源及网上的专业信息帮助极大。

六、跟踪“看不见的网络”的最新情况

与看得见的网站一样，看不见的网络资源也会随时更新。由于它们不被通用搜索引擎检索到，因此更有必要进行跟踪，方法就是订阅或浏览最新情报通报，一般而言，这些时事通讯都是免费的。

1. 检索报告（http://scout.cs.wisc.edu/scout/report/current）

检索报告提供类似于批准优质网站的“官印”，它每周发布有关最有价值、最具权威性的网站资源的正式总结。检索报告公布栏可提供近 6000 个这种总结的全文检索。检索报告人员由图书馆员和情报专业人员组成，对检索报告的收录标准要求很高。

2. Research Buzz（http://www.researchbuzz.com）

Research Buzz 用来报道网络研究世界，为此，该网站几乎每天都要提供有关搜索引擎、

新数据管理软件、浏览器技术、网站目录和“看不见的网络”数据库的更新内容。

3. FreePint（http://www.freepint.co.uk）

FreePint 是一种电子邮件式的时事通讯，它有几个固定栏目，首先是由主编对该期及一般消息通告进行综述，后面紧跟“技术与技巧”栏目，会介绍最好的检索技巧及网站。“特约文章”则详细报道某个特定主题，最新文章都是论述互联网上的精英、中欧和东欧网络资源、化学资源、老年人网站以及范围广泛的其他主题。除了大量针对有关该文主题领域的注释链接外，还附带有用的背景信息，通常这些都是看不见的网络资源。FreePint 的优势在于经常报道人们不十分熟悉的欧洲资源。

互联网上“看不见的网络”资源数量还在增长，以上方法只是进入它们的一些入口，要更充分地检索和利用“看不见的网络”，还需要人们付出更多的努力，需要更完善的相关工具，而更重要的是用户要做一个积极的“猎人”，充分利用网络及各种检索工具，随时利用各种技巧来捕捉难以搜索到的信息。

【知识要求】通过对本章的学习，使学生掌握“看不见的网络”的类型、“看不见”的原因以及如何检索。

【关键术语】“看不见”的网络

【本章小结】看不见的网络指可通过万维网获取的文本网页、文件或其他高质量的权威性信息，但由于技术限制，或是由于特定选择而不能或未被纳入通用搜索引擎的网页索引。

搜索引擎自身存在的技术障碍、搜索引擎对自动代理软件的访问限制、用户的检索期望和技能存在缺陷等原因造成了网络的不可见。

可利用普通搜索引擎“间接”查找看不见的网络资源、在操作系统中增加具有查找专业数据库功能的附件/专业软件、利用专业主题目录指南、专业搜索引擎、利用“看不见的网络”导航网站、跟踪“看不见的网络”的最新情况来实现对不可见信息的检索。

【复习与思考】

1.“看不见的网站”真的看不见吗？

2. 什么原因导致了网络信息的“看不见”？

3. 怎么样将“看不见的网络”信息检索出来？

参考文献

[1] 罗德里格斯，罗德里格斯. 怎样利用 Internet 写论文 [M]. 姜婷婷，马宇宁，译. 沈阳：辽宁科学技术出版社，2004.

[2] 希考科. Internet 专利检索指南 [M]. 何绍华，等，译. 沈阳：辽宁科学技术出版社，2003.

[3] 贝琳斯丁. Internet 数据检索指南 [M]. 杨颖，译. 沈阳：辽宁科学技术出版社，2003.

[4] 凯利. Internet 医学信息检索指南 [M]. 马费成，杨颖，刘兴君，译. 沈阳：辽宁科学技术出版社，2003.

[5] 常桦，龚萍. 大学新生 [M]. 北京：中国物资出版社，2005.

[6] 陈淼，叶升阳. 如何使用大学图书馆 [M]. 北京：北京图书馆出版社，2004.

[7] 陈国理，陈柏暖，王作池. 国外科技信息及文献检索 [M]. 广州：华南理工大学出版社，1994.

[8] 储荷婷，张晓林，王芳. Internet 网络信息检索——原理、工具、技巧 [M]. 北京：清华大学出版社，1999.

[9] 邓要武，王星华. 科技信息检索 [M]. 北京：北京交通大学出版社，2001.

[10] 丁传奉. 信息资源检索与利用 [M]. 北京：知识产权出版社，2004.

[11] 郭太敏. 信息资源检索与利用 [M]. 徐州：中国矿业大学出版社，2004.

[12] 郭依群. 应用图书馆学教程 [M]. 北京：清华大学出版社，1999.

[13] 黄晴珊，王长希. PubMed 检索效果探讨 [J/DB]. 医学情报工作，2003(5):341-342.

[14] 黄如花. 网络信息资源的检索与利用 [M]. 武汉：武汉大学出版社，2002.

[15] 江镇华. 怎样检索中外专利信息：实用专利信息 [M]. 2 版. 北京：知识产权出版社，2007.

[16] 李冠强. 数字图书馆研究 [M]. 北京：北京图书馆出版社，2002.

[17] 黎小妮. 网络信息资源检索研究 [J/DB]. 图书馆学刊，2006(5)：64-65.

[18] 梁涛. 中文法律文献资源及其利用 [M]. 北京：法律出版社，2006.

[19] 刘芬. 高校图书馆室内空气质量与读者 [J/DB]. 科技情报开发与经济，2006，16(22)：98-99.

[20] 王建文. 数字化图书与数字图书馆应用研究 [M]. 北京：北京工业大学出版社，2005.

[21] 王惠君. 图书馆文化论 [M]. 长沙：湖南大学出版社，2004.

[22] 王晓玲，高景春，罗翠玲. 网络时代的电子资源检索与利用 [M]. 北京：北京邮电大学出版社，2000.

[23] 吴建中. 国际图书馆建筑大观 [M]. 上海：上海科学技术文献出版社，1999.

[24] 杨晓宁，黄正祥. Internet 信息资源检索和利用 [M]. 南京：江苏科学技术出版社，2001.

[25] 易志亮. 网络时代图书馆服务环境与服务质量的研究 [J/DB]. 科技情报开发与经济，

2007 (10): 20-24.

[26] 于良芝. 图书馆学导论 [M]. 北京: 科学出版社, 2003.

[27] 张明珍. 网络信息检索原理与技术 [M]. 成都: 电子科技大学出版社, 2001.

[28] 张苏, 张建. 网上免费专利数据库的检索技巧 [J/DB]. 现代情报, 2007(3): 131-133.

[29] 张改景, 王智伟. 西安市高校图书馆室内环境污染调查 [J/DB]. 净化与空调技术 CC&AC, 2006(4): 26-30.